세종처럼 이순신처럼

세종처럼 이순신처럼

펴낸날 2022년 5월 9일
2쇄 펴낸날 2022년 6월 8일

지은이 노병천
펴낸이 주계수 | **편집책임** 이슬기 | **꾸민이** 이슬기

펴낸곳 밥북 | **출판등록** 제 2014-000085 호
주소 서울시 마포구 양화로 59 화승리버스텔 303호
전화 02-6925-0370 | **팩스** 02-6925-0380
홈페이지 www.bobbook.co.kr | **이메일** bobbook@hanmail.net

© 노병천, 2022.
ISBN 979-11-5858-876-2 (03190)

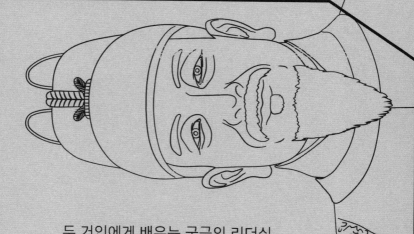

두 거인에게 배우는 궁극의 리더십

세종처럼
이순신처럼

노병천

제 22회
세종문화상
수상 작가

밥북
B·OO·K

세종처럼 이순신 처럼
더 좋은 세상을 만들어요

노무현

한 민족의 특유성은

그 민족이 어떤 위인을 낳았는가 뿐만 아니라

그 위인을 어떻게 인식하고

또 어떻게 존경하는가에 의해 결정된다

-니체-

바람 부는 날 광화문 광장에 서다

바람이 몹시도 부는 날이었다. 나는 약속이 있어서 나가는 길에 광화문 광장을 지나게 되었다. 광화문? 광화문光化門이 어떤 문인가? 세종이 집현전 학사와 함께 광화문이라 명명하지 않았던가! 임금의 큰 덕이 온 나라에 두루 비치기를 바라는 마음을 담았다. 광화문은 이순신이 싸웠던 임진왜란 때 소실되었다가 1865년에 중건되었다. 어쩌면 광화문은 세종과 이순신을 연결하는 고리인가.

오랜 코로나 팬데믹으로 흉흉한 시국이라 마음이 많이 무거웠다. 발걸음은 더 무거웠다. 광화문을 보면서 하루빨리 만백성의 마음이 밝아지는 날이 오기를 기도했다. 고개를 내리깔다시피 하며 광장을 가로질렀다. 거의 다 건넜을 때다. 이게 무슨 일인가. 갑자기 내 뒷머리를 잡아끄는 무언가 있었다. 뭐지? 나도 모르게 고개를 돌렸다. 누가 나를 보고 있었다. 나보다 더 무거운 마음으로 나를 내려다보고 있었다. 이순신이었다.

그 앞에 섰다. 그는 여전히 고개를 숙이고 있었다. 오래전부터 그러했듯이 똑같은 모습이다. 나는 이순신을 묵묵히 쳐다봤다. 그리고 약속도 잊은 채 생각에 잠겼다. 그가 내게 말을 걸어오는 것 같았다. 아니 실제로 말을 걸어왔다. 귀를 열었다. 마음의 귀를 열었다. 그가 아주 작은 목소리로 내게 말했다. 주변에 있는 어떤 사람에게도 들리지 않는 세미한 목소리다.

"내 이야기를 써 줄 수 있겠는가?"

뜬금없는 주문이었다. 잠시 침묵이 흘렀다. 쉽게 대답을 할 수 없었다. 그동안 이순신 이야기는 얼마나 많이 해왔었던가. 소설로도 드라마로도 영화로도. 이제 식상하지 않는가? 또 이순신이야? 그래서 가만히 있었다. 그런데 다시 이순신이 말했다.

"다시 내 이야기가 필요하지 않겠는가?"

여전히 대답할 수 없었다. 사실 내 친모가 덕수이씨로서 이순신의 후손이었다. 그래서 남다른 마음이 있는데 이날 이순신의 요구에는 선뜻 대답하기 어려웠다. 곤란한 시선도 피할 겸 슬쩍 뒤를 봤다. 저 멀리에 누가 앉아 있다. 그렇다. 세종이다. 세종? 순간 뇌가 진동했다. 세종? 그렇지! 내가 그래도 세종문화상을 탔지 않았던가. 그때부터 세종을 더 잘 알기 위해서 본격적으로 『세종실록』을 읽지 않았던가? 『세종실록』은 총

163권, 154책으로 구성된 무려 1만 800여 쪽이나 되는 방대한 분량이다. 그『세종실록』을 20년이 넘도록 읽어왔다. 과연 세종이구나 감탄하며 많은 깨달음이 있었다. 그렇다. 이 암울한 시대에 다시 그 세종이 필요하지 않을까? 세종과 이순신을 하나로 묶으면? 그야말로 환상적인 조합이 아닌가? 세종과 이순신? 아!

그래서 이 책이 나왔다. 사람들은 세종과 이순신에 대해서 잘 안다고 말한다. 그런데 조금만 깊이 들어가면 의외로 잘 모른다는 사실을 발견하게 된다. 아이러니하게도 대한민국 국민이 가장 존경한다는 두 사람이지만, 그들의 업적과 면모는 사실 제대로 알지 못한다. 대체로 세종 하면 한글만 생각하고 이순신 하면 거북선만 생각할 따름이다.

이 책을 읽다 보면 의외로 새로운 것을 많이 알게 될 것이다. 잘 몰랐던 이야기를 새롭게 알면서 그동안 잘 몰랐다는 게 부끄럽게 여겨질 수도 있다. 그리고 두 사람이 정말 대단하다고 느낄 것이다. 세계 어디에도 이런 지도자는 아마 없을 것이라는 생각도 들 것이다. 이 기회에 세종과 이순신의 참모습을 제대로 알면 좋겠다.

세종과 이순신의 공통점은 많다. 대한민국 국민이 예외 없이 가장 존경하는 인물이다. 돈의 모델로 나오는 인물이다. 성군聖君, 성웅聖雄이라 불리는 유일한 인물이다. 그리고 둘 다 셋째 아들로 태어났고, 죽은 나이도 똑같다. 둘 다 만 53세에 죽었다. 우연치고는 진기한 우연이다. 둘 다 백성을 지극히 사랑했다. 지독한 독서광이다. 천재적 발명가다. 전략가다. 사명자다. 이 외에도 참 많다. 두 사람은 닮아도 이리도 닮았는가?

세종과 이순신에게서 배울 수 있는 리더십은 참 많다. 세종과 이순신에게서 공통으로 배울 수 있는 내용은 '제1부 세종처럼 이순신처럼'에서 다루었다. 그리고 이들의 공통분모가 아닌 대체로 독자적인 내용은 '제2부 세종처럼'과 '제3부 이순신처럼'에서 다루었다.

세종과 이순신에게서 배울 수 있는 공통적인 리더십의 뿌리는 한마디로 '사랑'이다. 백성을 사랑했고, 나라를 사랑했다. 오직 '사랑'에 뿌리를 두고, 기준 삼아 모든 일을 행했다.

어떤 사람은 세종은 왕이니까 이순신은 장군이니까 그렇게 소신껏 할 수 있다고 말하기도 한다. 물론 틀린 말은 아니다. 왕이나 장군의 권위로 많은 것을 할 수 있었다. 그러나 이 책을 읽다 보면 왕이나 장군이 아니더라도 충분히 따라 할 수 있는 것이 많다는 것을 알게 된다. 예를 들면, 책을 많이 읽는다든지, 소통을 잘한다든지, 베풀고 나눈다든지 하는 것들이다. 우리도 따라 할 수 있는 생활 속의 리더십이다. 관점만 살짝 바꾸면 세종처럼 이순신처럼 할 수 있다.

각 편이 독립되어 있어서 관심 있는 어느 편이라도 순서 없이 읽어도 좋다. 근거가 필요한 부분에는 정확한 사료의 근거를 달아두었다.

이 책을 집필할 때 여러 학자의 연구 결과도 도움받았다. 세종에 관해서 일평생 연구한 학자도 많고, 이순신 또한 마찬가지다. 이들의 고뇌에 찬 업적을 보면서 저절로 고개가 숙여졌다. 일일이 그분들의 이름을 거명하지 않더라도 이 지면을 통해 감사한 마음을 전한다.

세종과 이순신은 생각만 해도 심장이 뛴다. 어떻게 우리 민족에 이런 분들이 존재했는지. 대한민국 모든 국민은 세종과 이순신에게 빚진 사람들이다. 밤에 자다가도, 새벽에 번쩍 눈을 뜰 때도 벅찬 감정을 억누르지 못해 곧장 집필실로 들어갔었다. 거의 며칠을 자지 못하고 집필할 때도 잦았다. 두 거인에 대한 이 글이 내 오랜 집필 인생의 정점이자 마침표가 아닌가 싶다.

모쪼록 이 책을 통해 새롭게 세종과 이순신을 만나 용기를 얻고, 희망을 노래하면 좋겠다. 적어도 대한민국 국민이라면 이 책 한 권 정도는 소장하면 좋겠다. 소장할 뿐 아니라 틈틈이 꼭 한 번은 읽으면 좋겠다.

특히 우리 젊은이들과 군인들이 이 책을 읽었으면 한다. 어떻게 가족을 사랑하고, 어떻게 부모를 사랑하고, 어떻게 이웃을 사랑하고, 어떻게 나라를 사랑하고, 어떻게 인생을 사랑할 것인가를 배우면 좋겠다.

책을 쓰면서 사랑하는 손녀 유은이와 하은이 생각을 많이 했다. 이들이 살아야 할 세상은 지금보다는 훨씬 좋아져야 한다. 세종과 이순신이 꿈꾸던 세상이 되면 참 좋겠다는 생각을 했다. 언젠가 손녀들과 손녀들의 친구들이 대한민국에 태어난 것을 자랑스럽게 여기는 그 날이 오기를 소망한다. 이를 위해서 '더 좋은 세상 만들기' 캠페인이라도 시작하면 어떨까 싶다.

이 책을 읽는 독자 중에 광화문 앞에 있는 세종처럼 이순신처럼 어두운 세상을 환하게 밝히는 빛의 사람이 많이 나오면 좋겠다. 다시 꿈을 꾸자.

세종처럼, 이순신처럼.

더 좋은 세상을 꿈꾸며

차례

왜 오늘날에 세종과 이순신인가

　만약 우리 민족에게 세종과 이순신이 없었더라면 우리는 지금 어떻게 살고 있을까? 역사에는 만약이란 것이 의미가 없다고 하지만 그래도 한 번 생각해보자. 먼저 세종이 없었다고 생각해보자. 금방 어떤 생각이 드는가? 그렇다. 한글이 없을 것이다. 한글이 없다면 우리는 지금 어떤 글을 사용할까? 어쩌면 지금도 한자를 사용하고 있을지 모른다. 우리의 아이들은 한자를 더 잘 배우기 위해 온갖 과외를 받을 것이다.

⑧ 한글이 없었더라면

　한글이 얼마나 편리한 언어인지 잠시 보자. 혹시 중국어 자판을 두드려 봤는가? 아마 경험해본 사람은 알겠지만, 상당히 복잡한 과정을 거쳐야 한다. 3만 개가 넘는 한자를 어떻게 좁은 자판에서 칠까 하는 의문부터 생긴다. 치는 것도 문제지만 그 순서 또한 장난이 아니다. 일반적으로 많이 사용하는 병음 쿼티 자판을 보자. 중국어 발음을 먼저 영어로 바꿔서 알파벳으로 입력한 다음에 단어마다 일일이 입력키를 눌러야 한다. 같은 병음을 가진 글자가 20개가 넘는 것은 보통이다. 그중에서 또 맞는 한자를 골라야 한다. 어떤 글자는 다섯 번이나 눌러 글자를 꿰맞춰야 한다. 이것을 오필자형五筆字型이라 한다. 이게 중국어 자판이다. 세종이 한글을 만들지 않았다면 지금 우리는 이런 자판을 두드려야 한다. 생각만 해도 끔찍하지 않은가?

한글은 어떤가? 자판 내에서 모든 글자를 단번에 칠 수 있다. 숙달되면 안 보고도 친다. 이렇게 간단하고 편리한 글자는 세상에 없다. 정보화시대를 맞아 휴대전화로 문자를 많이 보낸다. 똑같은 내용을 보낼 때 중국어나 일본어가 35초 걸리는 것을 한글은 단 5초면 된다. 다다닥! 끝! 젊은이들은 손가락 끝도 안 보인다. 무슨 묘기라도 부리는 것 같다.

소리표현도 그렇다. 중국어는 400여 개, 일본어는 300여 개를 표현한다고 한다. 그런데 한글은 어떤가? 무려 8,800여 개나 표현한다. 훈민정음이 얼마나 모든 소리를 잘 표현하고 있는지 『세종실록』 113권, 세종 28년, 1446년 9월 29일의 기록에 보면 이런 내용이 나온다.

"비록 바람 소리와 학의 울음이든지, 닭울음 소리나 개 짖는 소리까지도 모두 표현해 쓸 수가 있게 되었다."

세계가 즐겨 먹는 '맥도널드'를 말해 보자. 우리는 미국말과 거의 같은 발음을 한다. 그런데 중국 사람이 말하면 '마이딩로우'라고 한다. 일본사람이 말하면 '마쿠도나르도'라고 한다. 이게 무슨 소리인지. 그런 소리를 미국사람이 알아들으니 그 또한 신기하지만 말이다. 한글만큼 완벽하게 소리를 표현하는 언어는 세상에 없다. 또한, 한글에서 나오는 어감은 놀랍기 그지없다. '정情'이라는 말을 어떻게 다른 언어로 표현할 수 있단 말인가? '멍때린다'는 말은 또 어떤가? 영어로는 어떻게 표현이 되는가? 설사 표현이 되더라도 그 느낌이 오는가?

한글은 세계에서 유일하게 일상에서 사용하는 자질문자資質文字이다. 자질문자는 글자의 음성적 특징이 모양에 반영된 글자를 말한다. 이 때문에 배우기가 쉬워서 '모닝 레터Morning Letter'라고도 한다. 하루아침에 배울 수 있는 글자라는 뜻이다. 세계에 대략 6,000여 개의 언어가 있지만 자기 나라의 고유 문자는 한글을 포함해 6개뿐이다. 그것도 문자를 만든 사람과 만든 동기가 명확하게 밝혀진 문자는 오직 한글밖에 없다.

역대 왕들은 나름대로는 많은 치적治績을 쌓았다. 그러나 그러한 치적들은 어느 왕이라도 할 수 있는 보편적인 것들이다. 한글만은 아무나 할 수 있는 것이 아니다. 오직 세종만이 해냈다. 셰익스피어는 인도와도 바꾸지 않는다고 한다. 그만큼 영국인에게 있어서 셰익스피어는 절대적인 존재라 할 수 있다. 마찬가지로 한글을 만든 세종은 설령 일본을 통째로 준다 해도 바꾸지 않을 것이다.

세종이 왕이 되기까지는 여러 곡절이 있었다. 조선 초기 세자의 자격은 정비 소생의 맏아들에게만 주어졌다. 그렇기에 셋째 아들인 세종은 왕이 될 자격이 없었다. 세종에게는 형으로 양녕대군과 효령대군이 있었고, 아래로 여동생 1명과 성녕대군이 있었다. 당연히 맏아들인 양녕대군이 왕이 되어야 했다. 그런데 세자 양녕이 공부를 게을리하고 왕으로서의 자질이 보이지 않자 태종이 14년 만에 폐위하고 셋째인 충녕대군 즉 세종을 세자로 세웠다.

세종이 왕이 되기까지 조마조마한 순간들이 수도 없이 지나갔다. 태종 즉위년인 1400년에는 태종의 시독侍讀 김과金科가 겨우 네 살배기 충녕대군에게 이런 말을 했다.

"이 작은 왕자에게 장長(우두머리)을 다투는 마음이 있구나."

시독이란 왕이나 동궁의 앞에서 학문을 강의하는 일을 하는 벼슬이다. 어쩌면 김과는 어린 충녕의 눈에서 장차 왕의 자질을 읽었는지 모른다. 이 말을 들은 태종의 마음이 얼마나 불안했을까? 그래서 태종은 충녕대군뿐만 아니라 효령대군을 보호하기 위해 이들을 두둔하는 말을 의도적으로 하곤 했다. 『태종실록』 17권, 태종 9년, 1409년 4월 2일의 기록을 보자.

"효령孝寧과 충녕忠寧은 장차 세자世子에게 기식寄食할 것이다."

기식寄食이란 남의 집에 붙어서 밥을 얻어먹고 지내는 것을 말한다. 그러니까 효령과 충녕은 세자인 양녕대군에게 빌어먹고 살 것이라는 말이다. 1413년에는 이런 말도 있다.

"군왕의 자식들은 맏아들만 남기고 나머지는 모조리 죽여야만 하는가?"

특히 충녕대군이 해를 받을까 해서 태종은 의도적으로 "너는 할 일이 없으니 그저 평안하게 즐기기만 하면 된다"고 말하기도 했다. 외압이나 견제를 피하기 위해서였다. 남달리 반듯했던 충녕대군은 세자인 양녕이 무절제한 여자관계로 일탈을 계속하자 직접 나무라기까지 했다. 이에 경계심이 생긴 양녕대군은 기생과 노는 자리에서 '충녕은 보통 사람이 아니다'라고 말하기도 했다. 어느 날 충녕대군이 태종 앞에서 속 깊은 질문을 하여 놀라게 한 기록이 있다. 비록 총명했던 충녕대군이었지만 순간순간 위태한 상황이 있었다.

이렇게 굽이굽이 아찔한 순간을 지나면서 마침내 충녕대군이 왕이 되었으니 실로 우리 민족의 복이라 할 수 있다. 세종이 왕이 되지 못했다면 당연히 한글은 없었을 것이고 세종이 이룬 여러 위대한 업적은 존재하지 못했을 것이다.

세종은 한글 외에도 많은 업적을 넘겼다. 이를 가능하게 한 세종의 리더십을 한마디로 '사랑'으로 요약할 수 있다. 백성에 대한 사랑, 나라에 대한 사랑이다. 사랑을 기반으로 하여 가닥을 풀어보면 이렇게 정리할 수 있다. 독서를 통한 리더십, 소통을 통한 리더십, 인재경영을 통한 리더십, 전략으로 펼치는 리더십, 사명에 집중하는 리더십 등이다. 그 외에도 다양한 리더십이 섞여 있다. 이런 세종의 리더십에 대한 자세한 이야기는 제1부와 제2부에서 다루게 될 것이다.

세종이라는 이름이 어떻게 나왔는가? 세종의 본래 이름은 도褋이며 아버지 이방원의 성을 따서 이도라 불렸고 자는 원정元正이다. 왕이 되기 전에는 '충녕'이라 불렸고, 임금이 되어 죽은 후에 붙여진 이름 즉 묘호廟號가 세종世宗이다. 세종이란 묘호가 붙여진 기록은 그가 죽은 후인 『세종실록』 127권, 세종 32년, 1450년 2월 22일에 처음 등장한다.

"바야흐로 하늘같이 만년이나 계실 줄 알았더니, 어찌 하루아침에 하늘이 무너질 줄 뜻하였사오리까. …(중략)… 묘호廟號를 '세종世宗'이라 하였사오니, 우러러 생각하옵건대, 아름다우신 영혼께서는 크게 드리는 책冊을 깊이 보시고 대대로 변함없는 큰 이름을 누리도록 굽어 드리우시고, 순전한 복을 펴 주시와 무궁한 보조寶祚를 도와주시옵소서. 삼가 말씀을 올리나이다."

이렇게 하여 우리 민족의 자랑인 '세종'이라는 이름이 탄생한 것이다.

물론 잘 알겠지만 모르는 사람이 있을 수도 있어 정리한다. 임금의 명칭을 보면 조組, 종宗, 군君이 있는데 이 명칭은 왕이 죽은 후에 붙여지는 묘호廟號다. 조組는 새 나라를 세운 왕에게 붙여지는 묘호이다. 태조 왕건, 태조 이성계 같은 경우다. 그런데 조선 시대에 와서는 후세의 임금이 판단해서 임의로 붙이기도 했다. 세조는 그의 아들인 예종이 붙였다. 선조 또한 본래 선종이었는데 그의 아들 광해군이 임진왜란을 극복한 임금이라고 그렇게 붙였다. 인조, 영조, 정조, 순조 또한 임의로 붙여졌다.

종宗은 선왕의 적자로 부자간에 왕위를 정상적으로 계승하는 임금에게 붙여졌다. 세종이 바로 그런 묘호였다. 군君은 폐위된 왕에게 붙여진다. 광해군이나 연산군이 그런 경우이다. 『조선왕조실록』에 폐위된 왕은 '일기'로 명칭하고 있다. 연산군일기, 광해군일기와 같다. 참고로 왕의 적자에게 붙여지는 왕자의 명칭은 대군大君이다. 적자가 아닌 왕자의 경우는 군君이라는 명칭이 붙여진다.

∭ 이순신이 없었더라면

이제 이순신에 대해 이야기해보자. 만약 우리 민족에 이순신이 없었다면 어떻게 되었을까? 어쩌면 조선은 존재하지 못했을 수 있다. 그러면 현재의 대한민국도 존재하지 못했을 수도 있으니 생각만 해도 아찔하다.

이순신은 1545년(조선 인종 원년) 음력 3월 8일 서울의 건천동乾川洞(오늘의 중구 인현동 1가 부근)에서 덕수이씨德水李氏의 12대손으로 사형제 중 셋째 아들로 태어났다. 『홍길동전』을 지은 허균의 문집인 『성소부부고惺所覆瓿藁』 제24권에 따르면 류성룡柳成龍과 원균元均도 같은 동네에 있었다고 한다. 『선조실록』 선조 30년, 1월 27일의 기록에 보면 "신(류성룡)의 집은 이순신과 같은 동네였기 때문에 그의 사람됨을 깊이 알고 있습니다"라는 대목이 나온다. 이순신의 족보를 간략하게 보면 이렇다. 덕수이씨의 시조는 고려 시대 때 중랑장中郞將을 지낸 이돈수李敦守이다. 중랑장은 문신이 아니라 무신武臣이다. 그러니까 이순신의 뿌리는 본래 문신이 아니라 무신인 것을 알 수 있다.

본래 무신이었던 이순신의 집안이 문신 집안으로 변신한 것은 세종 1년(1419년) 이순신의 제7대조 이변李邊이 문과에 급제하면서이다. 이변은 성균관의 최고 직급인 대제학까지 올랐다. 이변의 손자 이거李琚도 문과에 급제한 후에 사헌부 장령을 거쳐 병조참의에 올랐다. 이거는 원칙주의자이자 강직한 성품으로 조정대신들 사이에 '호랑이 장령'으로 불렸다. 1597년 1월 27일의 『선조실록』에 보면 류성룡이 선조에게 이순신을 언급할 때 '그가 성종 때 이거의 자손'이라고 말하는 대목이 나온다. 이거는 이순신에게는 증조부였다. 아마도 이순신의 강직한 성품은 '호랑이 장령' 증조부에게서 나오지 않았나 싶다.

이순신의 할아버지는 이백록李百祿으로 흔히 기묘사화己卯士禍와 관련되어 역적이었다고 말한다. 그러나 이 주장에 따른 반박이 있다. 기묘사화로 인해 죽은 사람들과 정서적으로 유대감을 가지고 있었을 뿐이지 직접 역적 행위에는 가담하지 않았기에 역적이 아니라는 것이다.

이순신의 아버지 이정李貞은 그저 선비로서 소박한 생활만 유지했고 오직 자식들의 교육에 관심을 가졌다. 이순신의 형제를 보면 이희신李羲臣, 이요신李堯臣이라는 두 형과 아우 이우신李禹臣이 있어 모두 4형제였다. 형제들의 이름은 돌림자인 신臣자 위에 삼황오제三皇五帝 중에서 복희씨伏羲氏·요堯·순舜·우禹 임금을 시대순으로 따서 붙였다. 아마도 이들 임금처럼 위대한 사람이 되기를 기원했을 것이다. 류성룡의 『징비록懲毖錄』에는 '이순신의 조부 이백록은 가문의 음덕에 힘입어 작은 벼슬이라도 했지만 부친 이정은 벼슬에 오르지 않았다'라고 기록되어 있다. 아버지 이정에게는 경제적인 능력이 없었던 것으로 보인다.

이순신은 어릴 때부터 워낙 활달했고 리더십이 있었다. 동네 친구들을 이리저리 끌고 다니면서 병정놀이를 주도했는데, 언제나 류성룡이 이순신을 대장으로 삼았다. 『징비록』에는 이순신의 어린 시절에 대해서 이렇게 적고 있다.

"순신은 어린 시절에 영특하고 성격이 쾌활하여 어디에 얽매임이 없었다. 여러 아이들이 놀 때 보통 나뭇가지를 깎아서 활과 화살을 만들어 마을에서 놀았는데, 순신은 자기 뜻에 맞지 않는 사람을 만나면 그의 눈을 쏘려 했으므로 어른 중에는 이를 두려워하여 감히 그의 대문 앞을 지나다니지 않는 사람도 있었다. 장성하자 활을 잘 쏘았으며 무관으로 출세했다."

이순신은 10대 후반까지 서울에서 보냈는데 그 이후 아산으로 이사했다. 이사했을 때의 정확한 나이는 알려진 바가 없다. 혹자는 이순신의 집안이 부자였다고 말하기도 한다. 그렇다면 서울의 중심가에 살았던 부자가 아무 이유 없이 갑자기 가난한 동네인 시골 아산으로 내려올 리는 없다. 무엇보다도 오늘날처럼 자녀교육이 가장 큰 문제가 된다. 자녀교육에 각별했던 아버지 이정이 왜 서울을 떠나야 했을까? 부자였다가 아버지 대에 이르자 가난해지기 시작했고, 급기야 선영先塋과 외가外家가 있는 시골 아산으로 내려오게 된 것으로 예상한다.

이순신의 집안이 부자가 아니었다는 것을 보여주는 근거가 있다. 이순신의 어머니 초계 변卞씨가 남긴 별급문기別給文記(보물 제1564-14호)가 있다. 별급문기는 조선 시대에 재산의 주인이 친인척에게 재산을 증여할 때 작성하는 문서인데 이순신이 32세에 무과에 급제하자 그때를 기념해서 이순신과 그 형제들에게 나눠 준 재산이다. 이순신이 어릴 때나 청년 때가 아니라 32세 때이다. 이미 결혼을 해서 장인 방진方震의 집에서 데릴사위로 10년이나 지내고 있을 때이다.

이 문서를 보면 어머니 변씨의 재산은 노비 21명과 전국에 산재되어 있는 토지가 있었다. 이것을 보고 이순신의 집안이 부자였다고 말한다. 그런데 실제로는 그렇지 않았다. 이순신에게 나눠준 노비는 7명, 그것도 집에 같이 거주하는 솔거노비率居奴婢는 단 1명밖에 없었다. 나머지는 전국에 흩어져 있는 명목상의 노비였다. 토지도 일 년 소출이 쌀 4가마, 보리쌀 6가마 정도밖에 안 되는 아주 미미한 수준이었다. 사실상 어머니의 재산은 대단한 것이 아니었다. 이로써 알 수 있는 것은 이순신이 서울에서 아산으로 오게 된 배경도 가난 때문이고, 부자인 장인을 만나기 전까지는 가난했음을 알 수 있다.

아산에서 이순신은 가난한 인생을 바꿔줄 결정적인 사람을 만나게 되는데 그가 바로 그의 장인이 된 방진方震이다. 방진은 아산의 방화산芳華

山 기슭에 대대로 살고 있었는데 일찍이 무과에 급제하여 보성군수寶城郡守를 지냈으며 그의 부인 역시 병마우후兵馬虞侯를 지낸 오수억吳壽億의 딸이었다. 즉 부부 내외가 모두 무武를 숭상하는 특이한 내력의 집안이었다. 이순신의 중매를 선 사람은 다름 아닌 영의정 이준경李浚慶이었다. 어떻게 해서 청백리로 이름 높은 이준경이 중매를 서게 되었을까? 덕수이씨의 외후손外後孫인 이종국李鍾國이 지은 방진의 묘비에 힌트가 있다.

"…(전략)… 후일 영의정을 지내고 청백리로 유명한 동고東皐 충정공 이준경李浚慶이 일찍부터 양가의 친지인데, 그의 중매로 아들 겸 사위로서 성혼하니 서랑壻郞(남의 사위를 높여 부르는 말)이 즉 덕수인 이충무공 순신舜臣이다. 때는 1565년 명종 을축 8월이요, 그때부터 이충무공은 문학보다 무술을 즐겨 수련하여, 후일에 임진왜란의 국란위기를 전승全勝하여, 구국의 원훈이요, 민족의 태양으로 받드는 사실을 문헌에서 확인할 수 있다."

여기 보면 '일찍부터 양가의 친지'라는 말이 눈에 들어온다. 이게 또 무슨 말인가? '일찍부터'라니 이순신이 결혼하기 43년 전으로 거슬러 올라간다. 1522년 임오년에 과거에서 급제한 사람 중에 이준경과 이백록과 방국형方國亨이 있었다. 이백록은 이순신의 할아버지인데 방국형은 누구인가? 바로 방진의 아버지였다. 이준경과 이백록과 방국형은 식년시에 똑같이 3등을 했고 이들은 형제와도 같은 정을 나눴다고 한다. 그러니 친지와 다름이 없었다. 마침 방진이 외동딸의 신랑감을 물색하고 있던 차에 아산에 내려온 남다른 청년 이순신을 보았고 그가 이백록의 손자인 것을 알아 친지와도 같았던 이준경에게 넌지시 중매를 부탁했던 것이다.

그렇게 이순신은 방진의 아들 겸 데릴사위가 되어 장인의 집에서 살게 된다. 조선 시대에는 남자가 결혼하면 처가에서 1~2년을 사는 것은 자연스러운 풍습이었다. 그런데 이순신은 무려 10년을 살게 된다. 오늘날 온양 현충사 구내에 있는 이순신의 옛집이 바로 방진의 집이다. 일찍이 유학을 공부했던 이순신이 무과로 눈을 돌린 것은 아마도 장인의 영향이 컸으리라 짐작한다. 본래 뿌리가 무신의 집안이었으니 자연스럽게 다시 무신으로 돌아간 듯하다. 방진의 묘비에도 '문학보다 무술을 즐겨 수련하여'라고 나와 있다.

무과를 준비하려면 무엇보다 돈이 많이 든다. 비싼 말이 있어야 하고, 무기와 화살도 준비해야 한다. 아무래도 문신의 붓보다는 많은 돈이 든다. 다행히 이순신의 장인 방진은 부자였다. 이순신은 32세에 무과에 급제하기까지 근 10년 동안을 방진의 데릴사위로서 경제적인 걱정 없이 무과를 준비할 수 있었다. 특히 방진은 궁술의 최고수 경지에 올랐던 사람이었기에 이순신은 이러한 장인으로부터 활 쏘는 비법을 터득했다. 방진은 이순신에게 든든한 후원자이자 아버지요 스승이었다. 인생은 누구를 만나느냐에 따라 많은 것이 달라진다. 만약에 이순신이 방진을 만나지 못했더라면 과연 그의 인생은 어떻게 되었을까? 그렇다면 이순신이 존재했을까? 하늘이 조선을 위해 오늘날 대한민국을 위해 이순신에게 방진이라는 인물을 붙여준 것이다.

이순신은 임진왜란이라는 국난을 맞아 나라를 구한 인물이다. 그는 임진왜란의 7년 중 43번을 싸웠다. 흔히 말하는 23번이 아니다. 나와 함께 진해에 있는 이순신리더십국제센터에서 전문강사를 양성하는 교수로 있는 제장명은 43전 38승 5무를 주장하고 있다. 23전 23승이 아니다. 어쨌든 43번을 싸우는 동안 단 한 번도 지지 않았으니 놀라운 일이다. 더 놀라운 것은 43번을 싸우는 동안 조선 전선의 피해 규모이다. 내가 연구해보니 조선의 판옥선이 단 5척만 일본군에 의해 침몰당하였다. 대표적인 무승부전이라 할 수 있는 1594년 장문포해전에서 조선의 배가 4척이 침몰하였는데 사후선伺候船(소형 보조 군선)이 세 척이었고 판옥선은 한 척이었다. 마지막 해전이었던 노량해전에서 판옥선은 4척이 침몰하였다. 이렇게 해서 전부 5척이다. 12척으로 300여 척을 상대했던 명량대첩에서조차 단 한 척의 판옥선도 잃지 않았다. 웅포해전 당시에 뻘에서 늦게 빠져나오는 바람에 우리 배끼리 서로 부딪쳐 두 척이 파손된 피해는 제외한 수치다(적에 의해 침몰 된 것은 아니기 때문이다). 적에 의해 침몰한 5척은 여러 기록으로 식별된 피해인데, 물론 식별되지 않은 기록도 있겠지만 아직은 발견하지 못했다. 이 기록이 바르다면 정말 놀라운 기록이 아닐 수 없다.

이런 경이로운 전과는 이순신이 가지고 있는 독특한 리더십이 있었기에 가능했다. 이순신의 리더십 또한 세종과 마찬가지로 '사랑'이다. 백성에 대한 사랑, 나라에 대한 사랑이다. 대체로 이순신의 리더십을 보면, 세종과 공통적인 리더십으로 독서를 통한 리더십, 소통을 통한 리더십, 인재경영을 통한 리더십, 전략으로 펼치는 리더십, 사명에 집중하는 리더십 등으로 정리할 수 있다. 무엇보다 두드러지는 이순신의 리더십은 솔선수범의 리더십이다. 이순신은 항상 진두에서 지휘를 했다. 그로 인해 부상도 많이 당했고 마지막에는 전사까지 했다. 이런 이순신의 리더십에 대한 자세한 이야기는 제1부와 제3부에서 다루게 될 것이다.

▓ 두 사람이 없었더라면

세종이 셋째 아들로서 아슬아슬한 순간을 잘 넘기지 못해 왕이 되지 못했더라면 과연 조선은 어찌 되었을까? 이순신이 장인 방진을 만나지 못했다면 가난한 그가 과연 10년 동안이나 무과를 준비할 수 있었겠는가? 그렇다면 과연 조선은 어찌 되었을까? 하늘은 반드시 그 시대에 꼭 필요한 인물을 보내 그 시대뿐만 아니라 그 후손까지 구원함을 알 수 있다.

세종과 이순신은 사회 고위층 인사에게 요구되는 높은 도덕적 의무 즉 '노블레스 오블리주noblesse oblige'를 몸소 실천한 사람들이다. 높은 지위에서 그들이 무엇을 해야 하는지 잘 알았다. 한시도 허투루 쓰는 시간 없이 치열하게 준비를 하며, 목숨을 다할 때까지 하나씩 그 일들을 이루어 나갔다. 스스로 누리려 하지 않고 오히려 많은 사람을 섬기려 했다. 이 책을 읽다 보면 '왜 오늘날에 세종과 이순신인가'에 대한 답을 자연스럽게 찾을 수 있을 것이다.

제 1 부
세종처럼 이순신처럼

세종처럼 이순신처럼 책을 읽어라

영국의 소설가 서머셋 모옴은 이런 말을 했다. "책을 읽을 때 눈으로만 읽는 것 같지만 가끔씩 나에게 의미가 있는 대목, 어쩌면 한 구절만이라도 우연히 발견하면 책은 나의 일부가 된다." 철학자 데카르트는 이런 말을 했다. "좋은 책을 읽는다는 것은 과거 몇 세기의 가장 훌륭한 사람들과 이야기를 나누는 것과 같다." 독서가 왜 중요한가를 잘 설명해주고 있다. 훌륭한 사람이 되는 길에 독서보다 더 효과적이고 빠른 방법은 없다.

세종과 이순신의 공통점은 참 많다. 그중에서 우선 빼놓을 수 없는 것은 둘 다 엄청난 독서광이었다는 것이다. 책을 통해 실력을 쌓았고, 책을 통해 인격을 다듬었다. 책을 통해 위기를 극복하고, 책을 통해 나라를 경영했다.

▒ 글 읽는 것을 금지하였다

태종의 셋째 아들로 태어난 세종은 본래 임금이 될 수 없었다. 그런데 태종이 세자였던 양녕대군讓寧大君을 내치고 충녕대군忠寧大君 즉 세종을 세자로 다시 책봉했다. 『태종실록』 35권, 태종 18년, 1418년 6월 3일의 기록이다.

"충녕대군은 천성天性이 총명하고 민첩하고 자못 학문을 좋아하여, 비록 몹시 추운 때나 몹시 더운 때를 당하더라도 밤이 새도록 글을 읽으므로, 나는 그가 병이 날까 봐 두려워하여 항상 밤에 글 읽는 것을 금지하였다. 그러나, 나의 큰 책冊은 모두 청하여 가져갔다. …(중략)… 충녕대군이 대위大位를 맡을 만하니, 나는 충녕으로서 세자를 정하겠다."

세종은 아버지 태종이 책 읽는 것을 금지할 정도로 지독한 책벌레였다. 어쩌면 세종은 이러한 독서열 때문에 그 자질을 인정받아 세자로 책봉될 수 있었는지 모른다. 그만큼 세종의 독서열은 타의 추종을 불허했다.

참고로 새로운 세자를 고르는 과정에서 이조판서 이원李原은 태종에게 점占을 쳐서 고르자고 했다.

"옛사람은 큰일이 있을 적에 반드시 거북점龜占과 시초점蓍草占을 쳤으니, 청컨대 점을 쳐서 이를 정하소서."

이 말을 들은 태종도 "나는 점을 쳐서 이를 정하겠다"고 말했지만, 곧 "의논 가운데 점괘를 따르도록 원한다는 말이 있었기 때문에 나도 이를 하고자 하였다. 그러나 나라의 근본根本을 정하는 것은 어진 사람을 고르지 않을 수가 없다"고 하여 결국 충녕대군을 세자로 책봉했다. 나라의 중대사를 점에 맡길 수 없음을 분명히 한 것이다.

하루는 태종이 충녕을 불러 슬쩍 질문을 던졌다. "비가 오면 집에 있는 사람은 길을 떠난 사람을 생각해야 한다는 이야기가 있는데 어디에 나오지?" 그때 충녕은 망설임 없이 대답했다. "시경에 나옵니다. 황새가 언덕에서 우니 부인이 집에서 탄식한다는 이야기입니다." 황새는 비가 오면 우는 습관이 있다. 그러니 황새가 울면 비가 오기 때문에 그 부인은 밖에 나간 남편이나 자식을 걱정한다는 것이다. 역시 궁궐 안에 있는 거의 모든 책을 읽어야 가능한 답변이다. 또한, 그 기억력도 대단하다.

⦚ 궁금하면 반드시 물어본다

『세종실록』 34권, 세종 8년, 1426년 12월 10일에 보면 이런 대목이 나온다.

"일찍이 『통감강목』은 읽어서 근원을 참고했고, 여러 가지 책을 읽어서 거의 의심할 게 없다고 스스로 생각했더니自以爲庶無疑矣, 이제 또 이 책을 읽어봄에 자못 의심나는 곳이 있으니, 학문이란 진실로 가위 무궁한 것이로다學文誠可謂無窮矣."

이 내용을 보면 여러 책을 읽어 의문이 거의 남아있지 않다고 말하고 있다. 그만큼 책을 많이 읽었다는 것이다. 세종은 책만 읽은 것이 아니라 책을 읽다가 궁금증이 생기면 반드시 물어봤다. 당시 왕세자를 교육하기 위한 기관으로 서연관書筵官이 있었다. 당대 최고의 학자들로 구성된 곳이다. 서연관에서는 오직 왕세자 한 명에게만 교육을 시켰다. 충녕은 세자가 아니기 때문에 자격이 없었다. 그런데 충녕은 일부러 그 주변을 서성거리다가 서연관의 학자를 만나면 곧바로 궁금한 것을 물었다. 궁금한 것을 푸는 동시에 읽을 책까지도 추천받기도 했다.

세종은 형인 양녕이 14년 만에 세자에서 폐위되자 졸지에 세자가 되었다. 그리고 세자 교육은 단 두 달밖에 받지 못하고 임금의 자리에 올랐다. 그런데도 조금도 모자람이 없었던 것은 어릴 때부터 이미 많은 책을 읽었던 까닭이다. 『세종실록』 80권, 세종 20년, 1438년 3월 19일에 이런 대목이 있다.

"내가 들으니, 제주에는 소가 많이 생산된다는데, 오늘날 말만 공납하고 소는 공납하지 않았다. 근래에 『태조실록』을 보니, '제주에서는 해마다 소와 말을 공납했다'는 말이 있는데…. 소의 공납을 폐하게 된 사유를 상고해서 계달하라."

세종이 『태조실록』을 읽다가 문제에 대한 답을 찾았다는 이야기다. 세종의 독서가 얼마나 실용적인 독서였는지 알 수 있다. 나랏일과 직접 연결시킨 것이다.

세종이 특히 많이 본 책은 『춘추春秋』, 『사기史記』 그리고 『자치통감資治通鑑』이다. 『자치통감』은 중국 춘추시대로부터 송의 건국에 이르기까지 1,362년의 역사를 294권에 담은 방대한 책이다. 이 책은 왕들을 교육하기 위한 제왕학 교과서라 불렸다. 세종은 이 책을 많이 읽었고, 구절구절 암기할 정도로 애착을 보였다. 세종이 국가의 기치로 세운 '백성이 기본이다'는 말도 『자치통감』에 나오는 '천하위공天下爲公' 즉 천하는 만민의 것이라는 것에서 뽑아 온 듯하다.

⫸ 1,000번을 읽기도 했다

세종은 『통감강목通鑑綱目』도 많이 읽었다. 『통감강목』은 중국 남송의 주희朱熹가 지은 중국의 역사책이다. 이 책도 무려 59권이나 된다. 『통감강목』에 관해 언급한 세종 5년 12월 23일의 기록을 보자.

"내가 궁중에 있으면서 손을 거두고 한가롭게 앉아 있을 때는 없었다. 진서산眞西山(주희의 문하생)이 말하기를 『통감강목』은 권질이 많아서 다 읽기가 쉽지 않다고 하였는데 내가 경자년부터 읽기 시작하여 지금까지 읽었다. 그 사이에 권에 따라 30여 번을 읽은 것도 있고, 혹은 20여 번을 읽은 것도 있다. 참으로 다 읽기는 어려운 책이라는 생각을 한다."

세종은 중요하다고 생각한 책은 30번, 20번을 읽는 것은 다반사였다. 논어, 맹자, 중용, 대학 같은 고전은 100번을 넘게 읽었다. 그래서 세종의 독서법을 한마디로 표현하면 '세종백독世宗百讀'이라 한다. 한 책을 적어도 백번 정도는 읽어야 비로소 그 책을 읽었다고 말할 수 있다는 것이다.

세자를 걱정하던 태종이 어느 날 환관을 시켜 충녕의 방에 있는 모든 책을 감추게 했다. 이때 충녕은 미리 알고 『구소수간歐蘇手簡』이란 책을 병풍 뒤에 숨겼다. 이 책은 송나라 구양수와 소식이 주고받았던 편지 모음

집이다. 충녕은 하나밖에 남지 않은 이 책을 무려 1000번 넘게 읽었다고
한다.

⁂ 세종의 독서법

세종은 왕세자인 문종에게 독서법을 가르쳤다. 많은 책을 읽고 세상
의 이치를 깨닫도록 했다. 깨달아야 현인賢人 즉 현명한 사람이 된다고 말
했다. 그리고 나아가 그 깨달은 바를 삶에서 실천해야 비로소 성인聖人이
될 수 있다고 했다. 어린 문종은 아버지에게서 이런 교육을 많이 받았
다. 왜 독서를 해야 하는가의 그 이유를 분명히 한 것이다. 무조건 읽는
것하고 그 이유를 알고 읽는 것은 태도부터가 다르다.

세종의 독서법은 크게 네 가지로 정리할 수 있다. 우선, 다독多讀이다.
모든 장르의 책을 골고루 많이 읽는 것이다. 둘째, 중요하다고 생각되는
책에 대해서는 반복숙독한다. 완전히 내 것이 될 때까지 열 번이고 백
번이고 읽는 것이다. 세종백독世宗百讀이다. 그리고 좋은 문장이 나오면 수
십 번이나 필사한다. 셋째, 궁금한 것은 반드시 물어서 해결하는 것이다.
궁금한 것을 해결하게 되면 잘 잊히지 않는다. 또 질문하는 과정에서 또
다른 배움을 얻을 수 있다. 넷째, 여러 사람과 함께 책에 관해 토론하는
것이다. 세종은 신하들과 토론을 즐겼고, 특히 집현전 학사들과 책에 대
한 담론을 많이 했다.

주변에 보면 책을 많이 읽는 것을 자랑하는 사람이 있다. 물론 책을 많이 읽는 것은 좋은 일이다. 그런데 책 읽기가 그저 자랑하는 것으로 그친다면 문제가 있다. 나도 『손자병법』을 무려 3만 번 이상을 읽었다. 45년이 넘도록 많이도 읽었다. 그런데 많이 읽었다고 해서 뭐가 달라졌는가? 다독을 자랑하기 위해 깊이도 없이 건성으로 읽기도 했을 것이다. 이 점에서 우리는 세종의 독서법을 다시 한 번 살펴보고 자신의 독서법과 비교해 볼 필요가 있다.

⁞ 에듀테크와 팀학습의 효과

세종의 독서법 중에 특히 주목할 만한 것이 마지막 방법이다. 에듀테크Edutech라고 들어봤는가? 교육Education과 기술Technology의 합성어로 교육과 정보통신기술을 결합한 산업을 말한다. 교육에 미디어, 디자인, 소프트웨어, 가상현실, 증강현실, 3D 등 정보통신기술를 접목해 학습자의 교육 효과를 높이는 산업으로 애드테크Ed-Tech라고도 한다. 에듀테크는 단순히 교육을 온라인으로 제공하는 단계를 넘어서 어떻게 하면 피교육자가 효과적으로 학습을 완료하느냐에 관심이 많다.

2016년 스탠퍼드 대학교에서 23,577명을 대상으로 온라인 학습에 따른 학습 완료자 실험을 했다. 혼자 공부를 했을 때는 2%만 학습을 완료했다. 그런데 몇 명씩 팀으로 묶어서 하니까 10배 이상인 21%가 학습을 완료했다. 여기에다 더해서 코치가 주관해서 피드백까지 곁들이니까 무려 44%나 학습을 완료했다. 결론은 이것이다. 노련한 코치가 주관해서 피드백하면서 팀학습을 할 때 그 효과가 가장 좋다는 것이다.

세종이 여러 신하와 함께 토론하는 방식이 바로 이런 방식과 비슷하다. 세종은 코치와 같은 역할을 했다. 코치는 일방적으로 지시나 명령을 하는 사람이 아니다. 각자의 잠재력을 스스로 끌어내도록 돕는 역할을 하는 사람이다. 오늘날 코칭이 바로 그런 것이다. 세종은 이것을 아주 잘했다.

⦚ 독서는 생활에서 녹여야

책을 많이 읽는 것만이 중요한 것은 아니다. 정조가 이런 말을 했다.

"독서는 체험하는 것이 가장 중요하다. 참으로 정밀히 살피고 밝게 분변分辨하여 심신으로 체득하지 않는다면 날마다 수레 다섯 대에 실을 책을 읽는다 해도 자신과 무슨 상관이 있겠는가?"

그저 많은 책을 읽었다고 자랑하거나, 읽은 책을 단지 머리에만 담아둔다면 독서의 의미가 없다. 읽은 것을 생활에서 실제로 체험을 하면서 완전히 자기의 것으로 만들어야 비로소 의미를 지닌다. 체화體化 즉 몸으로 익혀 삶에서 실천이 되도록 해야 한다. 그래야 성인聖人이 되는 것이다.

성군聖君 세종은 이런 점에서 완벽한 독서가라 할 수 있다. 책에서 읽은 것을 지식으로만 간직하지 않고 백성의 삶에 깊숙이 들어가서 그들에게 꼭 필요한 것으로 재생산해낸 것이다. 훈민정음을 비롯하여 세종이 이룩한 눈부신 업적들은 바로 이러한 그의 독서에서 비롯되었다. 세종처럼 책을 읽자.

⟨⟨ 이순신의 지독한 책 읽기

독서 하면 이순신 또한 세종과 비슷한 경지에 있다. 『이충무공행록李忠武公行錄』 줄여서 『행록行錄』이라 하는데 『행록』은 이순신의 맏형인 이희신의 아들, 즉 조카인 이분李芬이 이순신이 죽은 후에 그의 일대기를 기록한 책이다. 이분은 평소에 본가와 수군 진영을 오가며 이순신을 가까이에서 도왔다. 그러니까 누구보다도 이순신을 잘 알고 친밀한 관계였다. 『행록』에 보면 이순신이 얼마나 책을 많이 읽었는지 알 수 있다.

"겨우 한두 잠을 잔 뒤 부하 장수들을 불러들여 날이 샐 때까지 전략을 토론했다. 정신력이 보통사람보다 배나 더 강했다. 때때로 손님과 한밤중까지 술을 마셨지만, 닭이 울면 반드시 일어나 촛불을 밝히고 앉아 책과 서류를 보았다."

밤새 술을 마셨어도 새벽만 되면 반드시 책을 읽었다는 기록이다. 세종이 새벽에 일어나 책을 읽은 것과 같다.

⟨⟨ 난중일기에 나오는 독서목록

『난중일기』에 보면 그가 직접 읽었다고 기록한 여러 책이 있다. 이 책들은 임진왜란이라는 전쟁 중에 읽은 책들이다. 류성룡이 보내준 『증손전수방략增損戰守放略』(난중일기 1592년 3월 5일), 스스로 읽었다고 기록한 『동국사東國史』(난중일기 1596년 5월 25일), 별도로 독후감을 남긴 『송사宋史』(난중일기 1597년 10월 8일) 등이다. 『임진장초』, 『이충무공행록』에 기록된 여러 흔적에는 이순신이 얼마나 많은 책을 읽고, 끊임없이 사색했는지 잘 보여주고 있다. 이런 꾸준한 책 읽기를 통해 얻은 지식과 깨달음으로 국난을 극복할 수 있었다.

⁝⁝ 창의력은 독서에서 나온다

창의적인 역발상은 독서에서 기인한다. 아는 것이 있어야 새로운 것도 나오는 것이다. 1592년 3월 5일의 『난중일기』에는 당시 좌의정이었던 류성룡이 이순신에게 귀한 책을 보내온 기록이 있다. 그 책은 『증손전수방략增損戰守方略』으로 수전水戰, 육전陸戰, 화공전火攻戰 등 여러 가지를 일일이 설명한 중국의 신교리에 관한 것이었다. 이순신은 이 책을 보면서 만고의 기서奇書라고 감탄했다.

류성룡이 그 책을 이순신에게 보낸 이유는 그 책에 대해 선조에게 보고하기 전에 미리 이순신에게 감수를 받기 위해서였다. 해박한 이순신 정도는 되어야 그 책을 제대로 감수할 수 있다는 것을 류성룡이 잘 알기 때문이다. 그만큼 이순신은 공부를 많이 한 사람이었고, 그 지식을 바탕으로 역발상과 창조가 가능했다.

⟨⟨ 독서와 응용력

독서를 통해 얻은 지식은 현실에서 응용이 가능하다. 명량대첩 당시 그 유명한 연설인 '필사즉생必死則生 필생즉사必生則死'의 어구는 『오자병법』 치병治兵편에 나오는 '필사즉생必死則生 행생즉사幸生則死'의 어구를 응용한 것이다. 또한, 이어서 말했던 한 명이 목을 막으면 천 명을 두렵게 할 수 있다는 '일부당경一夫當逕 족구천부足懼千夫'라는 어구는 논장論將편에 나오는 '십부소수十夫所守 천부불과千夫不過'라는 어구와 려사勵士편에 나오는 '시이일인투명是以一人投命 족구천부足懼千夫'라는 어구의 의미를 앞뒤로 결합한 것이다. 이것은 이순신이 얼마나 병법에 깊은 조예가 있는지 잘 보여주고 있으며, 얼마나 많은 책을 읽었는지 알 수 있다.

⟨⟨ 책 읽기와 책 쓰기

책을 많이 읽으면 지식을 넓히는 것은 물론이고, 세상을 다양한 시각으로 해석하게 해주는 눈을 뜨게 한다.

책 읽기와 못지않게 책 쓰기도 중요하다. 책을 쓴다는 것은 자기 생각을 잘 정리할 수 있다는 의미도 있지만, 많은 사람과 지식을 나눈다는 의미도 있다. 후세를 위한 역사의 기록이 되기도 한다. 『난중일기』가 없었다면 우리는 과연 이순신을 얼마나 알 수 있었을까? 『세종실록』이 없었다면 우리는 과연 세종을 얼마나 알 수 있었을까? 책이 있기 때문에 그 사람을 알 수 있고, 그 시대를 알 수 있는 것이다. 그래서 책은 인류

역사에 있어서 너무나 소중한 가치가 있다. 그래서 책을 써야 한다.

좋은 책을 쓰기 위해서는 일단 많은 책을 읽어야 한다. 독서의 내공이 쌓여야 비로소 좋은 책이 나오는 것이다. 이순신은 꾸준한 독서를 통해 지식의 폭과 깊이를 더했고, 마침내 『난중일기』라는 걸작품을 만들어 낸 것이다.

⫲ 난중일기가 무엇인가

『난중일기亂中日記』라는 제목은 '전란 중에 쓴 일기'라는 뜻으로 원래 이순신이 쓴 초본에는 『난중일기』가 아니라 해당 연도의 이름을 붙인 임진일기, 을미일기 등의 제목이 붙어있다. 『난중일기』란 이름은 이순신 사후 200년이 지난 조선 제22대 임금인 정조 때에 『이충무공전서李忠武公全書』를 편집할 때 거기에 수록하면서 붙여진 이름이다. 잘 알려진 대로 정조 이산은 이순신 마니아였다.

『난중일기』는 이순신이 임진왜란 중인 1592년~1598년 동안에 썼다. 정확히 보면, 임진왜란은 1592년 음력 4월 13일부터 1598년 음력 11월 19일까지 6년 6개월 23일(2,696일) 동안 진행된 전쟁이었는데 이순신은 2,696일 중에서 1,657일의 일기를 썼다. 정유년의 일기 중에 64일이 중복되기 때문에 여기서 64일을 빼면 1,593일이다. 전체적으로 보면 59% 이다. 이순신이 전사하기 이틀 전인 1598년(선조 31년) 11월 17일(양력

1598년 12월 14일)까지 썼다. 전체 2,696일 중의 1,103일은 일기를 쓰지 않았다. 41%는 쓰지 않았다는 것인데, 전쟁 중에 여건이 허락지 않는다거나 여러 이유가 있을 것이다.

현재 이순신이 직접 쓴 일기 초고본 8권 중 7권이 남아서 현충사에 있고 1962년 12월 20일에 국보 제76호로 지정되었다. 2013년 6월에는 마침내 유네스코 세계기록유산에 등재되었다.

『난중일기』와 이순신이 남긴 여러 시를 보면 이순신이 얼마나 깊은 학문을 지니고 있는지 알 수 있다. 모두 독서의 힘이다. 이순신을 이순신으로 만든 것을 세 글자로 표현하면 활, 책, 붓이다.

░ 묻기를 주저하지 않았다

책을 많이 읽게 되면 궁금한 것도 많아지게 마련이다. 아예 책을 읽지 않으면 궁금한 것이 생길 수 없다. 이순신은 책을 읽다가 궁금한 것이 생기면 그냥 지나치는 법이 없었다. 하급관리나 백성에게도 묻는 것을 주저하지 않았다. 바다에서 생계를 유지하는 백성들에게서 물길이나 물때에 관해 들으며 궁금증을 해결하고, 이를 꼼꼼히 기록한 뒤, 전쟁에 어떻게 적용할까 고민했다.

이순신은 1580년 7월부터 18개월 동안 발포만호로 근무했다. 처음으로 수군과 인연을 맺은 것이다. 발포는 현재 전라남도 고흥군 도화면이다. 이순신은 처음 바다를 접하자 바다에 대한 궁금증이 너무 많았다. 그래서 일일이 해변을 다니며 살폈고, 만나는 백성에게 궁금증을 해결했다. 책에서 본 것과 다른 것을 현장에서 배운 것이다.

⫶빅데이터를 가진 세종과 이순신

미국 군대가 강한 이유는 축적된 지식이 엄청나기 때문이다. 미국은 세계의 거의 모든 자료를 가지고 있고 수많은 전쟁의 경험을 데이터화해서 저장하고 있다. 즉 정보의 우위를 가지고 있다. 그러면서도 그 지식을 자기들끼리 공유한다. 외부에서는 독점하되 내부에서는 혼자만 간직하지 않는 것이다. 내가 미국 캔사스주에 있는 지휘참모대학CGSC에서 교환교수로 근무할 때 미국의 고위장교들이 귀중한 자료를 아낌없이 서로 나누는 모습을 보고 놀란 적이 있었다. 서로 같이 나누니까 정보의 양도 훨씬 더 많아진다. 그러니 함께 강해진다. 이것이 미국 군대이다.

과거에도 그랬지만 지식이 세상을 지배한다. 앞으로는 더욱 그렇다. 세계의 큰 부자들은 지식 자산으로 부자가 된 사람들이다.

제4차 산업혁명의 키워드 중의 하나는 빅데이터Big Data이다. PC와 인터넷, 모바일 기기 이용이 생활화되면서 사람들이 도처에 남긴 발자국 즉 데이터는 기하급수적으로 증가하고 있다. 누가 많은 데이터를 가지고 있느냐에 따라 판의 우위가 결정된다. 데이터는 정보시대의 '원유原油'와 같다. 데이터를 지배하는 자가 세상을 지배한다. 세종과 이순신은 엄청난 독서를 통해 빅데이터를 가지고 있었다. 그것이 바로 그들의 힘이었다.

빌 게이츠는 독서의 중요성에 대해 이런 말을 했다.
"어릴 적 나에겐 정말 많은 꿈이 있었고, 그 꿈의 대부분은 많은 책을 읽을 기회가 있었기에 가능했다고 생각한다."

세종과 이순신의 공통점이 보이는가?
늘 책을 읽고 배우려 하였으며 그리하여 빅데이터를 가졌다. 궁금한 것은 누구에게나 물었다. 묻는 것은 부끄러운 것이 아니다. 오히려 지위가 높은 사람일수록 더욱 존경받을 행위이다. 잘 모르는데 아는 척하는 것이 부끄러운 것이다. 지식의 수명은 날로 짧아지고 있다. 날마다 새로운 것으로 채우지 않으면 안 된다. 인풋이 많아야 아웃풋도 많아지는 것이다. 열심히 책을 읽고, 데이터를 많이 가지라. 그러면 새로운 세상을 여는 주인공이 될 수 있다. 세종처럼, 이순신처럼 책을 읽어라.

세종처럼 이순신처럼 소통하라

위대한 리더의 공통점은 소통을 잘한다는 것이다. 세종은 무엇보다 소통을 중요하게 여겼다. 임금이라고 해서 일방적으로 명령만 내리면 안 되기 때문이다. 어떤 일을 결정할 때도 서로 마음이 통해야 섣부른 결정으로 생기는 폐단을 막을 수 있다. 그래서 신하의 생각, 백성의 생각을 읽기 위해 몇 겹으로 꼼꼼하게 장치를 마련했다.

⑇ 임금의 잘못을 지적해달라

세종은 신하들에게 임금의 잘못을 숨김없이 말하도록 했다. 『세종실록』 28권, 세종 7년, 1425년 6월 20일의 기록이다.

"여러 신료臣僚들은 각기 힘써 생각하여 과인의 잘못이라든지, 정령政令의 그릇됨이라든지, 민생의 질고疾苦되는 것을 숨김없이 다 말하여, 나의 하늘을 두려워하고 백성을 근심하는 지극한 심정에 도움이 되게 하라.

너희 예조에서는 이 뜻을 중외에 자세히 알리라."

임금의 잘못을 지적해 달라는 것이다. 그렇게 해야 나랏일도 바르게 할 수 있고, 백성의 근심을 정확히 알아서 해결할 수 있다는 것이다. 그러기 위해서 임금과 신하 사이에 막힘 없는 소통을 원했던 것이다.

그리고 혹시 공개적으로 말하기 꺼릴 일이 있으면 밀봉해서라도 올리라고 했다. 『세종실록』 101권, 세종 25년, 1443년 7월 8일의 기록이다.

"이제 농사가 한창인 때를 당하여 비 오는 것이 시기를 잃으니, 잘못된 정사가 있어서 재해를 이르게 하는가 염려되어, 내가 진실로 마음에 두려움이 있으니, 동반東班 각품各品과 서반西班 4품 이상이 만일 할 만한 일이 있거든 다 진술하여 숨김이 없게 하되, 밀봉密封하여 아뢰게 하라."

세종은 소통을 원했다. 대충하는 법이 없었다. 꼼꼼하게 따져보고 서로 마음이 통할 때 시행 여부를 결정했다. 성격적으로도 매우 꼼꼼했다. 어떤 일을 결정할 때도 즉흥적으로 하지 않았다. 온갖 방법을 동원해서 하나하나 따지고 검증한 후에 결정했다. 세종이 그렇게 할 수밖에 없었던 것은 백성 때문이다. 자칫 성급하게 어떤 정책을 결정하게 되면 백성이 해를 입거나 고통을 받을 수 있기 때문이다. 세종의 모든 생각은 백성에게 있었다.

⫸ 세종의 세 가지 소통방식

세종이 사용한 소통의 방식은 윤대輪對·경연經筵·구언求言이다.

윤대는 누군가와 돌아가며 독대하며 말을 나누는 것이다. 세종은 아침에 두 시간 정도 윤대를 했다. 말단의 관리도 불러 세상 돌아가는 이야기를 나눴다.

경연은 점심 후에 어전에서 신하들과 나누는 어전회의다. 세종은 이 경연을 무려 1,898회나 열었다. 태조가 23회, 태종이 80회 열었다. 세종이 얼마나 경연을 통해 신하들과 소통하고자 했는지 짐작할 수 있다. 대충하지 않고 꼼꼼하게 따지며 끝장을 보려 했을 것이다. 어떤 사안을 하나 결정하더라도 그냥 일방적으로 밀어붙이지 않고 신하들과 기탄없이 주고받으며 꼼꼼하게 따졌다. 미진한 부분을 남기지 않고 가장 좋은 결론으로 일치를 보려 한 것이다.

경연할 때 그 방식을 보면 세종의 성격을 짐작할 수 있다.

• 곧은 자세로 회의에 임하라

신하들이 임금 앞에서 엎드리지 말라고 하며 편하게 마주 보고 말할 수 있는 분위기를 만들어 준 것이다.

- **왕의 잘못을 직언하라**

  왕이라도 잘못할 수 있으니 직언을 거침없이 하며 좋은 일이든 나쁜 일이든 가리지 말라고 한 것이다.

- **급한 상황이 생기면 한 자리에서 의논하라**

  빨리 결정해야 할 일이 생기면 시간을 놓치지 말고 한자리에 모여 빨리 결정하라는 것이다.

- **소수의 의견이라도 끝까지 듣되, 한 사람의 말만으로 결정해서는 안 된다. 모든 말을 다 듣되 그대로 따르지는 않고 좋은 의견이 나오면 힘을 실어주고 정책으로 이끈다**

이렇게 꼼꼼하게 경연을 이끌었으니 얼마나 완벽함을 추구하려 했는지 알 수 있다. 그래서 무려 1,898회나 경연을 했다. 월평균 6~7회를 한 셈이다.

⦚ 백성의 이야기를 들어라

구언은 백성으로부터 이야기를 듣는 것이다. 매일 전국에서 올라오는 상소문을 꼼꼼하게 검토하며 구언을 통해 백성의 의견을 들었다. 농사짓는 교과서인 『농사직설農事直說』을 지을 때의 일이다. 당시 벼농사는 해마다 하지 못했다. 한 번 농사를 지으면 땅에 영양분이 부족해서 한두 해를 쉬어야 했다. 또 홍수와 가뭄도 있었다. 세종은 이를 고심했다. 중국의 농업책인『농상집요農桑輯要』가 있었지만, 우리 땅에는 맞지 않았다. 그래서 세종은 관리들에게 명했다.

"나라 구석구석을 다 돌며 우수한 농사법을 조사해오너라. 경험 많은 농부의 말을 들어라."

이렇게 해서 관리들은 전국을 돌았고 백성의 말을 꼼꼼하게 들었다. 이렇게 만든 책이 우리 땅에서 농사를 잘 짓게 하는 법을 기록한 『농사직설』이다. 우리나라 최초의 농업책이다.

『농사직설』외에도 우리 몸에 맞는 의학책인『향약집성방鄕藥集成方』을 만들 때도 그런 방식으로 했다. 신하들을 중국에 보내기도 하고, 백성의 이야기를 듣기도 했다.

이렇게 세종은 윤대와 경연과 구언을 통해 꼼꼼하게 일을 처리해 나갔다. 모든 일을 소통으로 풀어나가려 했다.

⟨⟨ 신문고를 치다

『세종실록』30권, 세종 7년, 1425년 11월 29일의 기록에 보면 신문고申聞鼓를 친 내용이 나온다.

"이미李枚가 이조판서 허조의 집에 분경奔競을 범하였다고 하여 사헌부에서 탄핵하니, 미가 노복奴僕으로 하여금 신문고申聞鼓를 치게 하였다."

이 내용에 대한 설명은 생략한다. 중요한 것은 억울한 일이 있어서 신문고를 쳤다는 것이고, 그 소리를 세종이 직접 들었다는 것이다.

"미가 노복을 시켜 신문고를 치게 하여 임금께 들리게 하였으니, 매우 무례無禮합니다. 청하건대 탄핵하게 하소서."

신문고는 1401년, 태종이 즉위하면서 백성들의 억울한 일을 직접 해결하여 줄 목적으로 대궐 밖 문루門樓 위에 달았던 북이었다. 좋은 뜻과는 달리 일부 서울의 관리들만 사용했고 곧 유명무실해졌다. 그런데 세종은 신문고를 좋은 소통의 수단으로 여겨 백성의 소리에 귀를 기울였다. 세종의 귀는 모든 사람에게 열려 있었다.

⫸최초의 설문조사

세종은 백성이 세금 때문에 불평한다는 것을 알았다. 어차피 내는 세금은 공평하기만 하면 불평이 없다. 세종은 세금 문제로 여러 해 동안 고심했다. 어떻게 하면 세금을 공평하게 물릴 수 있을까? 그런데 왜 안될까? 꼼꼼한 세종이 드디어 그 문제점을 찾아냈다. 세종 10년 7월 5일의 일이다.

첫째, 중앙에서 파견한 관리가 짧은 조사 기간 내에 담당 지역의 수확량을 꼼꼼하게 심사하는 것은 불가능하다. 둘째, 세금 감면을 노린 청탁과 비리가 난무하다. 셋째, 제도 운용이 잘못되어 대지주의 세금은 가볍고 가난한 백성의 부담은 심각한 수준이다.

세종은 이에 대한 해법을 찾기 위해 중국의 역사도 검토했는데 한눈에 들어오는 것이 있었다. 바로 공법貢法이었다. 공법은 한나라 이후 중국에서 계속 시행해온 세법으로 논밭의 평균 수확량을 정확히 파악해서 해마다 백성들이 일정한 곡물을 세금으로 바치게 하는 제도였다. 세종은 이거다 싶었으나 일방적으로 지시하지 않았다. 혹시 모를 폐해를 막기 위해서다. 백성의 입장을 깊이 생각해야 했기 때문이다.

그래서 설문조사를 시작했다. 혹자는 설문조사를 결심하게 된 또 다른 이유로 측우기測雨器의 발명과 관계된다고 주장하기도 한다. 비의 양을 정확히 측정해 수확량을 이에 비례적으로 계산해서 세금을 매기기 위해서라는 것이다. 측우기를 발명하겠다고 공표하자 세금을 탈세하고 부정부패를 자행했던 지방관리들이 들고 일어났고 그래서 설문조사를 해서 백성의 생각을 물으려 했다는 것이다. 어떤 이유에서든 세금 문제만은 분명하다. 그래서 세종의 결단으로 전국적인 설문조사가 시작되었다.

높은 관리로부터 낮고 가난한 백성에 이르기까지 전국의 17만 명이 넘는 사람을 대상으로 했다. 우리나라 최초의 설문조사였다. 백성을 아끼고 존중하는 세종의 마음을 읽을 수 있다. 실제 경제 활동인구를 고려한다면 여성과 노비, 어린아이를 제외하고 거의 모든 호주戶主들이 이 설문에 참여한 것이다.

　결과적으로 찬성이 9만8,657명, 반대가 7만4,149명이었다. 대략 58%가 찬성했고, 42%가 반대했다. 세종 9년, 1427년 3월 16일이었다. 이때 세종은 곧바로 공법을 시행하지 않았다. 반대하는 사람들은 대체로 고위관직들이었다. 세종은 기다렸다. 때가 올 때까지 기다렸다.

　기다리는 동안 공법의 원안을 여러 번 고쳤다. 그리고 마침내 최종적으로 확정 시행하게 되는데 그 걸린 시간이 1427년부터 보면 무려 17년이었다. 세종 26년(1444년)에 공법은 마침내 전분 6등법과 연분9등법으로 최종 확정되었다. 공법상정소貢法詳定所를 설치해서 6년간 선의의 피해자가 생기지 않도록 노력했다. 이렇게 공법의 시행과정을 보면 세종의 세심하고 끈질긴 면모를 알 수 있다. 밀어붙여야 할 때는 강하게 밀어붙였지만 기다려야 할 때는 그렇게 오래 기다렸다.

　세종은 무얼 하나 하더라도 대충 설렁설렁하지 않았고 묻고 따지며 꼼꼼하게 했다. 왕의 권위로 밀어붙이기보다 모두가 수긍할 때까지 설득하고 세심하게 의견을 들었다. 왕의 자존심을 버릴 때도 잦았다. 때론 극심한 반대에 밤잠도 자지 못할 때도 있었다. 그러나 그렇게 하는 것이 진정 백성을 위한 길인 줄 잘 알았다. 세종이 중요하게 여겼던 것은 소통이었다.

세종이 그렇게도 소통을 중요시했지만, 대제학 변계량卞季良은 임금과 신하 사이에 소통이 더 강화되어야 한다고 진언을 했다. 이런 진언을 들으면 세종은 기분 나빠 하지 않고 잘 받아들였다. 『세종실록』 28권, 세종 7년, 1425년 6월 22일의 기록이다.

"내가 어젯밤에 진언한 것을 다 보았는데, 역시 취할 만한 것이 있으니, 너는 정부와 육조와 같이 의논하여 보라. 내가 마땅히 빨리 시행하겠노라."

이렇게 열린 마음이 있었기에 열린 소통이 가능해지는 것이다. 마음이 꽉 막힌 리더에게 소통은 불가능하다.

세종의 소통 리더십을 네 단계로 정리해볼 수 있다. 광문廣問, 서사徐思, 정구精究, 전치專治이다. 광문 즉 널리 묻고, 서사 즉 천천히 신중하게 숙고하며, 정구 즉 정밀한 대안을 만들어, 전치 즉 전심전력으로 일을 추진해나가는 것이다. 이 네 단계의 소통 리더십을 우리 생활에 잘 적용하면 많은 도움을 받을 수 있으리라 생각한다. 세종의 소통 리더십을 배우자.

▒ 리더십의 핵심은 한마음

리더십의 핵심은 소통으로 마음을 하나로 만드는 것이다. 마음이 하나가 된다는 것은 『손자병법』 제1 시계始計편에 나오는 '도道'의 경지를 이루는 것이다. '도자영민여상동의道者令民與上同意 가여지사可與之死 가여지생可與之生 이민불궤야而民不詭也' 즉, 도道라는 것은 윗사람과 아랫사람이 하나가 되어,

가히 함께 죽고 살 수 있는 경지에 이르러 민중이 의심하지 않는 것이다.

리더십의 마지막 목표요, 최고의 경지는 바로 이러한 '도道'의 수준에 이르는 것이다. 그리하여 삶과 죽음까지 함께할 수 있는 것, 이것은 리더십의 처음이요 마지막이다. 이순신은 그만의 리더십을 발휘해서 이러한 도의 경지를 이루었다.

‖이순신의 파벌 금지 서약서

이순신은 여러 사람의 의견에 귀를 기울였고, 마음을 하나로 만드는 데 노력했다. 이순신이 정읍현감에서 일약 전라좌수사의 직위에 오르면서 가장 먼저 내 건 구호가 있었다. 그럴듯하게 형식적으로 내세운 구호가 아니라 아예 서약서까지 받아 놓았다. 그것은 모든 사람의 당파 형성 금지였다.

내부의 분열만큼 무서운 것은 없다. 그래서 이순신은 서로가 서로를 이간하고 내부결속을 무너뜨리는 당파 싸움을 엄격히 규제했고 이를 어기면 엄벌에 처할 것을 거듭 강조했다. 그래서 모이면 수군거리고, 누구를 험담하거나, 불평불만을 일삼고, 자기편끼리만 어울리는 분위기는 재빨리 일신되었다. 이순신은 누구보다도 내부의 불화가 갖는 폐단을 잘 알고 있었고, 그러했기에 내부의 단결력을 결속하는 데 온 힘을 쏟았다.

당시에는 류성룡을 중심으로 한 동인東人과 윤두수를 중심으로 한 서인西人이 서로 권력을 잡고자 혈안이 되어 싸웠다. 이런 조선의 붕당정치朋黨政治는 거의 250년이나 지속되어 나라를 어지럽게 했다. 파벌을 조장하는 붕당정치는 나라의 위기를 몰고 왔고, 임진왜란의 중요한 원인이 되기도 했다.

⫸ 마음을 여는 대화의 장소 운주당

이순신은 여러 사람의 의견을 듣고 함께 의논하는 것을 매우 중하게 여겼다. 허심탄회한 대화는 상·하의 벽을 무너뜨리는데 가장 좋은 방법이기도 하고, 최선의 결론을 도출하는 좋은 수단이기 때문이다. 류성룡의 『징비록』에는 이순신이 어떻게 한마음이 되도록 병영 전체에 신뢰와 화합의 분위기를 만들었는지 소개하고 있다.

"순신이 한산도에 있을 때 운주당運籌堂이라는 집을 짓고, 밤낮을 그 안에 거처하면서 여러 장수들과 더불어 군사 일을 논했는데, 비록 졸병이라 할지라도 말하려고 하는 자가 있으면 와서 말하는 것을 허락하여 군정軍情을 통하게 했다. 또 전쟁하려고 할 때는 매번 부하 장수들을 다 불러 모아서 계책을 물어 작전계획을 정한 뒤에 싸움을 결행했기 때문에 싸움에 패하는 일이 없었다."

여기에서 보듯이 이순신은 졸병을 비롯한 누구와도 대화했고, 또 어떤 일을 결행할 때에는 반드시 사전에 충분히 여러 사람의 의견을 들으며 신중을 기했다. 그렇기 때문에 류성룡이 언급한 바와 같이 싸움에 패하는 일이 없었다.

오늘날 한산도에 가면 제승당制勝堂이 있는데, 이 제승당이 바로 운주당이다. 제승당이라는 이름은 1597년 정유재란 때 운주당이 불타 없어지자 제107대 통제사 조경이 1739년에 다시 지으며 붙인 이름이다. 운주運籌라는 것은 '인간의 길흉화복을 점치는 나무인 산가지를 움직인다'는 뜻이다. 이순신은 운주당을 한산도 한 곳에만 설치하지 않았다. 그가 오랫동안 머무는 곳이라면 어김없이 이를 설치하여 작전을 논했다. 백의종군 중에 다시 기용되어 수군사령부를 설치했던 고하도高下島나 고금도古今島에도 운주당을 설치했다. 한산도대첩이나 명량대첩 전날에 모두가 모여서 내일의 작전에 대해 진지한 토의를 했던 것은 평소 이순신이 행했던 열린 토의 문화의 단면을 보여준 예다. 사람을 인정하고 칭찬하는 것 그리고 여러 사람의 지혜를 모으는 것, 이것이 이순신의 강점이요 소통의 리더십이다.

⟨⟨ 술과 음식으로 마음을 열다

『난중일기』에 보면 이순신은 수시로 술과 음식을 장만하여 부하들과 함께 즐겼다는 것을 알 수 있다. 고생하는 부하들을 위로하며 한마음이 되도록 하는 조치이다. 일기에는 이런 기록이 21회가 있으며 그 정도는 지나치지도 않았고 모자라지도 않았다. 1595년 5월 5일 『난중일기』에 보면 이런 기록이 있다.

"밤이 깊도록 이들로 하여금 즐겁게 마시고 뛰놀게 한 것은 내 스스로가 즐겁고자 한 것이 아니라 오랫동안 고생한 장병들의 노고를 풀어주고

자 한 것이었다."

즐겁게 마시고 뛰놀게 한 이유는 오직 부하들을 위함이라고 했다. 그들의 수고를 위로해주기 위함이다.

⅋ 말에서 내려 반형좌 하다

이순신은 늘 사람들과 소통하기를 원했다. 한마음은 소통에서 시작되기 때문이다. 명량대첩 직전에 남해안을 돌며 민심을 살필 때의 일이었다. 길에서 백성을 만나자 이순신은 말에서 내려下馬, 하마, 그들과 악수를 하며握手, 악수, 알아듣도록 타일렀다開諭, 개유. '하마 악수 개유'는 이순신이 얼마나 백성을 아끼고 사랑했는지 한마디로 보여주고 있다. 백성을 보자 말에서 내린 것이다. 높은 자리에 있지 않고 아래로 깔아보지 않겠다는 것이다. 그리고 손을 잡았다. 따뜻한 온기가 느껴졌을 것이다. 사람의 온도다. 그리고 전쟁은 곧 끝날 테니 너무 걱정하지 말고 몸이나 잘 간수하라고 알아듣게 타일렀을 것이다. 이 모습이 이순신이다. 1597년 8월 7일의 『난중일기』에 보면 이런 글이 있다.

"반형좌어로방班荊坐於路傍"

'반형자어로방'이 무슨 뜻일까? '반형자班荊坐'는 『춘추좌전』에 나오는 고사로 싸리나무를 꺾어 앉는다는 뜻이다. '반형자어로방'이라는 말은 길가에서 싸리나무를 꺾고 그 위에 앉아 얘기를 나눈다는 뜻이다. 말에서 내려 싸리나무 위에 앉아 사람을 대한다는 의미다. 겸손하고 진지한 모습이다. 이런 이순신을 보고 무려 120명이나 되는 사람들이 이순신을 따랐다. 120명은 명량대첩을 승리로 이끈 주역들이 된다.

ⅲ 이순신의 수결, 일심

이순신의 수결手決을 봤는가? 수결은 서명을 말한다. 이순신의 수결은
'일심一心'이다. 한마음을 뜻한다. 이순신은 이 수결을 연습하기 위해 똑같
은 모양을 수도 없이 반복해서 그린 흔적도 남기고 있다. 일심을 반복해
쓰면서 얼마나 한마음이 간절했을까. 한마음! 이것이 곧 이순신이 품고
있었던 리더십의 핵심이었다.

세종과 이순신의 공통점이 보이는가? 소통을 위해 엄청난 노력을 했
다는 것이다. 왕의 권위로, 장수의 권위로 밀어붙이지 않았다는 것이다.
피터 드러커는 이런 말을 했다.

"내가 무슨 말을 했느냐가 중요한 게 아니라 상대방이 무슨 말을 들었
냐가 중요하다."

아주 적절한 말이다. 일방적으로 말하거나 명령하는 것은 소통이 아니
다. 듣는 사람이 알아듣고, 받아들여야 소통이다. 세종은 신하와 백성의
의견을 꼼꼼히 들었고 설문조사까지 했다. 어떻게 하든지 마음이 통한
상태에서 일을 추진하려 했다. 이순신도 일방적으로 명령하지 않고 함께
모여 의논했다. 사람들의 말을 들었고, 가장 좋은 결론을 받아들였다.

세종처럼, 이순신처럼 소통하라.

세종처럼 이순신처럼 인재경영을 하라

사람이 전부다. 인사人事가 만사萬事다. 기업조직이나 나라의 성패는 인재에 달려 있다. 일을 잘하고 사명감이 있는 인재가 많이 있다면 반드시 성공하고 그렇지 못하면 반드시 실패한다. 인재를 발탁하는 것이 우선이다. 그리고 발탁된 인재를 어떻게 잘 활용하느냐가 중요하다. 일을 잘할 수 있도록 하는 제도적 뒷받침도 중요하다. 이 모든 것이 인재경영이다. 세종과 이순신은 인재경영의 대가라 할 수 있다.

▒ 세종의 딱 하나의 인재선발 기준

세종이 인재를 판단하는 기준은 딱 하나다.

"일을 잘하느냐?"

'능력우선주의'라 할 수 있다. 일을 잘 못 하면 아무 데도 쓸데가 없다. 성과가 나야 한다. 사람이 아무리 좋고 착해도 일을 못 하면 소용이 없다. 사람 좋고 착한 사람은 얼마든지 널려 있다. 그런 사람은 자연인처럼 그냥 조용히 혼자 살면 된다. 그런데 조직이나 나랏일은 그렇지 않다. 반드시 성과를 내야 한다. 성과로 증명해야 한다. 특히 조선 초 나라의 기반을 굳건히 하기 위해서는 무엇보다 일을 잘하는 사람이 필요했다. 세종은 이것을 잘 알았다. 세종은 철저한 실용주의자였다. 『세종실록』 22권, 세종 5년, 1423년 11월 25일의 기록이다.

"정치하는 요체는 인재를 얻는 것이 가장 급선무이다 爲政之要 得人爲最."

유교 국가인 조선은 사람을 뽑을 때도 출신 성분을 중시했다. 그런데 세종은 신분을 초월한 능력 위주의 인재를 발굴하여 그들이 일을 잘할 수 있게 했다. 대표적인 사람이 황희黃喜와 장영실蔣英實이다.

황희는 노비 신분의 어머니를 두었지만, 태종의 선택을 받아 6조 판서를 두루 지냈다. 세종도 그의 능력을 인정하여 영의정으로 두고 거의 18년을 일하게 했다. 황희는 『세종실록』에 812번이나 등장할 정도로 세종과 오래 함께했다. 황희는 조선의 청백리淸白吏로 소문이 났다. 그런데 『세종실록』에는 뇌물수수나 청탁 등의 도덕적인 결함이 기록되어 있다. 한 명의 사관에 의해 기록된 것이다. 사관의 기록을 중시하여 그 사관의 기록을 실록에 남겨두었다. 어떤 사연이 있어서 사관이 그렇게 기록했는지는 알 수 없다. 그 기록에 대한 진위 여부도 모른다.

여기서 중요한 것은 『실록』일지라도 정확하지 않을 수 있다는 것이다.

왕이 죽은 뒤에 책으로 남기는 『실록』은 당시의 정치적인 상황에 의해 얼마든지 변조될 수 있다는 것이다. 그러니 『실록』뿐만 아니라 세상의 모든 책과 기록은 이와 같다 할 수 있다. 그래서 책을 읽을 때는 취할 것은 취하고 버릴 것을 버릴 수 있는 분별력이 요구된다.

황희는 세종의 입장에서는 정적政敵과도 같았다. 왜냐하면, 부왕 태종이 양녕대군을 세자에서 폐위하고 충녕대군인 세종을 세자로 세울 때 거세게 반대했기 때문이다. 황희의 반대 논리는 분명했다. 양녕이 적자이므로, 적자를 제치고 세자를 삼으면 후세에 큰 불씨가 된다는 것이었다. 또 양녕의 인물됨을 잘 알고 있었다. 황희는 이 때문에 교하와 남원에서 3년간 유배 생활을 했다. 세종은 왕위에 오른 지 3년 뒤인 1422년 4월에 황희를 좌참찬으로 발탁했다.

▧ 황희의 업무조정능력

황희에 대해서는 이런 말 저런 말이 있다. 그런데 황희에게 찾을 수 있는 최고의 장점은 바로 '업무조정능력'이다. 갈등이 있으면 그 갈등을 기가 막히게 풀었다. 세종에게는 이게 중요했다. 그는 조리 있는 말로 회의 내용을 정리하고 우선순위를 잘 조율하였는데, 다양한 인재들이 가득했던 당시 조정을 원만하게 잘 이끌었다. 세종은 사람을 볼 때 그의 단점이 아니라 강점을 봤다. 이른바 강점관리를 했다.

황희의 탁월한 조정능력에 대해서는 여러 가지 일화가 있다. 어느 날, 계집종들이 싸움질을 했다. 그중에 한 계집종이 황희 앞으로 달려와 고자질했다.

"저 아이가 제 험담을 하고 다닌답니다."

"네 말이 옳다."

다른 계집종이 억울하다는 듯이 달려와서 말했다.

"대감마님, 거짓말입니다."

"네 말도 옳다."

옆에서 지켜보고 있던 황희의 아들이 물었다.

"어찌 아버님께서는 이 말도 옳고 저 말도 옳다고 하십니까?"

황희는 아무렇지도 않게 대꾸했다.

"네 말도 옳다."

세종은 말년에 궁중에 부처를 모시는 내불당內佛堂을 조성하려고 했다. 그런데 유교를 숭상하는 대신들이 반대했다. 심지어 집현전 학사들은 파업까지 했다. 세종은 몹시 괴로웠다. 옆에 있던 황희에게 눈물까지 흘리며 말했다.

"모든 학사들이 나를 버리고 갔으니 어찌하면 좋겠소?"

"신이 가서 달래 보겠습니다."

황희는 마침내 집현전 학사들을 달래는 데 성공했고, 결국 내불당을 조성할 수 있었다. 황희도 유교를 받드는 유생이었다.

⟪ 검은 소와 누런 소

황희가 탁월한 업무조정능력을 가진 데는 타고 난 성품도 있었겠지만 아마도 젊은 시절의 경험도 작용한 듯하다. 황희가 젊은 시절, 고려 말기에 관직에 있을 때였다. 도성에서 일을 보고 잠시 쉬기 위해 도성을 나와 길을 걷는데 한 농부가 검은 소와 누런 소 두 마리를 끌며 밭을 갈고 있었다. 농부가 잠시 쉬기 위해 소를 저쪽에 두고 나무 밑으로 오자 황희는 농부에게 가서 물었다.

"두 마리 소 중에 어떤 소가 일을 더 잘합니까?"

그러자 농부는 황급히 황희를 붙잡고 멀찍이 가더니 황희의 귀에다 대고 속삭였다.

"검은 소는 꾀를 부리지만 누런 소는 일을 잘합니다."

이런 농부를 보고 황희는 껄껄 웃으며 말했다.

"아니, 하찮은 소에 대해 물어보는데 어찌 여기까지 와서 귀에까지 대고 속삭입니까?"

농부는 정색을 하며 말했다.

"글을 배운 선비라는 작자가 무슨 그런 말을 하시오! 아무리 소같이 하찮은 동물이라도 자신에게 나쁜 말을 하면 싫어하는 법이오. 그래서 이렇게 소를 피해서 여기서 귀에 대고 속삭인 것이오!"

황희는 아차 하며 순간적으로 자신의 경솔함을 깨달았다.

⦚ 한쪽 눈을 감으며 책을 읽다

『문종실록』 12권, 문종 2년, 1452년 2월 8일에 보면 특이한 황희의 습관을 알 수 있다.

"비록 늙었으나 손에서 책을 놓지 아니하였으며, 항시 한쪽 눈을 번갈아 감아 시력을 기르고, 비록 잔글자라도 또한 읽기를 꺼리지 아니하였다."

시력을 보존하기 위해 한쪽 눈 독서를 했다는 대목이다. 시력을 잘 보존해야 임금을 잘 모실 수 있다는 생각도 했을 것이다. 그래서 눈을 번갈아 감으며 사물을 본 것이다. 물론 이렇게 하면 눈이 좋아진다는 의학적인 근거는 없다.

황희는 정책에 있어서 대체로 보수적인 편이다. 세종은 독창적인 주장을 많이 냈고, 모든 논점을 꼼꼼히 검토한 뒤 정책을 결정했기 때문에 정책의 완성도는 높았지만, 그 과정에서 무리한 정책도 나왔다. 여러 쟁점 사이에서 균형을 잃을 수 있었다. 황희는 큰 틀에서 그 주장을 정리하고 가장 현실적인 시행 방안을 내어 정책을 조정했다. 탁월한 업무조정능력이다. 세종에게 꼭 필요한 능력이었다.

이런 황희를 세종은 각별히 아꼈다. 황희가 열 번이나 벼슬을 그만두겠다고 했지만, 그때마다 도와달라고 붙잡았다. 여든이 넘는 나이가 되어 더 이상 모실 수 없다고 하자 지팡이를 선물로 주면서 한 달에 두 번이라도 꼭 오라고 했다. 황희는 90세에 편안히 죽었다. 영의정 18년, 좌의정 5년, 우의정 1년 합쳐서 총 24년을 정승의 자리에 있었다.

세종은 신분 여하를 가리지 않고 일을 잘하는 사람을 뽑아 일을 맡겼다. 사람의 강점을 봤다. 능력 위주 인사였다.

⫶ 노비 출신 장영실을 발탁하다

장영실의 아버지는 중국에서 온 귀화인이었다. 아버지 집안은 노비 출신이 아니었지만, 어머니의 신분을 따라서 장영실은 동래현의 관노로 태어났다. 장영실을 궁궐로 처음 부른 사람은 태종이었다. 태종은 각 지방을 다스리는 관찰사가 추천한 지방의 우수한 인재들을 한양으로 불러들여 일하게 하는 '도천법道薦法'을 시행했다. 태종은 신분을 가리지 않고 인재를 추천하게 했다. 어머니 신분 탓에 동래현 관노였던 장영실이 한양까지 올 수 있었던 것도 이 법이 있었기에 가능했다.

'과학을 위해 태어난 사람'이라 불리는 만능 손 장영실은 그 소문이 조정에 알려져 일찍이 태종이 그를 발탁했다. 세종은 그를 명나라에 유학을 보내 천문관측시설 관련 자료를 수집하도록 했고(연려실기술 별집 15권), 이를 바탕으로 자격루 등을 만들었다. 1434년에 만든 자격루는 사람의 힘을 빌리지 않고 자동으로 시간으로 알려 주는 기계식 물시계이다. 『세종실록』 61권, 세종 15년, 1433년 9월 16일의 기록에 보면 세종이 자격루를 만든 장영실을 정4품 호군으로 올리는 내용이 나온다.

"장영실이 자격궁루自擊宮漏를 만들었는데 그 공이 작지 아니하므로 호군의 관직을 더해주고 싶다. 비록 나의 가르침을 받아서 하였지만 이 사람이 아니라면 만들어내지 못했을 것이다."

동래현의 관노비에서 궁궐의 궁노비로 신분이 올라간 장영실은 상의원 별좌, 정4품의 호군, 종3품의 대호군까지 오르면서 많은 천문기구를 제작하였다. 세종 때 만들어진 거의 모든 천체 관측기구들이 장영실의 손에서 탄생했다고 해도 지나친 말이 아니다. 장영실의 대표적인 작품으로는 저절로 시각을 알려주는 자동 물시계인 자격루自擊漏, 시간 측정기인 오목 해시계 앙부일구仰釜日晷, 천체의 운행과 위치를 관찰하는 혼천의渾天儀, 물의 높이를 재는 기구인 수표, 고려의 금속활자 기술을 발전시켜 만든 갑인자甲寅字 등이 있다.

⟨⟨ 왜 장영실이 사라졌을까

장영실이 역사의 기록에서 사라진 사건이 있다. 이른바 안여安輿 사건이다. 안여는 임금이 타는 가마다. 세종이 장영실이 감독해서 만든 안여를 타고 종묘 행차에 나섰다가 그만 안여가 부서지는 일이 생겼다. 1442년 3월 16일의 일이었다. 『세종실록』 95권, 세종 24년, 1442년 3월 16일의 기록이다.

"대호군大護軍 장영실蔣英實이 안여安輿를 감조監造하였는데, 견실하지 못하여 부러지고 허물어졌으므로 의금부에 내려 국문하게 하였다."

이 일로 장영실은 불경죄로 곤장 80대를 맞고 두 등급을 감형_{減刑}했다.(세종실록 96권, 세종 24년 4월 27일) 이후 한양을 떠난 그의 행적은 세간에 알려지지 않았다. 세종은 자기가 선택한 사람을 내치지 않았다. 장영실의 마지막에 대해서는 온갖 억측이 나돌 뿐이다. 명나라에서 장영실을 괘씸죄로 불러들였을 때 장영실을 살리기 위해 일부러 호된 국문을 했다는 이야기도 있다. 세종은 그가 한 번 믿은 사람은 끝까지 믿고 갔다. 아랫사람이 큰 잘못을 했더라도 가혹하게 다루지 않았다.

⫴ 세상에 완전한 사람은 없다

1447년 세종 29년, 문과 별시에 합격한 이들에게 "인재를 등용하고, 인재를 양성하며, 인재를 분별하는 방법은 무엇이 있는가?"에 대해 책문을 냈다. 이때 문과 별시에 장원급제한 강희맹_{姜希孟}이 답안을 내놨다.

"세상에 완전한 사람은 없습니다. 따라서 적합한 자리에 기용해 인재로 키워야 합니다. 그리고 전능한 사람도 없습니다. 따라서 적당한 일을 맡겨 능력을 기르는 것이 중요합니다. 그 사람의 결점만 지적하고 허물만 지적한다면, 아무리 유능한 사람이라도 벗어날 수 없게 될 것입니다. 따라서 단점을 버리고 장점을 취하는 것이 인재를 구하는 가장 기본적인 원칙인데, 이렇게 하면 탐욕스런 사람이든 청렴한 사람이든 모두 부릴 수가 있습니다."

바로 이 생각이 세종의 생각이었다. 완전한 사람은 없으니 결점이나 허물을 지적하기보다 능력에 따라 일을 맡기고 단점보다는 장점을 봐야 한다는 것이다.

　예학에서는 이조판서 허조가 특출했다. 세종이 스물여덟 살이 되던 해인 1424년 종묘에서 신년 대제를 지내게 되었다. 이때 허조는 신神에게 술잔을 올리는 세종 옆에서 술을 따르며 잔을 건네주는 찬작관讚爵官 역할을 하게 되었다. 당시 허조는 환갑이 되었고 몸이 불편했다. 엄숙한 분위기 속에서 천조례薦俎禮가 진행되고 있을 때 술을 따라 잔을 세종에게 건네려던 허조가 그만 계단에서 미끄러져 굴러떨어졌다. 이때 들고 있던 술잔도 돌 바닥에 나뒹굴어 버렸다. 문무백관들은 아연실색해서 어쩔 줄 몰라 했다. 이때 세종은 차분하게 걱정하며 물었다. "이판은 다치지 않았느냐?"이어서 "계단이 좁아서 이런 불상사가 일어났다. 계단을 넓혀 다음에는 다시 몸을 상하는 일이 없도록 하라"고 말했다. 인재를 아끼는 세종의 모습이다.

⁑ 잠든 신숙주에게 곤룡포를 덮어주다

　세종을 이야기할 때면 빠지지 않는 인물로 신숙주申叔舟가 있다. 신숙주는 조선 전기의 명신이다. 21세 때인 1438년(세종 20년) 생원·진사시를 동시에 합격했고, 이듬해 문과에서 3등으로 급제했다. 이때부터 세종의 시대가 끝날 때까지 그는 집현전 부수찬(종6품), 사헌부 장령(정4품), 집의(종3품) 등의 요직을 두루 거쳤다. 신숙주는 책 읽기를 즐겨 했는데 일부러 책을 많이 읽기 위해 궁궐 숙직을 도맡아 할 정도였다.

『연려실기술燃藜室記述』에 나오는 이야기다. 어느 날 신숙주가 밤늦게까지 책을 읽다가 그만 책상에 엎드려 잠이 들었다. 마침 지나던 세종이 이걸 보고 입고 있던 곤룡포를 벗어서 덮어 주었다. 곤룡포는 왕만 입을 수 있는 옷이다. 곤룡포를 벗어 준다는 곧 왕권의 이양을 의미했다. 실로 무시무시한 장면이 아닌가. 실제로 곤룡포였든 아니든 잠에서 깨어난 신숙주는 화들짝 놀라 기겁을 했을 것이다. 어쨌든 세종의 마음 씀씀이가 이렇다. 세종은 신숙주를 높이 평가해서 아들인 문종에게 "신숙주는 크게 쓸 인물이다"며 자주 칭찬했다고 한다.

이렇게 세종은 인재를 '일 잘하는 사람'을 기준으로 발탁했고, 한 번 발탁한 인재는 마음껏 재능을 발휘하도록 밀어줬으며, 허물이나 과오가 있더라도 덮어 주었다. 그래서 마음으로 감복한 이들은 세종을 위해 충성을 다했다.

⟩⟩ 철저한 인사검증시스템

조선에는 완의完議 혹은 원의圓議라고 하는 오늘날의 청문회와 비슷한 인사검증시스템이 있었다. 임금이 관리를 임명할 때 50일 이내에 대간이 임명장에 동의하지 않으면 해당 관리는 취임할 수 없었다. 1425년(세종 7년) 4월 19일 세종이 맹효증孟孝曾을 전구녹사典廐錄事로 임명했다. 그러나 사간원은 맹효증이 죄인 이무의 외손자라는 이유로 거부권을 행사했다.

　세종이 사간원 좌정언 조수량을 불러 빨리 맹효증의 임명장에 서명하라는 교지를 내렸다. 그래도 사간원은 3일 뒤인 4월 22일에 "감히 받들 수 없다"고 거부했다. 이는 임금이라도 어쩔 수 없었다. 임명이 뜻대로 안 되자 세종은 대간들의 서경권署經權을 5품 이하로 축소시켰다. 단단히 화가 난 것이다. 이에 사헌부가 반박했다. 1423년(세종 5년) 5월 17일, 다시 서경권을 5품 이하에서 1품까지 확대하자고 주장하면서 그 이유를 말했다.

　"군주가 사람을 쓴다는 것은 목수가 나무를 쓰는 것과 같습니다. 천하에 버릴 재목은 없습니다. 그러나 군주의 자리에 앉아 어찌 수많은 인재를 다 살펴 구별할 수 있겠습니까."

　"대간이 임금의 귀와 눈을 대신하여 임명자들의 충忠과 사邪, 직直과 곡曲을 숨김없이 밝혀야 합니다. 이것이 서경署經입니다. 그래야 군자의 도는 길어지고 소인의 도는 사라질 것이며, 나라의 운명도 영원할 것입니다."

　이런 철저한 인사검증시스템 때문에 임금도 함부로 할 수 없었고, 대간들의 꼼꼼한 검증을 통과해야만 요직에 오를 수 있었다. 오늘날 거의 형식적인 청문회와는 비교된다.

⑅ 학문과 연구의 전당 집현전

세종 하면 집현전集賢殿을 빠뜨려 생각할 수 없다. 집현전은 학자양성과 학문연구를 위한 기관으로 태조 때부터 고려의 제도를 계승하여 존재했었다. 1420년에 세종이 즉위하자 집현전을 확대하여 실제적인 기관으로 개편했는데 가장 중요한 직무는 경연經筵과 서연書筵을 담당하는 것이다. 경연은 왕과 대신이 강론하는 자리였고, 서연은 왕이 될 세자를 교육하는 것이다.

집현전을 거쳐 간 전체 학자 99명 가운데 20% 이상이 조선조 과학기술사에 길이 이름을 남긴 것으로 보아 과학기술 발전을 선도하였음을 알 수 있다. 집현전의 학사들은 조선의 씽크탱크로서의 역할을 잘해냈다. 실제로 여기서 논의되는 내용은 왕의 국사에 직접 연결되는 경우가 많았으니 절대 형식적인 연구기관이 아니었다.

⑅ 광화문의 이름을 짓다

광화문이 어떤 문인가? 1394년 10월에 태조 이성계는 정도전의 건의를 받아 고려의 수도 개경에서 한양으로 수도를 옮겼다. 이듬해인 1395년 9월에 경복궁을 창건하며 남문을 오문午門이라 불렀다. 정도전은 이를 정문正門으로 바꾸었다. 그러다가 1426년에 세종이 집현전 학사들과 의논해서 이를 광화문이라 바꿔 불렀다. 『세종실록』34권, 세종 8년, 1426년 10월 26일의 기록이다.

"집현전 수찬_{修撰}에게 명하여 경복궁 각 문과 다리의 이름을 정하게 하니, 근정전_{勤政殿} 앞 두 번째 문을 홍례_{弘禮}, 세 번째 문을 광화_{光化}라 하고…"

집현전 학사들은 '광화'라는 이름을 『서경_{書經}』 요전_{堯典}편에 나오는 '광피사표_{光被四表} 격우상하_{格于上下}'에서 땄다. 요_堯임금의 성덕이 사방에 미쳐 온 천하에까지 이르렀다는 의미이다. 이와같이 임금의 큰 덕이 온 나라에 두루 비치기를 바라는 마음을 담아 '광화문_{光化門}'이라 하였다. 광화문은 이순신이 싸웠던 임진왜란 때 소실되었다가 1865년에 대원군이 재건했다.

⅜ 안식년과 같은 사가독서제도

집현전 학사들에게는 다양한 특권을 줬는데 대표적인 특권이 바로 사가독서_{賜暇讀書}이다. '사_賜'는 하사할 사, '가_暇'는 휴가 가의 뜻이니 왕이 하사하는 휴가를 이용해서 마음껏 독서를 하는 것이다. 집현전 학사들 가운데 재행_{才行}이 뛰어난 자를 선발하여 휴가를 주고 독서나 연구에만 전념할 수 있게 했다. 이때 그 경비 일체를 나라에서 부담하도록 했다. 유급휴가인 셈이다.

사가독서제도가 처음으로 실시된 것은 세종이 즉위한 지 8년이 지난 1426년 12월로 권채, 신석견, 남수문을 선발하여 자택에서 3개월 동안 책을 읽게 했다. 보통 선발되는 인원은 6명이었고, 많을 때는 12명까지 선발했다. 처음에는 자택으로 보냈다가, 이후 북한산의 진관사_{津寬寺}를 사가독서를 하는 장소로 활용했다.

　사가독서제도를 시행한 이유는 장기근무에 따른 불이익과 불만을 해소해 주기 위해서다. 집현전에 들어오면 연구기관이라는 특성 때문에 오랫동안 근무했다. 정창손은 22년, 최만리는 18년, 박팽년은 15년, 신숙주는 10년을 근무했다. 이들은 승진도 늦었다. 이 점을 알게 된 세종은 사가독서를 통해 이들을 위로하고 재충전을 하도록 배려했다. 일종의 안식년 개념이다.

　집현전에 소속된 인물들을 보면 정인지, 정창손, 박팽년, 강희안, 신숙주, 이개, 성삼문, 하위지, 최항, 양성지, 서거정, 노사신 등이다. 조선의 천재들은 다 모였다. 『세종실록』 55권, 세종 14년, 1432년 2월 7일의 기록에 보면 "지금 인재가 매우 왕성하다今人才極盛"고 했다. 가히 세종의 시대는 인재의 시대라 해도 지나친 말이 아니다.

　세종이 즉위하고 맨 처음 열린 10월 7일의 경연에서는 인재선발을 다뤘다. 세종의 첫 번째 관심은 오로지 인재였다. 이때 그동안 시행해 왔던 과거제도에 대한 문제점을 지적하고, 여러 논의를 거듭하면서 공정한 제도로 통해 실력 있는 인재가 여러 편법에 막히지 않고 정상적으로 진출할 수 있는 길을 열었다. 인재는 공정한 과정을 통해 뽑아야 하고, 뽑힌 인재는 소신껏 일할 수 있도록 해야 하고, 이를 제도적으로 뒷받침해야 한다.

세종은 인재를 잘 알아봤고, 인재를 적재적소에 넣었고, 그 인재가 마음껏 일할 수 있도록 제도적인 뒷받침을 잘했다. 세종은 인재경영을 아주 잘한 임금이었다. 세종은 사람을 대할 때 단점보다는 장점을 봤다. 『세종실록』 90권, 세종 22년 7월 21일의 기록에 보면 함길도 경력經歷이 되어 떠나는 이사철李思哲이 하직인사를 하는 내용이 나온다. 이때 이사철이 스스로 자질이 없다고 걱정을 하자 세종은 이렇게 말했다. "너의 자질이 아름다움을 아노니 하지 않으면 그만이거니와 만약 마음과 힘을 다한다면 무슨 일인들 능히 하지 못하겠는가?" 세종은 '아름답다美'라는 말을 사용했다. 그리고 '약용심력若用心力' 즉 만약 마음과 힘을 다하면, '하사불능야何事不能也' 즉 무슨 일인들 능히 하지 못하겠느냐고 격려했다. 이런 대접과 격려를 받게 되면 목숨을 걸 충성심이 저절로 생기지 않겠는가? 이것이 세종의 인재경영이다.

⫶ 이순신의 인재경영

이순신 역시 인재를 잘 알아봤고 인재를 잘 활용했던 사람이다. 작은 성공은 혼자 열심히 하면 가능하지만 큰 성공은 혼자로는 쉽지 않다. 여러 사람의 힘을 합칠 때보다 큰 성공을 이룰 수 있다. 현명한 사람은 여러 사람의 지혜를 잘 활용하는 사람이다. 제갈공명이 말했듯이 때로는 한 사람의 천재보다는 평범한 세 사람이 더 큰 일을 해낼 수 있다. 하물며 세 사람의 천재를 잘 활용할 수 있다면 얼마나 큰일을 해낼 수 있겠는가?

⫶ 한산도에 과거시험장을 설치하다

이순신은 부하들이 무엇을 원하고 있는지 잘 알았다. 그것은 다름 아닌 출세의 기회를 얻는 과거시험이었다. 그런데 서울과 멀리 떨어진 남해안 바다에서 어떻게 과거시험을 칠 수 있겠는가? 그래서 똑똑한 인재들은 속으로만 끙끙 앓고 있었고 감히 말로 꺼낼 수 없었다. 그런데 이순신은 이러한 부하들의 심정을 잘 알았다. 이순신은 평소에는 부하들을 혹독하게 훈련시키고 전투에 임해서는 반드시 이기는 무서운 장수이기도 했지만, 부하들의 개인 신상에 대해서만큼은 매우 꼼꼼하게 관리해주었다.

삼도수군통제사가 된 지 3개월이 지난 1593년 12월 29일에 장계를 올리면서 당시 군사들이 머물고 있던 한산도에서 과거시험을 볼 수 있도록 해달라고 건의했다. 그리고 여기에 덧붙여서 해상의 특성을 십분 고려한 과거시험 방식을 별도로 적용해 줄 것까지 건의했다. 이 부분에서 그날의 장계를 보면 다음과 같다.

"규정 중에 있는 '말을 달리면서 활을 쏘는 것'은 먼바다에 떨어져 있는 섬인지라 말을 달릴만한 장소가 없사오니 그 대신 편전을 쏘는 것으로 시험을 받으면 좋을 것 같아서 조정의 선처를 기다립니다."

이러한 이순신의 노력 결과로 결국 다음 해인 1594년 4월 6일 한산도에 과거시험장이 개설되기에 이르렀다. 출장 과거시험장인 것이다. 권율의 도움으로 시험관을 정했고, 3일 동안 시험을 치른 후에 9일에는 100명의 합격자를 배출했다.

이순신은 이렇게 인재를 뽑았고, 인재가 마음껏 일할 수 있도록 자리를 만들어주었다. 그리고 혼자 모든 일을 하려 하지 않았다. 좋은 인재와 함께하려 했다.

거북선과 나대용

거북선이 만들어진 배경에는 배 전문가 나대용이 있었다. 어릴 때부터 배에 대해서는 모르는 게 없을 정도였다. 그래서 나대용의 고향인 나주시 문평면에는 이런 동요가 전해지고 있다.

"빙글빙글 돌아라. 잘도 돈다. 물방개야. 비바람 거친 파도 걱정일랑 하지 마라. 크게 쓰일 장수 나와 낙락장송 다듬어서 너 닮은 거북배 바다 오적 쓸어낸다. 어와둥둥 좋을시고 빙글빙글 돌아라. 잘도 돈다. 물방개야."

거북선은 이순신이 독창적으로 만든 것은 아니다. 나대용이 여러 고서를 뒤지다가 『태종실록』에서 거북선을 발견했고 즉각 이순신에게 거북선에 대해 보고했다. 이순신은 나대용을 전선감조군관으로 임명하고 거북선 개발에 들어갔다. 평범한 전투함이었던 거북선을 돌격함으로 혁신했다. 나대용이 없었다면 거북선이 없었고, 거북선이 없었다면 어쩌면 이순신이 존재하지 못했을 수도 있다. 나대용은 이순신과 함께 싸웠다. 처음으로 거북선이 활약했던 사천해전에서는 이순신의 기함에 승선해서 싸우다가 총탄도 맞았다. 마지막 해전이었던 노량해전에도 참전했다.

║판옥선과 정걸

거북선의 하부구조는 판옥선이다. 해송으로 만들어진 판옥선은 아주 질기고 단단하다. 무거운 총통을 10문 이상 실을 수 있고, 총통의 반동도 견딜 수 있다. 일본 배는 약해서 총통의 반동을 견딜 수 없다. 판옥선은 조선 수군의 주력함선이다.

정걸은 빠르게 다니며 노략질하는 왜구의 배를 보면서 어떻게 하면 이들을 잡을 수 있을까 고민했다. 해안에 배치된 총통으로는 도저히 잡을 방법이 없었다. 정걸은 스스로에게 질문을 했다. 총통을 배에 실을 수는 없을까? 백병전을 잘하는 왜구가 배에 기어오르지 못하게 하려면? 활을 쏘기에도 좋고 총통의 명중률도 높이려면? 재빨리 도망 다니는 왜구를 따라잡기 위한 배는? 답이 안 나오면 질문을 바꾸면 된다. 정걸은 질문을 바꿔가며 생각을 했다.

그래서 나온 배가 판옥선이다. 배의 하부구조를 평평하게 하고, 격노군과 수군을 각 1층과 2층으로 분리하여 전투력과 기동성을 높였다. 판옥선이 있었기에 학익진도 가능했다. 판옥선이 있었기에 거북선도 가능했다. 정걸은 이순신의 조방장으로서 거북선 제작에도 적극 지원을 했다. 정걸은 이순신보다 31살이나 나이가 많았다. 임진왜란 당시에 이미 70대의 노인이었다. 풍부한 학식과 도량으로 이순신이 어떤 것을 요구하더라도 기꺼이 도왔다. 정걸은 포용와 나눔의 대명사로 통하는 인물이다. 그는 이순신의 스승이자 멘토였다.

▒ 물길을 잘 아는 어영담

물길을 모르면 해전을 할 수 없다. 그런데 이순신이라고 해서 물길을 다 알 수는 없다. 그런 이순신을 도운 사람으로 빼놓을 수 없는 사람이 바로 어영담이다. 어영담은 1532년생으로 임진왜란이 일어난 1592년에는 환갑의 나이였다. 그는 관직에 올라 주로 여도, 사천, 광양 등 남해안 일대에 오래 있었기에 바다에 대해 관심이 많았다. 남해안의 지형적인 특성으로 인해 물길에 대해 풍부한 지식이 없으면 함부로 배를 움직일 수 없다. 그래서 일본 수군이 조선에 침공했을 때 원해가 아니라 식별이 가능한 해안을 따라 배를 움직였다. 그게 안전했기 때문이다.

1592년 임진왜란이 터지고 경상우수사 원균이 이순신에게 다급히 구원요청을 했었을 때 이순신이 주저했던 이유 중 하나가 낯선 경상도 해역 때문이었다. 이때 광양현감인 어영담이 수로의 향도가 되겠다고 자청했기에 이순신은 안심하고 출전할 수 있었다. 결국, 어영담의 안내로 좁고 복잡한 다도해를 무사히 빠져나가 경상도 앞바다로 진출해서 이순신 최초의 해전인 옥포대첩을 일궈냈다.

어영담은 그 후에 이순신과 그의 부하 장수들에게 물길에 대한 전문지식을 전수했고 때로는 직접 출동해서 함대를 인도하여 한산도대첩과 같은 큰 승리를 이끌었다. 어영담은 1594년 3월, 진중에 크게 번진 전염병으로 인해 죽었다. 이순신은 그의 죽음을 매우 안타깝게 여겨 『난중일기』에 이렇게 기록했다.

"1594년 4월 초 9일…. 조방장 어영담이 세상을 떠났다. 이 슬픔을 어찌 말로 할 수 있으랴!"

⟨⟨ 화약을 만든 이봉수

이순신 함대의 특장점은 뭐니 뭐니해도 총통이라 할 수 있다. 총통이 있었기에 이순신은 학익진도 가능했고 아군의 피해를 최소화하면서 연전연승할 수 있었다. 그런데 총통은 화약이 있어야 발사가 된다. 화약이 없다면 총통 자체가 무용지물이다. 화약 하면 고려말의 최무선崔茂宣이 생각난다. 최무선이 화약의 제조법을 알아내 화약과 화포를 개발해서 실전에 사용했다. 최무선은 56세에 얻은 아들 최해산崔海山에게 『화약수련법火藥修鍊法』이라는 책을 물려주는데 그는 태종과 세종 때에 군기감에 근무하며 화약제조와 화포제작에 공헌했다.

이순신은 조정에 화약의 재료인 유황을 요청하는 장계를 올릴 때 전라좌수영 군관인 이봉수李鳳壽를 언급했다. 이봉수가 3개월 동안 염초焰硝 천근을 구웠다고 썼다. 『난중일기』에 나오는 이봉수의 모습은 실로 다재다능했다. 때로 선생원을 짓는 건축가로, 첨성대처럼 매끈한 봉화대를 만드는 예술가로, 철쇄를 만드는 발명가로, 염초를 만드는 화학자로 활약했다. 무엇보다도 이봉수의 뛰어난 업적은 화약의 재료인 염초를 제작하는 것이었다. 아래 기록을 보자.

"1593년 1월 26일…. 각 진포의 화약을 다섯 번의 출전을 통해 모두

써 버렸기에 군관 이봉수가 염초는 만들었으나 유황이 부족하므로 1백여 근을 내려달라고 장계를 올렸다."

군관 이봉수가 염초를 만들었다고 기록하고 있다. 이순신은 전쟁을 위해 화약을 비축했겠지만 『난중일기』에서 보는 것처럼 다섯 번의 출전으로 모두 사용해버렸다. 전쟁준비가 없었던 조정에서 전국의 전투지역으로 필요한 양의 화약을 공급할 수 없었다.

임진왜란이 발발되자 한양이 함락되면서 군기시軍器寺에 비축해둔 염초 2만7,000근이 한 방에 날아가 버렸다. 염초는 당시 화약의 주 연료가 되는 질산칼륨이다. 질산칼륨은 흙에서 얻었다. 그래서 염초를 구하기 위해 염초장들은 각 집을 다니며 화장실 바닥까지 긁고 다녔다.

『세종실록』에 보면 세종 30년 2월 기사에 이들과 관련된 내용이 나온다. 염초장이 성균관의 문묘文廟까지 들어와서 흙을 퍼갔다는 내용이다. 흙을 한 무더기 모아야 겨우 밥그릇 하나 정도의 염초를 얻을 수 있었으니 그만큼 염초 구하기가 어려웠다. 선조는 일본인 포로 중에 화약 만드는 법을 아는 자가 있다면 죽이지 말고 화약 만드는 비법을 알아내라는 지시까지 내리기도 했다.

이순신에게 이봉수가 없었다면 그 많은 전투를 어떻게 승리로 이끌 수 있었을까.

⁂ 여러 사람이 이순신을 도왔다

이순신을 도운 사람은 많다. 여수시 중앙동에 있는 이순신 광장에는 이순신을 도운 12명의 장수를 소개하는 북 모양의 표지석이 있다. 이억기, 원균, 권준, 어영담, 배흥립, 이순신李純信, 김완, 김인영, 나대용, 정운, 송희립, 정걸의 표지석이 나란히 배치되어 있다.

이억기는 전라우도 수군절도사를 하면서 이순신을 도왔고, 이순신이 투옥되자 죄가 없음을 주장하는 상소를 올렸다. 칠천량 해전에서 원균의 휘하에서 패전하자 배 위에서 뛰어내려 자결했다.

한글 이름은 같지만, 한문이 다른 이순신李純信은 방답진 첨사로 이순신의 중위장이 되어 옥포, 당포, 한산도 등에서 크게 활약했다. 이순신이 전사하자 곧 군사를 수습하여 노량대첩을 승리로 이끌었다.

정운은 녹도만호로 임진왜란 초 원균의 구원요청에 머뭇거리는 이순신에게 "적을 토벌하는 데 우리 도와 남의 도가 없다"고 주장하며 이순신을 설득했다. 부산포해전에서 용감하게 선봉에서 싸우다가 전사했다.

송희립은 이순신의 직속군관으로 거북선 건조와 수군 교육을 감독했다. 이순신이 전사할 때 이순신을 대신해서 갑옷을 입고 기와 북채를 들고 군사들을 독려했다.

권준은 『난중일기』에 280여 회나 등장할 정도로 이순신이 가장 아꼈던 장수 중의 한 명이다. 이순신은 권준의 동생인 권숙權俶과도 잘 어울렸는데, 『난중일기』에 보면 둘이서 술을 마시고 있는데 동생이 사라지자 권준이 찾아오는 일도 있었다.

이렇게 기록된 12명뿐만 아니라 수많은 승병과 의병, 힘없는 백성도 함께했다. 이순신이 옥에 갇혔을 때 정탁鄭琢이 신구차伸救箚로 살려냈다. 명량대첩 직전에 있었던 남해대장정 중에는 120명의 사람이 목숨을 아랑곳하지 않고 이순신을 따랐다. 『난중일기』에는 대략 2,000명이 등장하는 데 그중에 출신이 밝혀진 사람이 1,000여 명이고, 나머지 1,000여 명은 출신이 기록되어 있지 않다. 출신이 밝혀진 1,000여 명 중에는 거의 절반이 전라도 사람들이었다. 이순신이 직접 싸운 지역이었기에 그러했을 것이다. 그래서 이순신이 '약무호남 시무국가若無湖南是無國家' 즉 '만약에 호남이 없었다면 국가가 있었겠는가'라는 말을 했다.

▒ 백락과 천리마

이순신을 도운 사람들은 평소 그의 인품을 보고 도왔을 것이다. 위기 시의 도움은 평소의 행동에서 결정된다. 사람을 귀하게 여긴 이순신이었으니 평소에 인재를 잘 분별해서 선택했고, 그들이 소신껏 일할 수 있도록 배려했다.

천리마千里馬 이야기가 있다. 백락伯樂이 어느 날 나이가 든 천리마가 소금 수레를 끌고 가는 것을 보았다. 춘추시대에 살았던 백락은 말 감정을 잘한다는 전설적인 감별사였다. 백락은 그 장면을 보고 마차에서 급히 내려 말을 붙잡고 자신의 비단옷을 덮어 주며 울었다. 그러자 천리마도 날카로운 금속 소리를 내며 울부짖었다. 자신을 알아주는 백락을 늦게나마 만났기 때문이다.

'백락일고伯樂一顧'라는 말이 있다. 백락을 만나 비로소 명마가 알려진다는 뜻이다. 아무리 천리마라 할지라도 누가 알아주지 않으면 그저 소금 수레나 끄는 신세가 되는 것이다. 인재를 알아보는 것이 이렇게도 중요하다.

세종과 이순신의 공통점이 보이는가? 인재를 잘 활용했다는 것이다. 현명한 사람은 자기 혼자 다 하려 하지 않는다. 사람의 능력이라는 것은 한계가 있다. 그렇기에 혼자 다 잘할 수 없다. 임금일지라도 모든 것을 다 잘할 수 없고 장군일지라도 모든 것을 다 잘할 수 없다. 부족한 부분은 늘 있다. 그 부족한 부분은 그 분야의 전문가를 활용해서 채우면 된다. 컴퓨터가 고장 나면 컴퓨터 수리기사에게 맡기면 된다. 임금이나 장군이 굳이 컴퓨터를 배워서 고칠 필요는 없다. 임금이 할 일이 있고, 장군이 할 일이 있고, 컴퓨터 수리기사가 할 일이 있는 것이다.

자기보다 똑똑한 사람을 잘 부리면 그게 더 똑똑한 것이다. 세계적인 기업인 구글의 인재채용 방식은 자기보다 더 나은 사람을 채용한다는 것이다. 세종과 이순신은 이것을 잘했다. 좋은 인재를 분별하고, 채용하고, 소신대로 일을 잘할 수 있도록 여건을 만들어주었다. 이러한 인재경영은 어느 시대이건 조직의 성패와 나라의 안위를 결정하는 중요한 요소가 되어왔다. 세종처럼, 이순신처럼 인재를 경영하라.

세종처럼 이순신처럼 첨단무기를 만들어라

세종대왕함世宗大王艦을 아는가? 대한민국 최초의 이지스함이다. 2004년 9월 건조를 시작하여 2007년 5월 25일 진수했다. 360도 전방위를 감시하는 스파이-1D 이지스 레이더와 각종 미사일, 기관포로 3중 방공망을 구축한다. 최대 1,000㎞ 떨어져 있는 항공기나 미사일을 찾아낼 수 있고, 900개의 목표물을 동시에 추적할 수 있다. 어떤가? 그야말로 세종의 이름에 딱 맞는 최첨단 전함이 아닌가. 세종대왕함이 진수함으로써 한국은 미국, 일본, 스페인, 노르웨이에 이어 5번째 이지스함 보유국이 되었다. 세종대왕함은 신의 방패, 인류가 만들어 낸 가장 완벽하고 정교한 최고의 무기라는 명예도 가지고 있다.

군기감 대장간을 궁궐 옆에 짓도록 하라

세종은 외세의 침략에 대비하고 백성을 보호하기 위해 첨단무기 개발에 많은 노력을 기울였다. 세종은 군기감軍器監의 대장간을 궁궐 옆에 짓게 했는데 그 이유는 분명했다. 평소에도 화약 무기 연구현장에 쉽게 가보기 위해서였다. 세종 27년(1445년) 3월 30일의 기록이다.

"내가 즉시 군기감에 명하여 대장간을 행궁行宮 옆에다 설치하고 화포를 다시 만들어서 멀리 쏘는 기술을 연구하게 하였더니, 전의 천자화포天字火砲는 4~5백 보를 넘지 못하였는데, 이번에 만든 것은 화약이 극히 적게 들고도 화살은 1천 3백여 보를 가고, 한 번에 화살 4개를 쏘매 다 1천 보까지 가며…"

꼼꼼하게 연구 결과를 눈으로 확인했다. 세종은 화약 무기를 개발한 최무선의 아들 최해산을 등용하여 화포의 성능을 개량했다. 500보도 못 가던 천자총통을 화약을 적게 쓰고도 1,300보까지 날아가게 만들었다. 이렇게 개량된 천자총통을 훗날 이순신이 배에 실어 일본 수군을 박살 냈으니 이순신은 세종의 덕을 가장 많이 본 사람 중 한 명이다.

세종은 행궁行宮(지방 행차 때 임시로 머무는 별궁)에 화포를 만드는 야소(화포 주조소)를 설치하고 직접 지휘하여 화포의 발사와 사정거리를 실험했다. 또한, 철제 탄환이나 화포전, 화약을 제조하게 하고 전국 8도의 야소에 감독관을 보내 기존의 화포를 새것으로 바꾸게 했다.

이렇게 세종은 부지런히 여러 종류의 총통의 성능을 개량했고, 1448년에 편찬된 『총통등록統筒謄錄』에 이러한 무기의 제조법과 화약사용방법을 적어 두었는데 오늘날에 전해지지 않아 안타깝다.

첨단 대량살상무기 신기전

세종 때 발명된 대표적인 첨단무기로는 신기전神機箭과 비격진천뢰飛擊
震天雷가 있다. 신기전은 1448년에 최해산이 만든 무기로 한 번에 15발의
화살에 불을 붙여 1,000m 이상 날아가는 로켓형 화살이다. 연속 발사
하면 무려 100발을 발사할 수 있다. 임진왜란 당시 거북선과 함께 숨은
무기로 활약했다고 『병기도설兵器圖說』에 기록되어 있다. 옥포대첩 때 신기
전을 쏘아 이순신에게 신호를 보내기도 했다. 이순신은 세종의 덕을 또
보았다.

공포의 무기 비격진천뢰

비격진천뢰는 신기전의 구조와 비슷하다. 대신기전에 폭탄의 구조를
넓힌 것이 비격진천뢰라 할 수 있다. 비격진천뢰는 목표물에 날아가 폭
발하는 우리나라 최초의 금속제 폭탄이다. 폭탄을 정밀 조준해 목표물
에 날려 보내는 방식이었고 그 위력이 대단했다. 1592년 10월 12일, 경
상좌도 병마절도사 박진이 5,000명으로 일본군이 차지한 경주읍성 재
탈환을 시도할 때 바로 비격진천뢰를 사용했다. 이 놀라운 첨단 비밀무
기로 인해 일본군은 혼비백산했고 마침내 재탈환에 성공했다. 류성룡의
『징비록』에 보면 이때의 상황과 비격진천뢰의 위력이 기록되어 있다.

"임진년에 왜적이 경주성에 웅거하고 있을 때 병사 박진이 군사를 거
느리고서 적을 공격하였으나 패배당하고 귀환했는데, 다음날 밤에 진천
뢰를 성 밖 2리쯤에서 쏘았다. 남아 있던 적이 처음으로 포성을 듣고 깜

짝 놀라 일어나 어찌할 바를 모르는데 홀연히 큰 솥 같은 물건이 날아와 적장이 있는 객사의 뜰 가운데 떨어지자, 적이 모여 불을 켜 들고 서로 밀치고 굴러 넘어졌다. 포성이 천지를 뒤흔들 듯 발해 적 중 맞아 죽은 자가 30여 명이고 맞지 않은 자도 모두 놀라서 자빠지고 정신을 잃게 됐다."

신기전과 비격진천뢰는 가히 조선이 세계에 자랑할 수 있는 첨단무기라 할 수 있다.

▒ 이천이 만든 쾌속정

재미있는 배가 있어 소개한다. 장영실과 함께 한 사람 중에 이천李蕆이 있다. 이천은 장영실의 스승이자 후견인 같은 존재였다. 이천과 장영실은 함께 세종의 천문대 사업을 이끌었다.

그런 그가 충청도 병마절도사로 있을 때 기발한 구상을 했다. 배가 물에 잠기는 부분이 빨리 썩는 것을 보완하기 위해 갑조법甲造法(판자와 판자를 이중으로 붙이는 방법)을 이용해 배를 만들었다. 이어서 크고 속도가 빠른 배를 만들었는데 이른바 쾌속정이다. 이 배가 대마도를 정벌할 때 투입되었는데 화포, 화통 등이 실려 있어 막강한 화력의 전투함으로 그 위력을 발휘했다. 그 외에도 많은 신무기를 개발해서 북쪽 오랑캐와도 대적했다. 1432년 세종 14년에는 세종의 특명으로 천문관측대인 간의대簡儀臺 건설의 책임자가 되어 수많은 천문기구를 개발했다. 이런 이천을 두고 장영실과 함께 조선을 대표하는 과학자라 불렀다.

⅋ 병법에도 능한 세종

전쟁을 잘하기 위해서는 첨단무기도 당연히 중요하지만 전쟁하는 방법도 잘 알아야 한다. 그 방법이 바로 병법兵法이다. 무기체계 개발도 병법에 근거해서 해야 제대로 실전에 사용할 수 있다. 『세종실록』 30권, 세종 7년, 1425년 11월 8일의 기록에 보면 병조에서 병법 공부를 건의하는 내용이 나온다.

"무학武學은 병가兵家의 중요한 일입니다. 장수된 사람이 비록 재주와 역량이 있을지라도 병법을 알지 못하면 기묘한 전술을 내어 승리를 얻을 수 없는데, 무과 출신의 사람이 혹 공부하기를 게을리하여, 무경武經에 정통한 이가 매우 적으니 염려하지 않을 수 없습니다."

무과 출신은 『무경칠서武經七書』에 능통해야 한다는 것이다. 그래서 『무경칠서』에 능통한 수준에 따라 관직을 주자는 건의했고 세종은 이를 허락했다. 『무경칠서』는 『손자병법』을 비롯해서 『오자병법』, 『사마법』, 『육도』, 『삼략』, 『위료자』, 『이위공문대』를 말한다.

독서광인 세종이 무관들이 읽는 『무경칠서』를 읽지 않았을 리 없다. 세종 6년 8월 30일의 실록에 보면, 세종이 훈련관의 병서습독관兵書習讀官들을 편전에 불러 놓고 직접 강의하는 기록이 나온다. 놀라운 일이다.

"친히 훈련관의 병서습독관에게 강講하였다親講訓鍊觀兵書習讀官."

병서습독관이 누군가? 병법으로 밥 먹고 사는 사람들이 아닌가? 이들을 상대로 병법 강의를 했던 것이다. 그만큼 세종의 병법 실력이 대단했음을 알 수 있다. 김종서가 6진을 개척하기 위해 함길도 절제사로 갔을 때도 세종은 김종서에게 병법에 대한 가르침을 글로 적어 보냈다.

무기와 병법은 나를 지키고, 나아가 나라를 지키는 중요한 수단이다. 무기가 하드파워라면 병법은 소프트파워다. 전쟁에서 이기기 위해서는 하드파워와 소프트파워가 최상의 수준으로 결합되어야 한다. 그래서 최고 수준의 첨단무기가 있어야 하고, 최고 수준의 병법도 있어야 한다.

▒ 첨단무기 거북선의 등장

거북선은 이순신의 상징이다. 장쾌했던 거북선의 활약상에 대해 이순신은 전쟁 초기인 1592년 5월 29일 사천해전을 마친 후 조정에 보낸 장계에서 이렇게 언급했다. 거북선 출동에 대한 최초의 공식적인 기록인 셈이다.

"삼가 적을 무찌른 일로 아룁니다. …(중략)… 신이 섬나라 오랑캐들의 변고를 우려하여 만든 거북선은 앞에 용두를 설치하고 입에서 대포를 발사하고 등에는 철심을 꽂아 안에서는 밖을 볼 수 있지만, 바깥에서는 안을 볼 수 없도록 하여, 비록 적선이 수백 척이라도 그 가운데로 들어가 포를 쏘는 것이 가능합니다. 이번에 돌격장이 타고 거북선에 명하여 적선 중으로 먼저 돌진하여 천지현황의 각종 화포를 쏘게 하였습니다."

여기에 거북선의 모양이 나와 있고, 돌격선으로 어떻게 싸웠는지 잘 나와 있다. 등에 철심을 꽂았다고 했다. 일본 수군은 백병전에 강하다. 해적의 특징이 그것이다. 배에 올라타서 숙달된 칼솜씨로 결판을 내는 것이다. 이를 '등선육박登船肉薄' 전술이라 부른다. 이순신은 이것을 거부했다. 아예 올라타지 못하게 만들었다. 적의 강점을 철저히 제거한 것이다. 『손자병법』제6 허실虛實편에 나오는 '피실격허避實擊虛'다. 실을 피하고 허를 치는 것이다.

◎ 당파 전술이란 무엇인가

『이충무공전서』 2권 당포파왜병장唐浦破倭兵狀에도 보면 거북선에 대해 이렇게 기록하고 있다.

"거북선은 적선의 충루 밑을 들이박고, 용머리를 치켜들어 현자포를 발사했다… 적선을 부딪쳐서 당파撞破하자…"

이를 볼 때 거북선은 먼저 적선의 충루 파괴를 노렸고, 대포를 쏘는 등 주로 적의 진형을 와해시키는 역할이었음을 알 수 있다. 위 기록의 마지막 부분에 보면 당파撞破라는 말이 나온다. 당撞은 친다는 뜻이다. 파破는 깬다는 뜻이다. 그러니까 당파는 '쳐서 깬다'는 의미다.

거북선에는 가슴 부위에 도깨비 머리라는 단단한 돌출부가 있어서 적의 배에 부딪혀 깨는 것이 가능했다. 당시 조선의 판옥선은 일본의 안택선에 비해 단단했다. 판옥선은 건조할 때 못을 사용하지 않고 목재 자체를 요철(凹凸 이와 같은 모양)로 파 서로 끼워서 조립하는 특이한 공법을 사용했는데 나무가 물에 젖으면 더 단단하게 조여드는 특성을 이용한 것이다. 조선인의 지혜가 여기에도 드러나고 있다.

거북선의 경우에는 가슴 부위로 부딪쳐 적선을 깨기도 했지만, 곧 총통으로 사격했다. 조선함대 판옥선은 배끼리 직접 부딪치지 않고 배에 있는 총통으로 적선을 깼다. 이것이 이순신이 했던 당파전술이다. 배를 이용해 깨지 않고 총통의 화력으로 깨는 것이다. 일본군의 백병전을 철저히 회피하고 원거리 함포사격으로 전쟁을 끝내버린 이순신의 놀라운 전술이 바로 당파전술이다.

일본 측의 기록을 보자. 명량대첩 당시 일본군 총대장이었던 도도 다카도라藤堂高虎의 기록인 『고산공실록高山公實錄』이다.

"세키부네関船에서 적의 판옥선에 십자 낫을 걸고(도선) 공격했으나 판옥선에서 화살과 철포를 퍼부어…"

일본군이 판옥선에 낫을 걸고 백병전을 시도하려 했지만, 판옥선에서 화살과 철포를 퍼부었다고 하는 기록이다.

명량대첩을 끝낸 뒤에 쓴 『난중일기』 1597년 9월 18일의 기록을 보자.

"내 배에 탔던 순천감독관 김탁과 병영의 노비 계생이 적의 탄환에 맞아 죽었다. 박영남과 봉학 그리고 강진현감 이극신도 탄환에 맞았으나 중상은 아니었다."

이순신의 기함에 탄 사람 중에 그 치열한 전투 속에서도 칼이나 화살이 아니라 탄환으로 죽었다는 기록이다. 철저히 백병전을 회피했다는 확실한 증거이다.

⦚ 공포의 대명사 거북선

비록 한두 척의 거북선에 불과했지만 이런 특이한 방식의 전투는 그동안 없었던 것으로서 일본군에 미치는 그 충격적인 효과는 대단했다. 실제로 일본군이 거북선에 대해 얼마나 겁을 먹었는지 그들의 사료인 『지마군기志摩軍記』에 이렇게 되어 있다.

"조선의 큰 배 중에 세 척의 장님배盲人船는 철鐵로서 요해要害하고 불로 된 돌화살을 쏘는 등 큰 활약을 했다."

여기서 거북선을 일컬어 맹인선 즉 장님배라고 표현했는데 닥치는 대로 들이박고 불을 뿜었던 공포의 대상으로 여겼다.

⦚ 거북선은 돌격선이다

이순신은 거북선을 다른 판옥선들에 엄호된 상태에서 적의 대장선을 노려 조직적인 대형을 깨뜨리는 특별한 용도로 사용했었다. 이는 적의 지휘 중추를 파괴하고 적의 심리적인 파괴를 노린 것이다. 이를 현대적인 군사용어로 말하면 '마비전痲痺戰, Brain Warfare'이라 할 수 있다. 정신을 마비시켜 어떤 행동도 하지 못하도록 묶어 매는 것을 말한다. 이는 대단히

차원 높은 전략이라 할 수 있다.

이순신이 혁신적인 머리를 가졌다는 것은 거북선과 학익진의 교묘한 결합을 보면 알 수 있다. 거북선이 학익진과 결합을 하지 않고 따로 독립적인 전투를 했다면 그 효과는 현격히 떨어졌을 것이다. 거북선은 학익진과 결합될 때 비로소 그 장점이 극대화되어 그야말로 시너지 효과가 최고로 발휘되어 해전의 일대 신기원을 이루었다. 이런 교묘한 조화는 세계 해전사에 찾아볼 수 없다.

▒ 거북선은 이순신의 창작품인가

거북선은 이순신 보다 약 180년 앞선 『태종실록』에 처음으로 나온다. 1413년 태종 13년 2월 5일의 기록이다.

"임금이 임진도를 지나다가 거북선과 왜선이 서로 싸우는 상황을 구경했다 上過臨津渡 觀龜船 倭船相戰之狀."

거북선이 일본배와 싸우고 있다고 적혀있다. 이미 당시 거북선이 존재했다. 태종이 거북선을 보고 난 2년 후에 좌승지 탁신이 '거북선의 법은 많은 적과 충돌하여도 적이 능히 해하지 못하니 가히 결승의 좋은 계책'이라고 보고했다.

이 기록 후에는 이순신에 이르기까지 거북선에 대한 기록은 찾을 수 없다. 180여 년 후 『난중일기』에 처음 나오는 거북선에 대한 기록은 임진년(1592년) 2월 8일의 기록인데, "거북선에 사용할 돛 베 29필을 받다"라는 기록이다. 1785년 정조가 편찬한 『대전통편大典通編』에 보면 '경기지역에 귀선 1척 주진에 둔다'는 등 여러 지역에 걸쳐 거북선을 배치한 흔적을 찾을 수 있다. 『조선왕조실록』에 보면 1867년 고종 4년에 거북선의 배치를 논하는 기록이 있고, 1886년에는 '나주의 두 귀선장龜船將의 부대는 군오가 정제되어 있고 조련에 나가기에도 모두 편리하다'는 기록이 있다.

⦚ 연결과 융합

이순신의 위대함은 옛것을 살려 더 좋은 것으로 만든 법고창신法古創新에 있다. 세상에 없던 것을 만드는 것은 어렵다. 사실 세상에 새것은 없으며 이미 다 존재한다. 이미 있는 것을 기반으로 해서 더 나은 것으로 개선하는 것이 창의다. 그래서 옛것을 눈여겨 살펴봐야 한다.

이순신은 옛것의 전투용인 거북선을 더 효과적인 돌격선으로 만들었다. 옛것의 학익진과 거북선을 연결하여 새로운 학익진으로 놀라운 성과를 일궈냈다. 과거의 것을 현재와 연결했고, 새로운 개념으로 융합했다. 바로 이런 점이 이순신의 탁월함을 보여준다. 똑같은 것을 보더라도 '다르게' 보고 '새로운 것'으로 만들어내는 능력이다. 연결과 융합의 능력이다.

질문 하나 해보자. 거북선은 실제로 어떻게 생겼을까? 과연 지금까지 우리가 그림이나 드라마에서 본 그 모습인가? 거북선에 대한 미스터리는 아주 많다. 몇 가지를 보자. 용머리 부분이 들어갔다 나왔다 했는가? 그렇다면 용머리의 위치는 위가 아니라 아랫부분 중앙이 아닌가? 문헌에 의하면 용머리에서 현자총통을 쐈다고 했는데 그렇다면 화포를 쏠 정도의 용머리 크기는 도대체 얼마나 클 것인가? 과연 거북선은 2층인가 3층인가? 전투효율을 위해 2층은 노군이, 3층은 포수가 있어야 하지 않는가? 그렇다면 거북선은 3층이 아닌가? 과연 거북선은 철갑선인가? 우리 기록에는 없지만, 영국과 일본의 기록에는 철갑선으로 나오지 않았는가? 이 밖에도 여러 풀리지 않는 의문이 많이 있다. 학계 연구도 한계에 부딪혔다. 실물의 흔적은 어디에도 찾을 수 없기에 단지 문헌에 의존할 수밖에 없는데 그 문헌의 내용도 각기 다르기 때문이다. 어느 것이 맞는가? 거북선은 분명히 실존했지만 어떤 모양인지는 여전히 미스터리이다. 어쩌면 영원한 미스터리로 남을지 모르겠다.

생각해보면 이순신이 어떻게 거북선을 만들었는지 신기하기만 하다. 『태종실록』의 문자 기록 외에는 어떤 그림 설계도 존재하지 않았다. 작은 건물을 지을 때도 설계도가 있어야 한다. 이순신은 무엇을 보고 거북선을 만들 수 있었을까? 그것도 돌격선의 역할을 할 정도의 대단한 배를 만들었다. 거의 무無에서 유有를 창조한 것이다. 세종이 한글을 창조한 것과 다름없다. 생각할수록 이순신은 대단한 사람이다. 얼마나 골몰했을까?

1593년 5월 12일의 일기에 보면 이순신이 새로 만든 정철총통正鐵銃筒을 비변사에 보내는 내용이 나온다. 일본의 총통을 관찰해서 성능이 더 좋은 것으로 만든 것이다. 동년 9월 15일의 기록에 보면 정철총통을 만들기 위해 '온갖 방법'으로 생각해 냈다'는 말이 있다. 원문을 보면 '백이사득百爾思得'이다. 새롭게 뭔가를 만들어 내기 위해서는 그야말로 '온갖 방법'으로 머리를 짜내야 한다. 이순신은 그렇게 '온갖 방법'을 다해서 거북선을 만들어냈고, 정철총통을 만들어냈다. 세상에 그저 나오는 것은 없다.

세종과 이순신의 공통점이 보이는가? 첨단무기라는 새로운 것을 창조한 것이다. 아니 엄밀히 보면 이미 있던 것을 현재에 맞게 더 좋게 만든다. 세상은 하루가 다르게 변한다. 과거의 것을 참고로 하되 미래를 준비해야 한다. 과거와 연결하고, 현재와 연결하고, 미래와 연결한다. 사람과 사물을 연결하고, 사물과 사물을 연결하고, 사람과 사람을 연결한다. 제4차 산업혁명이 이런 것이다. 끊임없이 새로운 발상이 요구된다. 늘 호기심을 가지고 사물을 관찰해야 한다. 첨단무기는 나를 지키고 나라를 지키는 중요한 수단이다. 첨단무기는 눈에 보이는 유형의 무기를 넘어서서 보이지 않는 무형의 무기까지를 망라하는 포괄적인 개념으로 접근해야 한다. 세종처럼, 이순신처럼 첨단무기를 만들어라.

세종처럼 이순신처럼 전략가가 되라

　당장 눈앞의 문제에 매달리는 리더가 있다. 물론 당장 문제를 해결해야 할 때는 그렇게 해야 한다. 지붕에 물이 새는 데 그냥 있을 수는 없지 않은가? 양동이를 받쳐 놓든지 아니면 지붕 위에 올라가서 널빤지라도 대야 한다. 그런데 당장 문제에만 매달리다 보면 정말 큰 것을 놓치는 경우가 많다. 지붕을 고쳤으면 지붕만 바라보지 말라는 것이다.

　지금의 문제에 급급한 리더는 전술적戰術的 리더라 할 수 있고, 미래의 문제까지 생각하고, 큰 그림을 그리며, 미리 준비하는 리더는 전략적戰略的 리더라 할 수 있다. 바람직한 리더는 이 둘을 골고루 갖추고 있는 리더다. 대체로 전술적 리더는 많지만, 멀리 보고, 큰 그림을 그리며, 미리 준비하는 전략적 리더는 드물다. 이런 점에서 세종과 이순신은 탁월한 전술가인 동시에 전략가戰略家이다.

⁞⁞ 잘 준비된 위기관리시스템

1426년 2월 15일부터 16일 사이에 한양에서 화적火賊의 방화로 큰불이 일어났다. 조선 역사에서 가장 큰 화재로 민가 2,400여 채가 전소되었고 32명 이상이 타 죽었다. 세종은 곧바로 오늘날 소방서와 같은 금화도감禁火都監을 설치하여 화재의 방지와 화재를 이용한 도적들을 색출하게 했다. 4일 후에 기록된 『세종실록』 31권, 세종 8년, 1426년 2월 20일의 기록을 보면 얼마나 꼼꼼하게 화재에 대비했는지 잘 알 수 있다.

"서울의 행랑行廊에 방화장防火墻을 쌓고, 성내의 도로를 넓게 사방으로 통하게 하고, 궁성이나 전곡錢穀이 있는 각 관청과 가까이 붙어있는 가옥은 적당히 철거하며, 행랑은 10 간마다, 개인 집은 5 간마다 우물 하나씩을 파고, 각 관청 안에는 우물 두 개씩을 파서 물을 저장하여 두고, 종묘와 대궐 안과 종루의 누문樓門에는 불을 끄는 기계를 만들어서 비치하였다가 화재가 발생하는 것을 보면 곧 쫓아가서 끄게 하며, 군인과 노비가 있는 각 관청에도 불을 끄는 모든 시설을 갖추었다가 화재가 발생했다는 소식을 들으면 곧 각각 그 소속 부하를 거느리고 가서 끄게 하라."

이렇게 평소에 위기를 대비한 대책을 잘 갖춰놓으면 위기가 와도 잘 대처할 수 있다.

2015년에 충남 태안 마도 바닷속에서 '마도 4호선'이 발굴되었다. 이 배는 조선 초기에 세금으로 낸 곡물을 실었던 조운선漕運船으로 밝혀졌다. 나주에서 한양 광흥창으로 가는 길에 침몰 된 것으로 추정하고 있다. 당시에는 풍랑에 의해 배가 침몰하는 일이 많았다.

『세종실록』 100권, 세종 25년, 1443년 6월 1일의 기록을 보자.

"전라도 조전선漕轉船 99척이 충청도 비인현庇仁縣 법도法島에 이르러, 77척은 바람에 떠밀려 가고 11척은 침몰되었으며, 오직 11척만이 온전하였는데, 통례문 판관通禮門判官 박회朴回를 보내서 조사하도록 하였다."

여기 나오는 조전선은 바로 조운선을 말한다. 99척 중의 11척만 온전했고 나머지 88척에 문제가 생겼다. 그런데 6일 후에 놀라운 보고가 올라왔다. 『세종실록』 100권, 세종 25년, 1443년 6월 7일의 기록이다.

"박회朴回가 치계馳啓하기를, '바람에 떠밀렸던 배 88척이 고만량高巒梁에 도착하였는데, 그 침몰한 배 11척도 또한 미곡米穀을 상실하지 않았고, 오직 4척만이 완전 침몰 되었습니다. 그러나, 한 사람도 빠져 죽지는 않았습니다' 하니 임금이 크게 기뻐하여…"

놀랍게도 단 한 명도 죽지 않고 모두 구조되었다. 어떻게 이게 가능했을까? 한양 대화재 이후 대략 17년이 지나 발생한 조운선 침몰사고의 경우도 위기관리시스템이 잘 잘 작동한 결과일 것이다. 물론 자세한 내용은 알 길이 없다. 분명한 것은 백성의 안위를 끔찍하게도 생각하는 세종이 제도적으로 위기관리시스템을 잘 갖춰놓았으리라는 것이다. 지도자는 이렇게 미래를 미리 보고, 평소에 잘 준비를 해야 한다. 그런 리더가 바로 전략적인 리더이다.

오늘날 백두산과 두만강 그리고 압록강 유역을 확보하고 한반도의 지도를 획정劃定지은 것에는 단연 세종의 공로라 할 수 있다. 세종은 북방의 여진족을 몰아낸 뒤 4군 6진을 설치했다. 최윤덕이 세운 4군은 백두산 서부지역에 압록강 유역을 따라 여연閭延, 무창茂昌, 자성慈城, 우예虞芮이다. 세종은 전략적인 안목으로 당장 위협도 해결하고 미래의 일까지도 생각해서 미리 손을 쓴 것이다.

먼저 차지하면 주인

고려 시대까지만 해도 압록강과 두만강 지역은 거란이나 여진 등 북방 민족이 살고 있었기 때문에 엄밀히 보면 고려의 영토라고 할 수 없었다. 여진이 점령하면 여진 땅이 되었고, 고려가 점령하면 고려 땅이 되었다. 즉 먹는 편이 임자였다. 조선 초기에도 한반도 북쪽에 살고 있는 여진의 여러 부족들이 수시로 국경을 침범했다. 백성의 집에 침입해 재산을 빼앗거나 불을 지르는 등 만행을 저질렀다. 세종은 이들을 몰아내 백성을 보호하는 동시에 국경을 확고하게 하려 했다.

세종의 의사결정 방식

여진족의 횡포는 날이 갈수록 더욱 심해졌는데 특히 1432년 12월 초에 건주위建州衛의 추장 이만주李滿住가 400여 기의 군대로 침입해 53명을 죽이고 100여 명을 납치하자, 세종은 진노하였다. 토벌을 앞두고 열린 어전회의에서는 강경파와 온건파가 나뉘었는데 실제로 당시 기록을 분석해보면 황희와 맹사성을 비롯한 토벌 반대파가 13명이었고, 정흠지와 심도원을 비롯해서 토벌 찬성파가 5명이었다. 반대가 찬성보다 훨씬 많았다. 토벌해야 할 파저강婆猪江 유역은 오늘날의 퉁자강佟佳江인데 실제로 그 지역을 보면 물길을 따라 험악한 길이라 행군이 곤란한 지역이다. 더구나 많은 병력으로 행군하려고 하면 자살행위와도 같다. 그래서 군사에 대해 밝은 최윤덕崔閏德이 "열 그루 나무를 베어야 겨우 하늘이 보일까 말까 한 지역으로 무모하게 공격해서는 안 된다"며 강력하게 반대했다.

대신들의 반대가 심해지자 세종은 서두르지 않고 기다렸다. 그 대신에 39번이나 회의를 열어 대신들과 이 문제를 의논했다. 현장조사도 하고, 여진족의 동태도 살폈다. 끈질긴 세종의 마음을 읽은 최윤덕이 그제야 돌아서서 세종 편에 섰다. 이때 세종이 마지막 한 방을 날렸다.

"조선의 국경은 어디요?"

최윤덕이 대답했다.

"조선의 국경은 분명하지 않습니다. 이번 기회에 국경선을 분명하게 할 필요가 있습니다."

"좋소, 토벌합시다!"

세종은 단호하게 토벌을 명령했다. 가만히 보면 세종은 신하들의 말을 듣는 척했지만, 마음에는 이미 토벌을 굳히고 있었다. 왜냐하면, 아무리 신하의 말이라 해도 들을 말이 있고 듣지 말아야 할 말이 있기 때문이다. 특히 나라의 중대사인 국방에 관한 것은 신하가 결정할 일이 아니다. 오직 임금이 결정해야 하는 일이다. 이것을 잘 아는 세종은 비록 소통의 방식으로 의견은 물었지만 단호하게 왕으로서의 할 일을 한 것이다. 이것 또한 세종의 리더십이다.

1433년 3월 17일 세종의 명령을 받은 평안도 절제사 최윤덕은 1만 5천여 명의 군사를 이끌고 북방으로 올라갔다. 최윤덕의 가문은 대를 이은 무반 집안으로 할아버지 최록은 정4품 호군을 지냈고 아버지 최운해는 이성계를 따라 위화도에서 회군한 공으로 조선이 개창된 뒤 원종공신에 책봉되었다. 아버지의 뒤를 이어 자연스럽게 장군이 된 최윤덕은 세종이 제갈공명 또는 축성대감築城大監이라 부를 정도로 신뢰한 인물이다. 김종서와 같은 시대를 살았지만, 김종서보다 나이도 관직 생활도 선배였다.

⸘ 파저강 유역을 토벌하라

일차 목표는 파저강 유역의 건주위建州衛 여진들을 토벌하기 위한 것이었다. 이 야심 찬 원정에는 대마도 원정에서 활약한 이순몽과 김효성도 함께했으며 이각, 이징석, 최해산 등의 장수들이 참전했다. 싸움에 능한 역전의 용사들이 7개의 부대로 나누어 각기 다른 방향으로 길을 잡고 동시에 치고 들어가는 전략을 구사했다.

출전할 때 최윤덕은 함께하는 장수들을 모아놓고 엄한 명령을 내렸다. 『세종실록』 60권, 세종 15년, 1433년 5월 7일의 기록이다.

"적의 마을에 들어가서 늙고 어린 남녀는 치고 찌르지 말며, 장정이라도 항복하면 죽이지 말라. 적의 마을에 들어가서 영을 내리기 전에 재물과 보화를 거두어 넣은 자는 참한다."

대마도 정벌에도 참전했고, 여러 전투에서 싸운 경험이 많은 최윤덕은 사리 분별력이 뛰어난 명장이었다. 중요한 전쟁을 하는 데 있어 엉뚱한 데 정신이 팔리면 안 되었으며 마을을 초토화시키면 원한을 사서 나중에 좋지 않은 결과를 가져올 수 있다. 이번 전쟁의 목적은 오로지 여진족의 족장 이만주를 제거하는 것으로 오랑캐의 특성상 우두머리만 제거하면 저절로 흩어지게 되어 있다.

당시 여진족은 산골에 흩어져 살고 있었기 때문에, 한두 마을을 공격하게 되면 가까이 있는 여진 마을에서 소식을 듣고 반드시 구원하러 올 것으로 판단했다. 따라서 한두 마을마다 각각 군대를 보내 동시에 공격해야만 승산이 있다고 보았다. 그래서 전체 군사를 일곱 부대로 나누어 일곱 길로 진출하게 했다. 최대한 은밀하게 작전을 진행했다. 그렇지만 여진족도 보통이 아닌지라 이미 눈치를 챘고 이만주가 재빨리 도망갔다. 조선군은 점령한 지역마다 방을 붙여 원정의 명분과 정당성을 알렸다.

『세종실록』 60권, 세종 15년, 1433년 5월 7일에는 당시의 전과가 아주 상세하게 기록되어 있다.

"신이 사로잡은 남녀가 62명, 사살한 적이 98명, 각궁角弓 21, 화살 420, 환도環刀 3, 화살통 8, 나도羅鞱 3, 궁대弓帒 3, 창날槍刀 28, 소고小鼓 1, 말 25필, 소 27마리이고, 본국 군사로서 화살에 맞아 죽은 자가 4명,

화살에 맞은 자가 20명, 화살에 맞은 말이 18필, 화살에 맞아 죽은 말이 2필이며…"

여러 장수의 전과를 합하면 여진족 183명을 사살했고, 248명을 포로로 잡았다. 이에 반해 조선군은 전사 4명에 그쳤다. 완벽한 승리였다. 이 승전을 계기로 서북지역의 4군을 완성하고 압록강 유역을 영토로 확장했다. 1433년 5월 11일 파저강 토벌의 승전보를 접한 직후에 세종은 "최윤덕이 파저강을 정벌한 것은 대마도에 비해 그 공이 갑절이나 된다"고 최윤덕의 공을 치하했다.

≣ 이때 세종은 온천을 즐겼다

그런데 흥미로운 것은, 최전방에서 군사들이 목숨을 바쳐 전쟁하는 그 무렵, 정작 세종은 도성을 떠나 온천을 즐기고 있었다. 『세종실록』 59권, 세종 15년, 1433년 3월 24일에 보면 이런 기록이 나온다.

"고사庫使 박흔朴昕이 임금께 말하기를, '지금 이미 장수를 명하고 군사를 일으켜서 파저강을 가서 치게 하셨는데, 신의 생각으로는 여러 장수가 중한 군사를 이끌고 밖에 있는데, 온천에 행차하시어 도읍을 비우는 것은 적당하지 못할까 여기옵니다' 하니 윤허하지 않으셨다."

온천이라니? 백성을 끔찍이도 사랑하는 세종답지 않다. 왜 그랬을까? 여러 억측이 있다. 아마도 궁궐에 있다 보면 올라오는 전황 보고서를 보고 이러쿵저러쿵 간섭하지 않을까 염려해서 일부러 피했다는 말도 있다.

여기서 주목할 것이 있다. 최윤덕이 토벌하러 가기 전까지는 세종이 신하와 함께 거의 5개월 동안 어떻게 하면 성공적으로 토벌할 수 있을까를 아주 세부적으로 논의했었다. 그러나 일단 출병을 하자 현장 지휘관인 최윤덕에게 모든 것을 위임하고 소신껏 지휘하게 했다. 현장은 현장 책임자가 알아서 하도록 하는 것, 이 또한 세종의 리더십이다.

⦚ 세종의 절대 신임 최윤덕

최윤덕은 파저강 여진족을 토벌한 공로를 인정받아 1443년 세종 15년, 5월 16일에 우의정에 임명되었다. 이때 이조판서 허조가 '중추부 영사' 정도면 족하다고 말하며 강하게 반대를 했는데 세종이 "내가 작은 벼슬을 제수할 적에도 반드시 마음을 기울여서 고르는데 하물며 정승이리오. 최윤덕은 비록 배우지 않아서 건백建白(윗사람에게 의견을 올림)의 일에 어두우나, 밤낮으로 게으르지 아니하고 일심봉공一心奉公하여 족히 그 지위를 보전할 것이다"는 말로 임명을 강행했다. 그만큼 최윤덕을 신뢰한 것이다. 여기 보면, '내가 작은 벼슬을 제수할 적에도 반드시 마음을 기울여서 고르는데'라는 말이 나온다. 세종이 인재 한 명을 얼마나 세심하게 다루는지 엿볼 수 있다.

최윤덕은 얼마 지나지 않아 또 좌의정에 제수되었다. 무신武臣으로 시작했으나, 문신文臣의 최고 지위까지 오른 것이다. 정승이 된 이후에도 최윤덕은 북방에 문제가 생길 때마다 직접 임지로 나가 국경 방비에 헌신했다.

문제가 있으면 문제를 해결해야 한다. 그것도 변죽만 울리지 말고 근본적으로 해결해야 한다. 세종이 최윤덕을 보내 여진족을 정벌한 것은 오랜 문제를 근본적으로 해결하기 위해서였다. 미래를 보는 전략적인 사고다.

⦚ 김종서의 6진과 사민 정책

세종은 1434년에 김종서를 보내 두만강 하류의 여진족을 몰아내고 그곳에 6진六鎭을 설치했다. 6진은 종성鍾城·온성穩城·회령會寧·경원慶源·경흥慶興·부령富寧이다. 6진에 진지를 만들고 군대가 투입되기는 했지만, 조선의 영토로 만들기 위해서는 백성들이 살아야 했다. 여진족의 침공에도 대비해야 했다. 그래서 세종은 삼남 지방(전라도, 경상도, 충청도)의 백성들을 강제 이주시키는 강력한 정책을 펼쳤다. 국가의 정치적 목적을 위해 강제로 주민을 옮기도록 하는 것을 사민徙民이라 한다. 그런데 『조선왕조실록』에서는 사민徙民이라는 용어 대신에 입거入居라는 말을 사용했다. 그냥 새로운 지역에서 거주한다는 의미다. 강제성이라는 거부감을 줄이려는 의도다.

세종은 6진에 들어온 백성에게 특혜를 주면서 이주를 이끌었다. 당시 함경도 지방 출신을 관리로 임용하는 토관제土官制를 펼치기도 했다. 토관제는 김종서가 발의한 것이다. 이때 조정 대신들이 반대했다. 관직을 함부로 줘서는 안 된다는 것이다. 세종이 김종서의 의견에 찬성했다.

"토관을 임명해 백성의 사기를 북돋우는 것이 급선무다. 김종서가 건의한 벼슬자리를 단 한 개도 줄이지 말라."(세종 16년 1월 6일)

⑴ 세종의 고심

세종이 사민 정책을 펼치면서 얼마나 고심했는지 여러 기록에서 찾아볼 수 있다. 세종 24년 1월 10일이 기록이다.

"살던 땅에 편히 살면서 다른 곳에 옮아가기를 싫어하는 것은 사람의 상정常情이다."

세종은 이주하는 백성의 고통을 같이 느끼면서 이것이 나라의 장래를 위한 것임을 알았기에 그대로 실행했다. 그들에게 세금 특혜를 줬고, 농업 생산성 향상을 위해 기술도 보급했다. 의료 시설도 확충했고, 의학 교수敎諭를 선발해 보내기도 했다. 학교도 지었다. 이처럼 세종은 할 수 있는 모든 노력을 다해 백성의 마음을 어루만졌다.

짧게 볼 때는 백성의 마음을 임시로 위로하는 데 그쳤을지 모르나, 멀리 보면 나라의 장래에 큰 영향을 준 것이다. 세종 24년 9월 5일의 실록을 보면 그 무렵 해마다 700~3,000호, 즉 3,000명에서 12,000명 정도가 북방으로 떠났다. 세종 재위 기간에 매해 1만 명씩, 총 15만여 명이 이주한 것으로 추정할 수 있다.

이주한 백성의 삶은 점차 안정되었고, 농업 생산력도 높아졌다. 여진족도 조선의 영토를 함부로 넘보지 못했다. 18세기에 이르자 이주한 지역에서 과거에 합격한 인재들이 쏟아져 나왔다. 사실 세종의 할아버지인 태조 이성계도 사민의 후손이었다. 이성계의 고조부가 고향 전주를 떠나 함흥으로 강제 이주했었다. 압록강과 두만강을 경계로, 조선과 중국의 국경선도 완전히 고정되었다. 지리적인 국경선뿐만 아니라 조선 8도의 백성이 언어와 풍습뿐만 아니라 혈통 상으로도 하나가 되었으니 이것은 모두 나라의 장래를 미리 바라본 세종의 업적이라 할 수 있다.

무릇 한나라의 지도자는 시대를 정확히 읽을 수 있어야 한다. 무엇이 중요한지 보고 그 급소를 찔러야 한다. 그리고 미래를 보는 눈이 있어야 한다. 당장 눈앞의 문제 해결도 중요하지만, 미래를 대비하고 준비하는 안목이 있어야 한다. 이런 것이 전략적 국가경영이다.

⦚ 지혜로운 세종의 외교정책

세종은 나라의 임금이다. 최고위 국가지도자다. 그래서 늘 주변국과의 관계를 잘해야 했다. 조선은 기본적으로 사대교린事大交隣을 대외 정책으로 삼았다. 사대事大 즉 크고 강한 나라는 받들어 섬기고, 교린交隣 즉 이웃 나라는 대등한 입장에서 사귀어 나라의 안정을 도모한다는 정책이다. 사대事大는 중국에 대한 정책이고 교린交隣은 여진족이나 일본에 대한 정책이다.

명나라는 조선의 내정에는 간섭하지 않았다. 조공과 책봉체제를 통해 유지되는 사대 외교는 서로의 독립성을 인정한 상태에서 이루어졌다. 조선의 왕은 명나라의 황제로부터 책봉을 받았지만, 종속 관계는 아니었다.

여진족에게는 교린정책을 했다. 4군 6진을 설치하는 등 강하게 몰아붙이기도 했지만, 관직을 주거나, 토지와 주택을 주어 귀화를 장려하기도 했다. 또한, 한양에 북평관北平館을 개설하여 사절의 왕래를 통한 조공무역을 허용했고, 국경 지역의 경성과 경원에 무역소貿易所를 두고 물물교환을 하도록 허락했다.

일본에 대해서도 교린정책을 했다. 힘으로 대마도를 정벌하기도 했지만, 1425년(세종 8년)에 남해안의 부산포, 제포(진해), 염포(울산) 등 삼포三浦를 개항하여 무역을 허용했다. 또한, 삼포에 왜관倭館을 지어 허가받은 일본인 60명이 머물며 교역할 수 있도록 했다. 1443년(세종 25년)에는 대마도주와 계해약조癸亥約條를 맺어 구체적인 무역 범위를 규정하기도 했다.

〖〖명나라에 소 1만 마리를 보내라

세종이 얼마나 전략적으로 나라를 경영했는지 잘 알 수 있는 좋은 예가 있다. 1432년(세종 14년) 5월의 일이다. 명나라 황제가 소 1만 마리를 압록강을 건너 요동지역으로 보내라는 요구를 했다. 5년 전에는 말

5,000필을 요구해 보낸 적도 있던 터라 고민이 많았다. 소는 당장 농사에 써야 하기 때문이다. 세종은 신하들과 논의했고 여러 제안이 나왔다. 마침 소가 병에 걸려 많이 죽었기 때문에 보낼 수 없다며 버티자는 의견이 꽤 나왔다.

그런데 세종은 결단을 내렸다. 소를 보내는 것은 어렵기는 하나 소보다는 국가의 안위가 더 중요하다는 것이다. 그래서 소를 보내되 한꺼번에 보내지 않고 1432년 7월부터 6,000마리를 여섯 무리로 나누어 보내기로 했다. 소를 보내면서 편지를 써서 명나라에 보냈다.

"소방小邦(조선)에서는 그전부터 소의 생산이 심히 적고, 또 몸집이 작으나, 황제의 명령을 감히 어김이 있을 수가 없어 전국의 쓸 만한 소를 어렵게 뽑아서 보냅니다."

보낸 소와 편지를 받아본 명나라 황제는 그해 10월에 외교문서를 통해 '조선의 탁월한 현왕賢王의 판단에 감복했다'며 지금까지 보낸 6,000마리면 충분하다고 했다. 과연 세종의 전략이 주효했다. 세종은 명나라를 대할 때 그저 굽신거리는 맹목적인 사대주의에 빠지지 않았다. 황제의 비위를 거스르지 않으면서 실리를 찾았다.

세종은 사대교린 정책을 잘 시행하여 나라의 안정을 꾀했다. 강하게 몰아붙일 때는 그렇게 했고, 부드럽게 풀어줄 때는 또한 그렇게 했다. 회유와 협박, 당근과 채찍, 강온정책을 지혜롭게 펼친 것이다. 세종은 나라의 미래를 미리 보고 큰 그림으로 준비하는 노련하고 탁월한 전략가였다.

⦀ 위기가 오기 전에 대비하라

이순신의 리더십은 위기 앞에서뿐만 아니라, 위기가 닥치기 전에 미리 예견해서 완벽하게 이를 대비했다는 데 더 큰 의미가 있다. 어떤 일이 터져 급급하게 막는 것보다는 일이 터지기 전에 예방하는 것이 더 현명한 일이다. 이순신은 이 점에서 빈틈이 없었다. 전쟁을 앞두고 이순신은 미리 준비했고, 완벽한 전투준비태세를 위해 매진했다. 유비무환有備無患은 위기극복보다 더 중요하며 전략적인 눈이 있어야 한다.

⦀ 근본에 눈을 돌리는 업스트림 사고

『손자병법』제8 구변九變편에 보면 '무시기불공 시오유소불가공야無恃其不攻, 恃吾有所不可攻也'라는 말이 있다. 적이 공격해 오지 않을 것을 믿지 말고 적이 공격해도 준비태세를 이미 갖추었음을 믿게 하라는 뜻이다. 적이 공격하고 안 하고는 나의 의지와는 상관없이 오직 적에게 달려 있다. 내가 할 수 있는 것은 오직 준비를 철저히 하는 근본에 눈을 돌리는 것이다.

지엽적인 것이 아니라 문제의 '근원'을 보고 일을 처리해 나가는 것을 '업스트림Upstream 사고'라 한다. 평소에 완벽한 준비태세를 갖추는 것이 바로 근원에서 문제를 해결하는 업스트림 사고라 할 수 있다.

이순신은 이를 잘했다. 근본에 눈을 돌려 미리 준비한 것이다. 임진왜란이 발발되기 4개월 전인 1592년 1월 1일부터 4월 15일까지의 『난중일기』를 보면 이순신이 얼마나 꼼꼼하게 전쟁을 준비하고 있었는지 잘 알 수 있다. 이때는 선조 임금을 비롯하여 조정 대신들이 전쟁은 없을 것이라는 낙관 속에 아무런 준비도 하지 않고 있었을 때다. 그런데도 군사훈련과 전략을 연구한 대목이 11회가 나오고, 대포 쏘기가 4회, 거북선 건조와 시운전 그리고 시험사격이 3회, 군사 시설과 인원 점검 등 순시가 20회, 활쏘기가 30회, 부하 격려와 포상 등이 14회가 나온다.

⁂ 이순신의 활 솜씨는 84% 명중률

이순신의 관심은 온통 전쟁준비였다. 이렇게 부대 전체의 전쟁 준비에 만전을 기하면서도 자신도 활쏘기 연습을 게을리하지 않았다. 『난중일기』 전체에서 이순신이 활쏘기한 기록은 270회가 나온다. 병중이거나 제사 또는 나라의 특별한 일 외에는 거의 빠지지 않고 활을 쐈다는 것이다. 특히 임진왜란 발발 전까지의 일기를 보면 집중적으로 활을 쏘는 기록이 나온다. 심지어 술자리를 하면서도 활을 쏘는 일을 멈추지 않았다. 1592년 임진년 3월 16일의 일기를 보면 이렇다.

"순천부사가 환선정喚仙亭에 술자리를 베풀었다. 겸하여 활도 쐈다."

참고로 이순신의 활 솜씨를 알아보자. 3월 28일의 일기다.

"동헌에 나가 공무를 보았다. 활 10순巡을 쐈았는데, 다섯 순은 연달아 맞고, 2순은 네 번 맞고, 3순은 세 번 맞았다十巡卽 五巡連中 二巡四中 三巡三中."

1순巡은 5발矢이다. 처음 다섯 순은 모두 맞혔으니 25발 명중이다. 이를 몰기沒技라 부른다. 2순은 각각 4발을 맞혔으니 총 8발 명중이다. 3순은 각각 3발을 맞혔으니 총 9발 명중이다. 이를 합하면 25+8+9=42가 된다. 즉 50발 중 42발이 명중된 것이니 84%의 명중률이다. 이 정도의 실력이면 현재 대한궁도협회에서 정한 8단의 기준인 82%를 넘는 수준이다.

⦚ 이봉수의 철쇄 작업

임진왜란이 일어나기 전인 1592년 1월과 2월, 3월의 『난중일기』에 보면 일본 수군의 공격에 대비하여 여수 앞바다에 수중 장애물을 설치한 장면이 나온다.

"1월 11일, 이봉수가 선생원에 돌 뜨는 곳을 가보고 와서, '이미 큰 돌 17덩이에 구멍을 뚫었다'고 했다."

"1월 17일, 저녁에 쇠사슬을 박을 구멍을 낸 돌을 실어오는 일로 배 4척을 선생원으로 보냈다."

혹자는 이 작업을 두고 명량대첩 당시에 이순신이 이 철쇄를 이용해서 일본 전선을 엎어지게 했다고 주장하기도 하나 맞지 않는다. 명량대첩 당시에는 급박하여 철쇄를 칠 시간도 전혀 없었고, 만들 재료도 준비할 수 없었다.

⦚ 하루 전에 거북선 시험사격

1592년 5월 29일 사천해전을 마친 후 조정에 보낸 장계에 보면 이미 이순신은 전쟁에 대비하여 거북선을 만들고 있었음을 밝히고 있다.

1592년 2월 8일 자 『난중일기』에서 이순신은 '거북선에 돛으로 쓸 베 29필을 받았다'라고 기록했다. 또 3월 27일에는 거북선에서 대포 쏘는 것을 시험했다. 임진왜란 발발 하루 전인 4월 12일에는 거북선에 장착된 지자총통과 현자총통 발사를 시험했다.

"식사 후에 배를 타고 거북선의 지자포와 현자포를 쏘아 보았다. 순찰사 아래에 있는 군관 남한이 살펴보고 갔다. 오후가 되어 동헌으로 나갔다. 활도 열 순 쏘았다."(1592년 4월 12일)

이렇게 이순신은 아무도 위기를 의식하고 있지 않을 때 위기를 예견해서 미리 위기를 준비했다. 승리를 위해서는 빈틈없이 준비하여 완벽을 기하는 이순신의 꼼꼼한 성격을 읽을 수 있다. 위기가 오면 위기를 극복하는 것도 중요하지만, 위기에 대비하여 미리 준비하는 것이 더 중요하다. 위기극복보다 중요한 것이 위기관리다. 이것은 전략적인 안목이 있을 때 가능하다. 전술적으로 잘 싸울 수 있도록 미리 유리한 환경을 준비하는 것이 전략이다.

⦚ 멀리 보고 큰 그림을 그려야

이순신의 친구 류성룡이 이런 말을 했다.

"앞 수레가 부서진 줄 알면서도 바퀴를 고칠 줄 모른다면 진실로 뒤집히고 부서지는 길이다 夫知前車之旣敗, 而尙不知改轍, 則是固覆敗之道也."

닥쳐서 허둥대지 말고 미리미리 준비하라는 말이다. 과연 이순신과 그렇게 함께한 인물답다. 류성룡 또한 전략을 제대로 아는 전략가이다.

리더의 역할 중에 가장 중요한 역할이 있다면 '미래를 예측'하는 일이다. 미래를 제대로 예측하지 못하면 지금 무엇을, 어떻게 준비해야 할지 모르기 때문이다. 피터 드러커가 말한 대로 미래를 예측하는 가장 좋은 방법은 직접 미래를 만드는 것이다. 미래를 만들기 위해서는 그러한 전략을 구상할 수 있는 전략가가 필요하다.

이런 점에서 보면 나라의 미래를 내다보고 과감하게 4군과 6진을 설치한 세종은 지혜로운 전략가였다. 그리고 전쟁은 없을 것이라 낙관하고 있는 상황에서도 전쟁을 미리 준비하고 첨단무기와 강한 훈련으로 이를 대비한 이순신은 지혜로운 전략가였다.

세종과 이순신의 공통점이 보이는가? 그렇다. 전략가였다. 그것도 지혜로운 전략가였다. 당장 눈앞에 있는 전술도 잘했지만, 멀리 보고 미리 준비하는 전략을 잘했다. 우리나라 사람들이 대체로 부족한 것이 바로 이러한 전략적인 사고다. 신시아 몽고메리 교수는 "리더에게 필수적인 소양은 전략가가 되는 것이다"고 했다. 조직을 이끄는 리더나, 전쟁을 준비하는 지휘관이나, 나라를 경영하는 지도자는 무엇보다도 전략가가 되어야 한다. 세종처럼, 이순신처럼 전략가가 되라.

세종처럼 이순신처럼 사명자가 되라

사람은 무엇으로 사는가? 물론 음식을 먹고 살고 잠을 자며 산다. 그러나 이런 삶은 개와 돼지의 삶과 다를 바 없다. 사람은 다른 삶을 살아야 한다. 무엇을 위해, 왜 사는가를 알아야 한다. 왜 사는가를 말해주는 것이 바로 '사명使命'이다. 사명을 깨달으면 인생의 방향이 달라진다. 사명은 사람의 존재 가치다. 하늘은 각 사람에게 각자의 사명을 주었다. 그 사명을 깨닫느냐 깨닫지 못하느냐에 따라 인생의 방향이 달라진다. 세종과 이순신은 사명을 깨닫고 사명을 따라 살았던 사명자使命者들이다.

세종의 수많은 업적 중에서 단 한 가지를 꼽으라고 한다면 단연 '한글'이다. 세종의 사명은 한글을 만드는 것이라 할 수 있다. 그는 한글을 위해 이 세상에 태어난 것이다. 10월 9일은 한글날이다. 1446년 세종이 훈민정음을 반포頒布한 날을 기념하는 날이다. 반포란 뜻은 만방에 선언한다는 의미다. 세계의 여러 문자 중에 만든 사람과, 글자의 원리, 반포일이 명시된 것은 한글이 유일하다.

⫶ 훈민정음을 친히 창제하다

세종이 훈민정음을 창제創製했다. 창제라는 뜻은 전에 없던 것을 처음으로 만들었다는 의미다. 창제를 알린 공식 기록은 『세종실록』 102권, 세종 25년, 1443년 12월 30일에 나온다.

"이달에 임금이 친히 언문諺文 28자字를 지었는데上親制諺文二十八字, 그 글자가 옛 전자篆字를 모방하고, 초성初聲 · 중성中聲 · 종성終聲으로 나누어 합한 연후에야 글자를 이루었다. 무릇 문자文字에 관한 것과 이어俚語에 관한 것을 모두 쓸 수 있고, 글자는 비록 간단하고 요약하지마는 전환轉換하는 것이 무궁하니, 이것을 훈민정음訓民正音이라고 일렀다."

분명히 임금이 친히 만들었다上親制고 되어 있다. 『세조실록』 20권, 세조 6년, 1460년 5월 28일의 기록에도 보면 세종이 '손수' 지었다고 밝히고 있다.

"훈민정음은 선왕先王께서 '손수' 지으신 책이요."

역사적인 '훈민정음訓民正音'이 탄생했다. 훈민정음이란 뜻은 세종이 '백성을 가르치는 데 사용할 바른 소리'라는 뜻으로 이름 지은 것이다. 당시에는 오랫동안 중국 중심의 문화에서 살았기 때문에 양반 사대부는 한글을 두고 속된 글 즉 '언문諺文'이라 불렀다. 지금의 한글이라 부른 것은

1910년경으로 한글학자 주시경이 '오직 하나의 큰 글'이라는 뜻을 담아 이름을 지었다.

훈민정음을 만드는 과정에서 왕자와 공주가 도왔다는 기록이 있다. 신숙주가 지은 『홍무정운역훈洪武正韻譯訓』 서문이나 성삼문이 지은 『직해동자습直解童子習』 서문에 "세종대왕이 한글을 만드는 데 문종이 도왔다"는 기록이 있다. 죽산 안씨의 족보인 『죽산안씨대동보』에 보면 정의공주가 세종의 문제를 풀어줬다는 기록이 있다.

"변음變音과 토착吐着의 문제를 느껴 정의공주에게 문제를 내니 공주가 이를 풀어 세종이 크게 칭찬했다."

⧘왜 훈민정음을 창제했을까

뭘 하나를 하더라도 중국의 눈치를 봐야 했던 시기였다. 더구나 조선의 왕이 아닌가? 왕이 중국의 문자를 사용하지 않고 조선의 문자를 새롭게 만든다는 것은 상상할 수 없는 행위였다. 그런데도 세종은 훈민정음을 만들었다.

그 이유는 훈민정음 서문에서 찾을 수 있다. 훈민정음 서문은 109자의 한문으로 되어 있다. 아래 해례본解例本 원문이 그것이다. 해례본이란 훈민정음 28자를 세상에 반포할 때 찍어 낸 판각 원본이다. 앞부분만 보면 이렇다.

訓民正音

國之語音。異乎中國。與文字不相流通。故愚民。有所欲 言
而終不得伸其情者。多矣。 予。爲此憫然。新制二十八字。
欲使人人易習。便於日用耳。

이 해례본을 세조 5년에 당시의 언어로 번역했는데 이것이 언해본諺解本
이다. 한문으로 된 내용을 한글로 풀어서 썼다.

世솅·宗종御엉·製졩·訓훈·民민正졍·音흠

나랏·말·ᄊᆞ미· 中듕國귁·에·달아·

文문字ᄍᆞ·와·로·서르ᄉ뭇디·아니·ᄒᆞᆯ씨·

이·런젼ᄎᆞ·로·어린·百빅·姓셩·이·니르고·져·홇배·이셔·도·

ᄆᆞᄎᆞᆷ·내·제ᄠᅳ·들·시러·펴디·몯·홇노·미·하니·라

내·이·롤·為윙·ᄒᆞ·야·어·엿비·너겨·

새·로·스·믈·여듧·字ᄍᆞ·롤·밍ᄀᆞ노니·

사·ᄅᆞᆷ마:다·히·여·수·비·니겨·날·로·ᄡᅮ·메·便뼌安한킈·ᄒᆞ고·져·

홇ᄯᆞᄅᆞ미·니라.

▒ 나랏말싸미 듕귁에 달아

이것을 오늘날 우리말로 옮기면 다음과 같다.

세종어제 훈민정음

나라말이 중국과 달라

문자와 서로 통하지 아니하므로

이런 까닭으로 어리석은 백성이 이르고자 하는 바가 있어도

마침내 제 뜻을 능히 펴지 못하는 사람이 많다.

내가 이를 위해 불쌍히 여겨

새로 스물여덟 글자를 만드니

사람마다 쉬이 익혀 날마다 씀에 편안케 하고자 함이라.

자, 어떤가? 이제 훈민정음 서문을 이해했는가? 여기에 세종이 그 힘 든 과정을 겪으면서 훈민정음을 창제한 이유가 있다. 사람마다 쉬이 익 혀 날마다 씀에 편안케 하고자 함이다. 즉 백성을 '사랑'하기 때문이다. 모든 것을 걸만한 충분한 이유였다.

▒ 백성을 사랑하는 마음으로

세종은 평소에 백성들에게 유학과 법을 가르치는 데 관심이 많았다. 1428년(세종 10년)에 아들이 아버지를 살해하는 일이 일어나자 『삼강행 실도』를 만들어 백성들을 가르치려 했다. 그런데 알기 쉽게 그림을 넣어

설명했지만, 한자를 모르는 사람들은 여전히 이해하지 못했다. 백성의 삶에 도움을 주는 『향약집성방』과 『농사직설』을 보게 했지만 역시 제대로 읽지 못했다.

1432년(세종 14년)에는 법률책을 이두吏讀로 편찬하여 백성들에게 읽히게 했는데 그것도 쉽지 않았다. 세종은 깊은 한숨을 쉬며 한탄했다.

"백성이 법률을 몰라 해를 입고 범죄가 줄어들지 않는구나. 글을 안다면 좋은 글을 읽고 감화되어 범죄도 줄고, 억울하게 처벌을 당하는 일도 줄어들 텐데. 한자는 너무 어려워 백성들이 익히기가 쉽지 않으니 읽기 쉽고 쓰기 쉬운 글자를 만들어야겠다."

세종은 35세 즈음부터 눈에 문제가 생겼다. 잘 안 보이기 시작했다. 이때 눈이 안 보이는 것도 이렇게 불편한데 눈은 보여도 글자를 모르는 백성은 얼마나 불편할까를 생각했다고 한다. 이렇게 백성을 아끼고 사랑하는 마음이 훈민정음을 만드는 촉매가 되었다.

세종은 낮에는 정사를 봐야 했고 밤에 시간을 내어 훈민정음을 연구했다. 왕자와 공주에게 입을 벌려 여러 소리를 내게도 했다. 입안의 목구멍과 입술과 혀의 움직임을 관찰했다. 의원이 보는 해부학책도 봤다. 다른 나라의 문자도 참고로 했다. 피리 부는 사람을 데려다가 온종일 피리를 불게도 했다. 사람의 목구멍과 닮은 피리가 어떻게 소리가 나는지 눈여겨 살폈다. 세종이 직접 피리를 불기도 하고 소리를 따라 내기도 했다.

⅓ 훈민정음을 반대하는 사람들

훈민정음은 세종에 의해 세종 25년, 1443년 음력 12월 30일에 창제創製되었지만, 약 3년 후인 세종 28년, 1446년 음력 9월 10일에 반포頒布되었다. 창제와 반포 사이에 대략 3년이 걸렸다. 왜 그랬을까? 미진한 부분을 검증하고 보완하는 시간도 이유지만, 여러 대신의 반대를 예측했기에 완전히 끝낸 후에 만방에 반포하려는 속셈이 있었다.

창제를 공식화한 세종 25년, 1443년 12월 30일 이전의 기록이 전혀 없다는 것은 세종이 훈민정음을 은밀하게 혼자 진행하고 있었음을 보여주고 있다.

훈민정음이 반포되자 과연 집현전 부제학 최만리崔萬理를 비롯한 많은 신하들이 반대의 상소를 올렸다. 세종은 이런 상황을 예측해서 혼자 몰래 창제한 것이다. 상소의 주된 이유를 보면 철저히 사대주의에 입각한 논리다.

"조선은 조종 때부터 지성스럽게 대국을 섬겨 한결같이 중화의 제도를 따랐는데, 이제 언문을 만든 것을 중국에서 알면 대국을 섬기고 중화를 사모하는 데 부끄럽다."

이들이 얼마나 중국을 의식했는지 세종 32년 2월 23일의 실록을 보면 잘 알 수 있다. 이날의 실록에는 세종의 죽음과 여러 치적에 대해 나와 있는데 훈민정음에 대한 언급은 단 한 번도 없다.

▒▒ 시각장애인이 된 세종

세종은 29세였던 재위 7년에 관을 준비할 정도로 심한 병에 걸렸다. 세종 31년 11월 15일 기록이다.

"임금이 을사년에 병이 심하여 외간에서 관곽을 짜기까지 했는데 아직까지 무슨 병인지 모른다."

이때 세종이 죽을까 하여 종친을 비롯하여 신하들이 궁궐로 문병을 오기도 했다. 그리고 33세의 이른 나이에 흰머리가 나기 시작했다. 『세종실록』 13년 8월 18일의 기록에 보면, 33세의 젊은 나이에 관자놀이와 귀 사이의 머리카락이 하얘진 것을 언급하고 있다.

본래 세종은 고기를 좋아했고 식성이 좋아 하루에 4끼를 먹었다. 그래서 뚱뚱하게 살이 쪘다. 고기가 없으면 수저를 들지 않아 의원이 고기를 절제하라고 해도 소용없었다. 고기를 워낙 좋아하는 세종을 잘 아는 태종은 그가 죽을 때 상중에도 세종만큼은 고기를 먹으라는 유언까지 남길 정도였다.

대부분 앉아서 지냈기 때문에 이로 인해 소갈병消渴病 즉 당뇨병이 생겼다. 30대 중반부터는 안질을 앓아 시력이 점점 약해졌고 세종 23년 4월 『세종실록』에는 안질의 원인을 이렇게 기록했다.

"당시에 임금이 모든 일에 부지런하였고, 또한 글과 전적을 밤낮으로 놓지 않고 보기를 즐겨 하였으므로 드디어 안질을 얻었다. 증상은 두 눈이 흐릿하고 깔깔하며 아픈 통증이 있었다. 재위 21년에도 지난봄 강무한 뒤에는 왼쪽 눈이 아파 안막眼膜을 가리는 데 이르고, 오른쪽 눈도 이내 어두워서 한 걸음 사이에서도 사람이 있는 것만 알겠다."

안질을 얻은 시기는 35세 전후이고 42세에 더욱 심해져 시력이 매우 나빠졌음을 알 수 있다. 안질도 소갈병이 원인이 된 듯하다. 혈관에도 문제가 생겼다. 옆구리에 종창腫脹과 풍질風疾이 왔다. 발이 썩어가는 질환으로 걷기조차 힘들 때가 많았다. 세종은 가히 종합병원이라 할 만큼 평생 병에 시달렸다. 38세 때는 등이 굳어지고 꼿꼿해졌다. 41세 때는 임질이 심했고, 시력이 더 나빠져 사람을 식별하기 힘들 정도가 되었다. 42세 때는 소갈증 때문에 하루에 물을 한 동이 이상 마셨다. 이 시기에는 몸이 차고 냉했다. 안질이 더욱 심해져 세자에게 국사를 위임했다. 관절질환도 생겼다. 44세 때는 두 눈이 아프고 흐려져, 어두운 데서는 지팡이를 짚어야 했다. 신하들은 세종의 건강을 염려해서 사냥을 종용했다. 야외 운동을 해서 건강을 찾으라는 뜻이었으나 세종은 사냥을 즐기지 않았다.

﹟ 절박한 세종

세종은 시간이 필요했다. 남은 시간이 얼마나 될지는 모른다. 살아 있는 동안에 훈민정음을 끝내야 했다. 그래서 일을 줄이기 위해 1442년 세종 24년에 첨사원詹事院을 설치해서 왕세자에게 서무를 위임했다. 물론 이때 신하들의 극심한 반대가 있었다. 『세종실록』 97권, 세종 24년, 1442년 8월 20일의 기록을 보면 당시 사간원에서 첨사원 설치를 반대하는 상소문이 있다.

"지금 첨사원의 설치를 꾀함이 대신에게 미치지 않았으며, 의논이 언관言官과 합치하지 않았습니다. …(중략)… 엎드려 바라옵건대, 급히 이 명령을 정지하시고 굽어 민정民情에 좇으시면 종묘사직과 생민의 행복이 이보다 더할 수 없겠나이다."

이렇게 극심하게 반대를 했지만, 세종으로서는 첨사원을 설치해야 할 분명한 이유가 있었다. 신하들은 모른다. 아니 알아도 안 된다. 심각한 건강의 문제도 있었지만, 조금이라도 여유를 가져 훈민정음에 집중해서 기어이 끝내야 했기 때문이다. 세종은 훈민정음에 마지막 힘을 쏟았다.

⧘ 뿌리 깊은 나무와 샘이 깊은 물

훈민정음을 반포한 뒤에 세종은 정음청正音廳을 설치해서 먼저 궁정의 여인부터 훈민정음을 배우게 했다. 하급관리와 백성에게도 배우게 했다. 그리고 과거시험도 훈민정음을 시험해서 뽑도록 했다. 『세종실록』 114권, 세종 28년, 1446년 12월 26일의 기록이다.

"금후로는 이과吏科와 이전吏典의 취재取才 때에는 훈민정음도 아울러 시험해 뽑게 하되, 비록 의리義理는 통하지 못하더라도 능히 합자合字하는 사람을 뽑게 하라."

그런데 양반들은 천한 글이라 해서 배우려 하지 않았다. 그래서 세종은 생각하다가 『용비어천가龍飛御天歌』를 지었다. 훈민정음으로 만든 최초의 작품이다. 조선을 세우기까지의 사적事跡을 중국 고사에 비유해서 그 공덕을 기리어 지은 노래다. 125장으로 되어 있는데, 2장의 시작에 우리가 잘 아는 뿌리 깊은 나무와 샘이 깊은 물이 나온다.

"뿌리 깊은 나무는 바람에 아니 흔들리므로 그 꽃이 아름답고 그 열매 성하도다. 샘이 깊은 물은 가뭄에 마르지 아니하므로 흘러서 내를 이루어 바다에 가느니…"

조선 건국의 정당성을 세상에 알리는 것이라 양반들도 더 이상 반대할 수 없었다.

1446년에 왕비 소헌왕후가 죽자 아들 수양대군에게 불교를 믿는 어머니를 위해 훈민정음으로 부처의 일대기를 쓰게 했다. 수양대군은 그 뜻을 받들어 훈민정음으로 『석보상절釋譜詳節』을 썼다. 세종은 나아가 나라의 공식 문서에 훈민정음을 쓰게 했다. 훈민정음이 자리를 잡자 허균이 『홍길동전』을, 정철이 『관동별곡』을, 혜경궁 홍씨가 『한중록』을 훈민정음으로 썼다.

그리고 세월이 흘러, 오늘을 사는 대한민국의 모든 국민이 한문이 아닌 한글로 글을 쓰고 있다. 세종이 없었더라면 우리뿐만 아니라 우리 아이들이 지금도 한문을 쓰고 있을 것이다.

⦚ 한글 반포 3년 5개월 후 세종이 죽다

세종은 훈민정음을 창제하고 이를 반포한 뒤, 약 3년 5개월 후에 세상을 떠났다. 1450년 2월 17일, 만 53세의 일이다. 죽기 전인 재위 32년에 이런 기록이 있다.

"말이 잘 나오지 않는 증세도 조금 가벼워졌다. 그러나 기거할 때면 부축하여야 하고, 마음에 생각하는 것이 있어도 말이 떠오르지 않고 놀라고 두려운 마음이 들어 두근거린다."

이 기록을 의학적으로 분석하면 전형적인 중풍의 전조다. 35세 때부터 눈이 나빠지기 시작해서 거의 20년 동안 시달리다가 마지막 8년 동안은 거의 보지 못하는 상태에서 훈민정음을 만들었고, 나랏일을 했다. 세종은 새벽 4시에 일어나서 밤 11시까지 일을 했다. 죽기 사흘 전까지도 일했다. 세종의 마지막 모습을 보면 인간적으로 짠하다.

세종도 자기 몸을 사랑하는 사람이었다. 『세종실록』 101권, 세종 25년, 1443년 8월 29일의 기록에 보면 "내가 어찌 내 몸을 사랑하지 않겠는가予何不愛其身, 여하불애기신"라는 말이 나온다. 극심한 안질에 시달릴 때 한 말이다. 자기 몸을 사랑하지 않는 사람이 어디 있겠는가? 당연히 세종도 자기 몸을 사랑했다. 그러나 훈민정음을 완성해야만 했다.

그에게 있어서 훈민정음은 하나의 업業이었다. 업은 목숨을 다해 감당해야 하는 '사명'이다. 세종이 말한 대로 '일은 하고 있으나 아직 다 이루지 못한 사명事爲未成曰業, 사위미성왈업'이라 할 수 있다.

▓ 유네스코가 제정한 세종대왕상

훈민정음은 1962년 12월 20일에 국보 70호로 지정되었다. 70호가 아니라 국보 1호가 되어야 마땅하다. 1997년 10월에는 유네스코의 세계 기록 유산에 등재되었다. 그리고 유네스코는 1990년에 세종대왕상King Sejong Prize을 제정해서 매년 9월 8일을 기해 세계 각국에서 문맹퇴치사업에 공이 많은 개인이나 단체에 수상하고 있다.

독립운동가였던 미국인 호머 헐버트는 외국인 최초로 한글 교과서인 『사민필지士民必知』를 쓰면서 "조선인이 훈민정음 창제 후에 한자를 버리고 한글만 썼다면 무한한 축복일 거다"고 했다. 『대지』의 작가 펄 벅은 한글을 일러 "한글은 세계에서 가장 단순한 문자이고, 가장 훌륭한 문자이다. 어떤 말도 쓸 수 있다"고 했다. 영국의 역사학자인 존 맨은 "세계 최고의 알파벳이다"며 감탄했다. 흥미로운 것은 일본의 천문학자 와타나베 가즈오가 화성과 목성 사이에 작은 소행성을 발견했는데 그 별의 이름을 '소행성 7365 세종'이라 지은 것이다. 왜 그렇게 지었느냐고 하니 "백성을 위해 문자를 만들었고, 과학 발전에도 힘쓴 세종이 세상에서 가장 위대한 임금이라고 생각하기 때문입니다"고 했다.

꿈은 내 안에 머물지만, 사명은 나를 넘어서는 것이다. 꿈은 나를 위한 것이지만, 사명은 다른 사람을 위한 것이다. 꿈은 목숨까지 바칠 필요가 없지만, 사명은 목숨까지도 바칠 수 있다. 이런 면에서 세종은 사명을 따라 살았던 사명자였다.

⫶ 사명이 있으면 그 자리에 간다

이순신은 군인으로서의 나라를 구하는 사명을 지녔다. 어떤 어려움과 위기가 있더라도 기필코 나라를 구하는 것이다. 사명이 있으면 어떻게 하든지 그 자리에 가게 되어 있다. 무슨 소리인가 하면 사명자는 어떻게 해서든지 그 사명을 감당할 자리에 가게 된다는 뜻이다. 아무리 능력이 있어도 그 능력을 발휘할 자리에 가지 못하면 그 능력은 아무 소용이 없다. 이순신은 다행히 전라좌수사가 되었기 때문에 나라를 구할 수 있었다. 만약에 전라좌수사가 되지 못하고 그냥 정읍현감으로 있었더라면 아무리 이순신이라 해도 그 큰일을 할 수 없었을 것이다. 그런데 자칫 이순신은 전라좌수사로 가지 못 할 뻔했다. 이때의 상황을 잠깐 보자.

그동안 왜구의 침략이 가장 많았던 지역을 담당하는 전라좌수사의 자리에는 이유의李由義가 있었다. 그러나 그는 무능한 사람이기에 조정에서는 이를 대체할 새로운 인재를 물색하고 있었고 누군가가 그 자리에 가야 했다. 본래 그 자리를 원균元均이 가게 되어 있었다. 원균은 조산만호로 있으면서 함경병사 이일李鎰의 휘하에서 두만강 건너편에 있던 오랑캐 마을인 시전부락時錢部落을 크게 격파한 공을 인정받아 1591년 2월 4일 전라좌수사로 임명을 받았었다. 그러나 사간원에서 원균을 반대했다. 원균이 수령으로 있을 때 그 근무성적이 하下였는데, 그런 사람이 반년도 못되어 수사로 임명된다는 것은 도리에 맞지 않는다고 강력히 반대한 것이다. 만약 원균이 갔었더라면 이순신은 전라좌수사가 되지 못했을 것이다.

잠시 공석이 된 전라좌수사 자리에는 2월 8일 유극량劉克良이 임명되었으나 그 역시 가문이 좋지 않다는 이유로 부임하지는 못했고 그 자리는 이순신이 오기까지 공석空席으로 남았다.

드디어 1591년 2월 13일 이순신이 전라좌수사의 자리로 오게 되었다. 그것도 정읍현감에서 7계급이나 뛰어 전라좌수사가 된 것이다. 임진왜란 발발 14개월 전이다. 참으로 하늘이 도왔다.

⫸ 7계급 특진한 이순신

이순신이 어떻게 종6품의 정읍현감에서 정3품 전라좌수사가 되었는가? 선조 22년, 1589년 1월 21일에 임금의 명령에 따라 비변사에서 무신을 불차채용不次採用 한다고 발표를 했다. 불차채용은 서열과 관계없이 인재를 가려 올리는 것인데 당시 신료들은 49명을 천거했다. 이때 이순신을 천거한 인물은 우의정 이산해李山海와 병조판서 정언신鄭彦信이었다.

종6품인 정읍현감에서 7계급이나 높은 정3품의 전라좌수사로 부임하는 것은 사실상 불가능하다. 그렇기에 선조는 초수招授(정해진 규정을 크게 뛰어넘은 임명)라는 절차를 밟아 종4품인 진도군수로 형식적인 발령을 내린 후 전라좌수사로 임명했다. 그런데 사흘 뒤에 사간원에서 이를 반대하며 들고 일어났다. 『선조실록』 25권, 선조 24년, 1591년 2월 16일의 기록이다.

"전라 좌수사 이순신李舜臣은 현감으로서 아직 군수에 부임하지도 않았는데 좌수사에 초수招授하시니 그것이 인재가 모자란 탓이긴 하지만 관작의 남용이 이보다 심할 수 없습니다. 체차시키소서" 하니 답하기를 "이순신의 일이 그러한 것은 나도 안다. 다만 지금은 상규에 구애될 수 없다. 인재가 모자라 그렇게 하게 하지 않을 수 없었다. 그 사람이면 충분히 감당할 터이니 관작의 고하를 따질 필요가 없다. 다시 논하여 그의 마음을 동요시키지 말라" 하였다.

여기서 잠깐 살펴볼 일이 있다. 사간원에서 이순신을 적극적으로 반대한 본래의 이유는 이순신이 정언신과 가까이했기 때문이다. 정언신은 이순신을 천거했던 인물로 정여립鄭汝立의 모반사건과 관련이 있다 하여 옥에 갇혔다. 이때 이순신이 그를 방문한 적이 있었는데 이 때문에 역적과 친한 자라 하여 전라좌수사가 되어서는 안 된다는 것이 사간원의 숨겨진 반대이유였다. 그러나 겉으로는 초수의 무리함을 내세웠다. 선조도 사간원의 속내를 알고 있었지만, 인재가 절실한 시국이라 이순신의 손을 들어주었다. 만약 이때 선조의 마음마저 흔들렸으면 조선의 앞날은 어찌 되었을까? 가히 하늘의 도움이라 할 수 있다.

당시에 남쪽 바다를 지키는 네 수영水營이 있었는데 이순신은 그중에서 가장 규모가 작은 전라좌수영을 담당하는 전라좌수사로 배정되었다. 전라좌수영은 다른 수영에 비해 그 규모가 반에 불과했다. 전라좌수사로 배정될 때 류성룡이 천거했다고 한다. 『선조실록』 84권, 선조 30년, 1597

년 1월 27일의 기록이다.

"신(류성룡)이 수사_{水使}로 천거하여 임진년에 공을 세워 정헌_{正憲}까지 이르렀으니, 매우 과람합니다."

어쨌든 마침 그 자리가 공석으로 비어 있었고, 사간원의 반대도 있었지만, 우여곡절 끝에 이순신이 가게 되었다. 이렇게 사명이 있으면 어떻게 하든지 그 자리에 가게 되어 있다.

⦚ 마지막 해전을 맞이하다

사명은 목숨까지 기꺼이 바치는 것이다. 이순신의 마지막 목숨을 어떻게 바쳤는지 아는 것은 그의 사명을 이해하는 좋은 방법이다. 지금부터 이순신의 마지막 해전인 노량대첩을 부분적으로 보자.

이순신 함대는 명량대첩 이후 1598년 2월 17일 고하도에서 완도 우측에 있는 고금도_{古今島}로 진영을 옮겼다. 고금도는 산으로 둘러싸여 적으로부터 보호를 받을 수 있었고 동시에 적을 관측하기에도 좋았다.

또한, 고니시 유키나가가 순천의 예교성에 주둔하고 있었기 때문에 이들을 대처하기에도 좋았으며, 남해의 해상 주도권을 잡기에 유리한 섬이었다. 고금도에서 이순신은 조선 수군을 재건설하는 데 총력을 기울였다. 조선 수군을 다시 건설해야 나라를 구할 수 있기 때문이다.

≋ 도요토미 히데요시의 죽음

도요토미 히데요시는 젊은 시절에는 매사에 신속하고 과단했으며 총명한 판단을 했던 인물이었다. 그러나 나이가 들면서 고집 센 늙은이로 전락했다. 정유재란 때 일본에 포로로 잡혀갔으나 높은 학식을 인정받아 당시의 일본 상류사회와 접촉한 강항姜沆은 『간양록看羊錄』이란 책을 썼는데 이 책에는 다음과 같은 내용이 있다.

전쟁이 7년이 걸려도 끝날 기미가 보이지 않아 히데요시가 중신들에게 한탄을 했는데 이때 도쿠가와 이에야스德川家康가 말했다.

"조선은 원래 큰 나라입니다. 동쪽을 치면 서쪽을 지키고, 왼쪽을 치면 바른쪽에 모이니, 아마도 10년을 잡더라도 끝이 날 것 같지 않습니다."

이 말을 들은 도요토미 히데요시는 눈물을 흘리면서 이렇게 말했다.

"자네들은 나를 늙은이로 보는구나. 젊었을 때는 천하도 어렵지 않게 생각되더니 이제 나도 늙기는 늙었나 보구나. 늙으면 죽어야지! 조선과 휴전하는 게 어떤가?"

그러자 부하들은 맥없는 목소리로 이렇게 대답했다.

"그렇게 우리 마음대로만 된다면 오죽이나 좋겠습니까?"

이 내용을 보면 도요토미 히데요시는 패배를 인정한 것이다. 조선에 진 것이 아니라 사실은 이순신에게 진 것이다. 이 『간양록』의 기록은 이런 면에서 매우 가치가 있다.

도요토미 히데요시는 1598년 8월 18일 복견성伏見城 안에서 피를 토하고 죽었다. 비밀에 부쳤지만 도요토미 히데요시의 부고 소식은 일본군들 사이에 어느새 쫙 퍼져 있었다. 공격이 주춤거려졌고, 슬슬 도망할 준비를 했다.

‖ 류성룡의 파직과 이순신의 고뇌

이즈음, 이순신을 형제같이 아끼고 사랑하며 뒤에서 알게 모르게 뒷받침을 해 주었던 든든한 후원자 서애 류성룡이 당쟁에 휘말려 영의정에서 파직됐다. 파직 이유를 보면 이렇다. 1598년에 명나라의 경략經略 정응태丁應泰는 조선이 일본과 연합하여 명나라를 치려 한다고 본국에 무고誣告했다. 그런데 류성룡이 이 무고 사건에 대하여 적극적으로 해명하려고 노력하지 않았다고 하여 거세게 북인의 탄핵을 받았다.

이때가 1598년 10월 8일, 이순신이 한창 예교 해전의 마무리를 하고 있을 무렵이었다. 류성룡의 파직 소식은 이순신에게 큰 충격이었고 이 때문에 깊이 고뇌하게 된다. 이제 이순신에게는 그를 뒤에서 밀어줄 사람이 아무도 남지 않았다.

‖ 일본에 매수된 명나라 군대

명나라 장수 유정은 고니시로부터 뇌물을 받고 매수되어 육군을 철수시키려고 하고 있었다. 때마침 사천성에서 중로군이 대패했다는 소식을 들은 유정은 조선군을 먼저 철수시키고, 야간에 1만여 명을 현지에 잔류시킨 채 주력부대를 순천 서북쪽에 있는 부유_{富有}로 철수시키고 말았다. 일본군은 철수하고 있었지만, 조선과 명나라의 연합군은 여러 문제를 안고 있었다.

고니시는 유정에게 했던 똑같은 수법으로 진린을 뇌물로 구워삶았다. 진린은 이순신의 배에 와서 이제 히데요시도 죽었고, 고니시도 더 이상 싸우지 않기를 원하니 그만 놓아주자고 수작을 부렸다. 이에 이순신은 진린에게 단호하게 말했다.

"대장불가언화_{大將不可言和} 수적불가종유_{讎賊不可縱遺}"

이 말은 "대장이란 모름지기 화_和에 대해서 말하는 것이 아니다. 이 원수들을 그냥 돌려보낼 수 없다"고 하는 의미다.

1598년 11월 8일 밤 10시경, 노량으로 파견했던 경상우수사 이순신 李純信의 전령선이 삼도수군통제사 이순신 李舜臣에게 급히 와서 보고하기를, 이날 오후 6시경 노량으로 수많은 일본 전선들이 밀어닥쳤다는 것이다. 노량은 이순신이 자리하고 있던 유도에서부터 약 24km 떨어져 있어 이순신이 전속력으로 달리면 약 4시간 만에 도달할 수 있는 거리였다. 이에 이순신은 여기서 기다릴 것이 아니라 그쪽에서 가서 치기로 결심했다. 이 대규모의 구원 일본 전선들을 이곳에서 맞게 되면 대치 중인 고니시의 일본군들이 이들과 합류하여 이순신을 양쪽에서 포위 공격할 수 있기 때문이었다. 이런 판국에 와서도 진린은 출전을 빈정거리며 방해했다. 이때 명나라 군대는 2,600명밖에 안 되었고, 전선도 왜소한 배 63척이 전부였다.

⫴ 갑판 위의 마지막 기도

이순신이 강력하게 출동을 주장하고, 해상봉쇄선을 풀고 나팔을 불어 앞서 나갔다. 진린도 어쩔 수 없이 이순신의 함대 뒤를 찔끔찔끔 따라나섰다. 11월 18일의 『행록』에는 당시 이순신의 비장한 각오가 그대로 드러나 있다.

"도독과 약속하고 밤 10시쯤 같이 떠났다. 자정에 배 위에 올라가 손을 씻고 무릎을 꿇어 '이 원수를 무찌른다면 지금 죽어도 한이 없겠습니다此讐若除 死則無憾'고 하늘에 기도했다."

바로 이때 하늘에서 커다란 별똥이 바다로 떨어졌다.

—휘이이이이잉!

예로부터 큰 별똥이 떨어지면 그와 같은 큰 인물이 세상을 떠나는 징조가 아닌가! 떨어진 큰 별똥에 대한 기록은 『행록』과 『행장』 등 여러 곳에 나타나 있다. 이순신의 죽음을 하늘이 미리 보여준 것이다.

⫴ 관음포 앞바다로 가다

1598년 11월 18일 밤 10시경에 유도에서 출항한 조명연합함대는 다음

날 새벽 2시경 노량의 관음포 앞바다에 이르렀다. 이순신의 함대는 전선 83척, 수군 약 만7천 명이었다. 본래 이순신의 함대는 85척이었는데 진린과 등자룡의 배가 너무 작아서 겁을 먹고 있었기에 이순신이 각각 판옥선 한 척씩을 내주었다.

일본 수군의 지휘선에서는 진린의 배를 나포하라고 큰 소리로 고함치며 지시하고 있었다. 이순신은 이를 발견하고 일본 장수 한 명을 쏘았는데 "꽥!"하고 소리를 지르더니 바다에 뒹굴어 떨어졌다. 이를 본 일본 수군들이 황급히 자기들의 지휘선을 보호하기 위해 포위망을 풀었는데 이때를 타서 약삭빠른 진린의 배는 무사히 빠져나왔다.

‖ 관음포에서의 마지막 해전장면

시커멓던 어둠이 서서히 걷히기 시작했다. 이미 전세가 급격히 불리해진 일본 전선들은 정신없이 허둥대다가 관음포 안쪽으로 밀려 들어왔다. 지형에 어두운 일본군이 급해진 나머지 관음포가 뚫려있는 곳으로 잘못 알고 그만 그 안으로 들어온 것이다. 적장 시마즈 요시히로島津義弘의 기함인 어립선御立船을 포함하여 약 50척이 포구 안으로 들어왔다.

날이 점점 밝아지는 오전 8시경, 이순신이 보니 일본 전선들이 관음포의 포구 안에 갇혀 있었고 이들 중 하나라도 놓치지 않으려고 포위망을 좁혀가며 모든 힘을 다해 일본 전선을 공격했다. 뒤늦게 포위가 된 것을 깨달은 일본 수군들은 죽음의 포위망에서 벗어나고자 안간힘을 썼고, 여기에서 결판을 내고자 조선의 수군들은 젖 먹던 힘까지 다하여 싸웠다.

관음포 안에서의 한바탕 격전은 시커먼 연기가 온 하늘을 덮었고 귀가 찢어질 듯 굉음이 울렸다. 출전하기 전날 하늘을 우러러 그토록 기도한 것처럼 이 철천지원수들을 없앨 수만 있다면 내 한목숨 기꺼이 바치겠다는 각오로 이순신은 힘껏 북을 쳐 부하들을 독려했다.

"둥둥둥!"

"방포하라! 방포하라!"

이순신은 그동안 학익진을 최대한 잘 펼칠 수 있는 주간에 전투를 많이 했었다. 그러나 노량해전의 경우는 처음부터 상황이 달랐다. 이른 새벽에 일본 전선과 맞부딪쳐 어둠 속의 전투가 벌어졌었다. 그래서 특정한 진형을 유지할 수 있는 정상적인 전투가 아니라 진형도 흩어지고, 이순신이 탄 대장선과 일반선의 구분이 없고 전방과 후방이 따로 없는 그야말로 혼전混戰이자 난전亂戰의 형태가 되었다. 더구나 마지막 상황에서 일본함대가 좁은 관음포 안으로 밀려들어 갔을 때는 혼전의 양상이 두드러졌다.

∭ 잘못 알고 있는 이순신의 마지막 말

관음포 안에 갇혀 있는 일본 전선을 바짝 조였던 이순신은 곧 이들 일부가 도망하는 모습을 보고 곧바로 추격하기 시작했다. 이순신 기함의 사령탑에는 장남 회와 조카 완 그리고 군관 송희립이 함께 있었다. 이때 송희립이 적이 쏜 유탄에 맞아 쓰러졌다. 다행히 이마를 스치어 피를 흘리며 잠시 기절을 한 것이다. 이순신은 의기가 발동하여 곧 활을 들고 적을 향해 힘껏 쏘았다.

아! 그런데, 이때 한 발의 총알이 새벽바람을 가르고 이순신에게 날아왔다.

'퍼억!'

이순신의 가슴에 총알이 적중하여 검붉은 피가 스멀스멀 솟아올랐고 곧 힘없이 쓰러졌다. 가슴이 묵직했다. 아들 회와 조카 완이 하얗게 되어 쓰러진 이순신을 부축했다. 이순신은 가쁜 숨을 몰아쉬며 말했다.

"지금 싸움이 급하다戰方急. 내가 죽었다는 말을 하지 말라慎勿言我死."

나의 죽음을 '적'에게 알리지 말라가 아니라 사기를 생각하여 부하들에게 알리지 말라고 한 것이다.

그리고 한마디 더 했다.

"군졸들을 놀라게 해서는 안 된다勿令驚軍."

이순신은 죽는 그 순간에도 부하들이 놀라지 않도록 마음을 썼는데 이 말은 이순신이 살아 있을 때 남긴 최후의 말이 되었다. 사람들은 이순신의 마지막 말을 '내가 죽었다는 말을 하지 말라'로 알고 있는데 그렇지 않다. '군졸들을 놀라게 해서는 안 된다'가 마지막 말이다. 이순신은 끝까지 부하들을 생각한 것이다.

사람은 죽을 때 무슨 말을 하는가를 보면 알 수 있다. 대체로 속에 있는 진실을 말하게 된다. 이순신은 마지막 순간에도 부하들을 걱정했다. 참 대단한 사람이다.

기절에서 막 깨어난 송희립은 울고 있는 회의 입을 막고, 이순신의 죽음을 아무에게도 알리지 못하게 했다. 지휘관의 죽음은 곧 사기의 저하임을 잘 알고 있는 송희립은 스스로 북채를 집어 들고 이순신이 남긴 마지막 전투를 지휘했다.

이제 어둠을 걷은 찬란한 아침 햇살이 고운 빛을 발하며 연기 자욱한 노량의 바다를 붉게 물들이고 있었다. 이순신의 나이 54세, 만으로는 53세 때 별세했다. 세종이 죽었을 때와 똑같은 나이다. 1598년 11월 19일, 양력으로 12월 16일이었다.

사람이 자기가 죽고 싶을 때와 장소에서 죽을 수만 있다면 그것은 참으로 행복한 죽음이리라. 이순신은 천명天命을 알았다. 비록 죽고 싶은 순간들이 많았지만 자기 목숨을 함부로 다루지 않았다. 그저 하늘에 맡겼다. 사명자는 그의 사명이 끝나기 전에는 죽지 않는다. 이렇게 해서 위대했던 한 인간이 파란만장한 삶을 마감했다. 하늘이 그에게 맡긴 사명이 끝났다. 사명이 끝나면 그때 하늘이 데려가는 것이다. 사명자의 죽음은 이렇다.

∭ 완벽했던 노량대첩의 전과

혼란했던 전장에서 적장 시마즈는 결사적으로 도망하여 간신히 목숨을 구했다. 얼마나 혼이 났는지 일본군의 자료에 보면 이렇게 기록되어 있다. 시마즈가 탄 어선御船의 방패는 모두 부서지고 배의 여러 곳에 적의 화살이 박혀 있었다. 이때 관음포 안에 들어왔던 50여 척의 일본 전선 중에 시마즈를 포함한 수척만이 겨우 탈출에 성공할 수 있었다. 칠천량에서 조선삼도수군을 전멸시켰던 악명 높은 살마군의 마지막 모습이었다. 해전의 결과 일본 전선은 500척 중에 거의 200척 이상, 『중국역대전쟁연표』에 따르면 400척이 완전히 침몰되었다.

이순신 함대에도 상당한 손실이 있었는데 이순신을 포함한 가리포첨사 이영남李英男과 낙안군수 방덕룡方德龍, 흥양현감 고덕장高德蔣 등 10여 명의 장수가 전사했다. 7년 해전 기간 중 가장 많은 장수가 죽었다. 그만큼 치열했던 임진왜란 중의 최대 격전이었다.

그런데 이순신 함대의 피해는? 조선 전선은 단 4척만 침몰당했다. 그리고 이순신이 빌려준 등자룡이 탄 판옥선과 명나라의 다른 한 척이 분멸되었다. 그야말로 완벽한 승리였다. 어떻게 이런 승리가 가능했을까? 비록 혼전이었지만 이순신의 당파전술 위력이 마지막 해전에서도 유감없이 발휘되었다.

░ 살면 충성이요 죽으면 영광이라

이순신은 마지막까지 전장을 지켰고 마지막까지 부하들을 걱정했다. 숨을 거두면서까지 부하들을 생각했고 죽으면서까지 나라를 꼭 지켰다. 사람은 그가 가진 사명이 어떤 것인가에 따라 삶의 방향이 달라진다. 사명을 발견하는 날이 다시 태어나는 날이다. 사명을 발견하고 그 사명을 따라 살면 그것이 충성된 삶이다. 그리고 사명을 따라 살다가 죽게 되면 그것이 또한 영광이다. 살면 충성이요 죽으면 영광이라.

온몸을 던져 나라를 구했던 이순신은 그의 군 생활을 통해서 한 번의 투옥, 세 번의 파직, 두 번의 백의종군, 두 번의 죽을 고비를 넘긴 부상을 당했다. 그러면서도 그는 단 한 번도 그를 질시했던 임금이나 그를 몰아쳤던 조정 대신들을 원망하지 않았다. 그리고 나라가 썩었다고 해서 탓하지 않았다. 그 자신이 그 썩은 나라의 백성이었기 때문이다. 대신에 그 스스로 몸을 살라 절망과 어둠 가운데 한 줄기 빛이 되었고 그 스스로 몸을 녹여 썩은 땅에 소금이 되었다. 그렇게 그는 그저 그가 해야 한다고 믿는 바를 겸손한 마음으로 묵묵히 행동으로 실천했다.

그는 나라와 민족을 뜨거운 가슴으로 부여안고, 사명자로서 그에게 맡겨진 사명을 감당했다. 그는 이미 '넘어선 자'였다. 자신의 공명도 자신의 안위도 넘어섰다. 자신의 생명까지도 넘어섰다. 일본의 저명한 역사학자 아리모토는 이렇게 말했다.

"그러고 보니 한국 사람들은 이순신을 영웅 이순신이라고 말하지 않는다. 이렇게 말한다. 성웅聖雄 이순신. 그는 죽어서도 불멸의 존재가 되어 불패의 신화와 함께 영원히 살아 있다."

세종과 이순신의 공통점이 보이는가? 사명자들이다. 아무도 밟지 않은 눈길을 걸어봤는가? 그냥 내키는 대로 걸으면 발자국이 이리저리 삐뚤어진다. 그런데 저 앞에 우뚝 서 있는 소나무를 보고 걸으면 발자국이 비교적 똑바르다. 저 멀리 있는 소나무가 바로 '사명'이라는 나무다. 인생도 마찬가지다. 내키는 대로 걸으면 삐뚤어진 인생 발자국을 남기게 된다. 그러나 삶의 목적, 사명을 바라보며 걸으면 비록 힘은 들겠지만 뒤돌아보면 과연 똑바른 길을 걸었다는 것을 깨닫게 된다. 그래서 모름지기 사람은 사명을 따라 살아야 한다.

진지하게 사명에 대해 고민해봤는가? 당신에게는 어떤 사명이 있는가? 무엇을 위해 사는가? 세상을 조금이나마 좋아지게 하기 위해 무엇을 할 것인가? 목숨을 바칠만한 그 무엇이 있는가? 무엇을 남기고 떠날 것인가? 죽을 때 잘못 살았다고 후회가 없겠는가? 후세에게 어떤 사람으로 기억되길 바라는가? 세종처럼, 이순신처럼 사명자가 되라.

제 2 부
세종처럼

내가 꿈꾸는 태평성대는
백성이 하려고 하는 일을
원만하게 하는 세상이다
-세종-

세종처럼 고약한 소리도 들어라

고약하다! 가끔 듣는 말이 아닌가? 심사가 뒤틀리거나 뭔가 잘못될 때 내뱉는 말이다. 세종에게는 '고약해高若海'라는 신하가 있었는데 그 이름을 풀이하면 같을 약若, 바다 해海라는 한자를 써서 바다와 같은 인물이 되라는 뜻이다. 고약해는 유능하여 형조참판이라는 높은 자리에 있었고 태조 때부터 무려 4명의 임금을 섬겼다. 그런데 워낙 까칠한 성격이라 사사건건 세종에게 딴지를 걸었다. 고약해와 세종이 충돌하는 내용은 『세종실록』 7년부터 나온다. 세종이 평소에 말을 타고 막대기로 공을 치는 격구를 좋아했다. 그런데 고약해는 격구는 놀이에 불과하니 해서는 안 된다고 시비를 걸었다. 전쟁에 도움이 안 되고 나중에는 그것이 임금의 폐단이 된다는 이유였다.(세종 7년, 1425년 11월 20일) 한번 두 번도 아니고 다섯 번이나 말했다. 세종은 속에서 부아가 치밀어 올랐지만 그래도 저런 신하 한 명쯤은 있어야지 하고 생각했다.

⦚ 고약해의 등장

세종 9년, 1427년 12월 21일의 일이다. 세종이 수륙제水陸齋(물과 뭍의 귀신에게 공양하는 제사)에는 밀랍으로 만든 초蠟燭를 쓰지 말고 기름불을 쓰라고 말했다. 신하들이 지당한 말씀이라고 머리를 조아릴 때 고약해가 불쑥 나서서 "도교 제사는 유교와는 맞지 않으니 그냥 폐지하소서"라고 딴지를 걸었다. 세종이 황당하여 "그대의 말은 지당하나 선왕 때부터 내려오는 전통이니 없애기가 그렇구나"고 난색을 표했다. 고약해가 정색을 하며 "옳은 도리가 아니면 빨리 고치는 게 마땅합니다"라고 말하고 냅다 퇴근해 버렸다. 이게 무슨 상황인지?

고약해의 간이 배 밖으로 나온 일도 있었다. 세종 22년, 1440년 3월 18일에 있었던 일이다. 당시 '지방수령 6년 임기제', 즉 수령육기제守令六期制를 두고 격렬하게 임금과 논쟁하고 있을 때 고약해는 자신을 '소인小人'이라고 했다. 임금 앞에서는 신하는 마땅히 '소신小臣'이라 해야 한다. 당시의 『세종실록』을 보자.

"여러 신하가 겨우 좌정坐定하였는데, 형조 참판 고약해가 자리를 피하여 낮은 소리로 '소인'이라고 말한 것이 두 번이므로, 전상殿上이 조용하였다."

대신들은 어쩔 줄 몰라 입을 꾹 다물었다. 세종은 "높은 소리로 말하라"고 언성을 높였다. 고약해는 다시 또박또박 말했다. "소인이 오랫동안 천안天顔을 뵙지 못하였으므로, 일을 아뢰고자 하였사오나, 하지 못하였나이다."

끝까지 소인이라고 말했다. 세종의 심기는 불편할 데로 불편해졌다. 뭐
저따위 놈이 다 있나!

⑧ 사사건건 딴지 걸어

이어서 고약해는 세종이 거의 강제적으로 추진하는 임기제도가 잘못
되었다고 조목조목 따졌다. 기존의 3년을 6년으로 늘일 때의 폐단이었
다. 세종은 고약해의 말에 몇 번이고 맞받아치곤 했지만, 그때마다 고약
해는 또박또박 따지고 들었다. 세종이 말을 할 때 중간에 끼어들어 말을
끊기도 했다. 기가 막히는 장면이다. 둘 사이에 격렬한 말이 몇 차례 오
갔다. 세종이 부르르 떨리는 심장을 억누르며 말했다.

"내 말을 듣지도 않고도 감히 말하는가!"

이에 질 새라 고약해는 "신더러 그르다 하시오니, 신은 실로 실망하였
나이다" 하고 말했다.

조정 대신이 물러간 뒤에 세종은 도승지 김돈金墩을 불러 고약해를 어
떻게 해야 좋을지 물었다. 김돈은 세종에게 다른 죄목보다도 "마땅히 그
언사言辭의 공손하지 못한不恭 죄만을 탄핵하소서"라고 건의했다. 김돈의
건의를 들은 세종은 "네가 이 뜻으로써 전지傳旨를 기초로 해서 사헌부에
내려 탄핵을 추진하게 하라"고 명을 내렸다. 고약해의 탄핵안에 대해서
사간원에서 반대 상소가 올라왔다. 일을 잘못해서가 아니라 말을 잘못
해서 탄핵을 당한다면 누가 임금 앞에서 바른말을 할 수 있겠느냐의 논

리었다. 그러나 세종은 이번만큼은 용서할 수 없다고 하여 고약해의 관직을 삭탈했다. 마음이 너그러운 세종도 어지간히 속이 상했던 모양이다. 여기서, 아무리 바른 말일지라도 그 표현을 잘해야 한다는 중요한 교훈을 배울 수 있다. 해도 정도껏 해야 한다.

세종은 1년 뒤에 고약해를 다시 조정으로 불러들여 개성유수로 임명했다. 고약해는 이듬해인 1443년에 67세로 생을 마감하게 되는데 세종은 그에게 정혜貞惠: 곧을 정. 은혜 혜라는 시호를 내려주었다. 그의 올곧은 성격을 대변한 것이다.

그 후 세종은 자신을 향해 반기를 들거나 간언을 하는 신하가 있으면 고약해를 생각하며 그냥 너그럽게 받아들였다. 속으로는 '고얀 놈' 하면서 말이다. 오늘날 우리가 흔히 말하는 '고약해'의 근원을 바로 이 세종과 고약해의 일화에서 찾고 있다. 국립국어원에서는 '고약하다'의 어원은 찾을 수 없다고 한다.

⧉ 또 한 명의 강적 최만리

세종은 마음을 활짝 열고 누가 무슨 말을 하더라도 받아들일 준비를 단단히 하고 있었지만, 세종에게 또 한 명의 강적이 있었다. 그 유명한 최만리崔萬理다. 최만리는 해동공자로 불리는 최충崔忠의 12대손으로 1440년에 집현전의 부제학에 오른 당대 최고의 학자였다. 조선의 대표적인 청백리로 꼽히며 집현전의 최고 책임자였지만 집안에는 부엌살림 외에는 아무런 가구가 없었다. 소신이 뚜렷하고 올곧은 성품으로 세종이 매우 아꼈던 인재였다.

최만리는 재임 중에 무려 14번이나 반대 상소를 올렸다. 불교를 배척하자는 상소가 6번으로 가장 많았다. 또한 첨사원詹事院 설치에 대해서도 4번이나 반대를 했다. 첨사원은 세종이 몸이 좋지 않아 세자에게 국사를 위임하기 위해 설치하는 관아였는데 이것을 적극적으로 반대한 것이다.

최만리는 아주 세심한 인물이어서 상소 중에 이런 상소도 있었다. 환관이 사모紗帽를 쓰자 상소를 올려 갓을 쓰도록 건의했다. "예로부터 역대 임금이 환관을 아끼고 신임하여 권세가 천하를 기울이는 자가 심히 많았으나, 갓을 바꾸지 못한 것은 환관의 무리를 일반관리와 구별하기 위한 것이었습니다." 이때 환관들이 떼를 지어 반대하여 의논이 중지되기도 했다.

또 다른 일화가 있다. 안성에 속한 면面 중에 죽일면竹一面이 있었다. 대나무가 많아 붙여진 이름이다. 그런데 사람들이 죽일면의 면장을 부를 때 '죽일면장'이라고 부르니 여간 불편한 것이 아니었다. 만나는 사람마다 '죽일'면 장이라고 하니 그도 그럴 법했다. 이것을 알았던 최만리는 면의 이름을 바꿔야 한다고 상소를 했다. 죽일면의 이름이 바뀐 것은 세월이 많이 흘러 1915년 6월 1일이 되어서야 가능했다. 죽일면은 일죽면으로 개칭되었고, 이어 이죽면, 삼죽면이 생겨나게 되었다. 어쨌든 그 시작은 최만리였다. 이렇게 최만리는 아주 사소한 것부터 나아가 나라의 큰일에 이르기까지 뚜렷한 소신을 가지고 일을 처리했다.

▓ 세종의 심기를 건드리다

이런 최만리가 결정적으로 세종의 심기를 건드린 것은 훈민정음 창제에 대한 반대 상소였다. 최만리가 올린 한글 반대 상소문은 혼자 작성한 것이 아니라 여러 학자의 합작이었다. 그 안에는 한글 창제의 불필요성, 한글의 무용론이 포함되어 있었다. 최만리가 올린 상소문의 앞부분을 보면 이렇다. 『세종실록』 103권, 세종 26년, 1444년 2월 20일의 기록이다.

"신 등이 엎디어 보옵건대, 언문諺文을 제작하신 것이 지극히 신묘하와 만물을 창조하시고 지혜를 운전하심이 천고에 뛰어나시오나, 신 등의 구구한 좁은 소견으로는 오히려 의심되는 것이 있사와 감히 간곡한 정성을 펴서 삼가 뒤에 열거하오니 엎디어 성재聖裁하시옵기를 바랍니다."

▓ 세종의 변론

상소를 받아본 세종은 조목조목 따지며 답을 했다. 이른바 세종의 비답批答이다. 앞부분만 보자.

"임금이 상소上疏를 보고 최만리 등을 가리키며 말했다. 너희들이 말하기를 음音을 사용하고 글자를 합친 게 모두 옛것에 반한다라 하는데, 설총의 이두 역시 다른 음音이지 않느냐? 또한, 이두를 제작한 원래 뜻이 백성의 편리를 도모하기 위함이 아니겠는가? 그것이 백성을 마땅히 편하게 한다면 지금의 언문 또한 백성을 편하게 하지 않겠는가?"

끝부분에 보면 '백성을 편하게 하지 않겠는가?'라고 되어 있다. 세종의 마음은 언제나 백성이 편한 것에 쏠려 있었음을 알 수 있다. 상소를 올린 부제학 최만리를 비롯한 직제학 신석조 등 여러 학자는 곧바로 의금부에 불려가서 옥에 들어갔지만, 다음 날 석방되었다.

▒ 정창손이 파직당한 이유

그런데 최만리를 비롯한 다른 학자들은 다 풀어줬는데 유독 정창손은 파직시켰다. 세종이 『삼강행실도三綱行實圖』를 언문으로 바꾸어 백성에게 쉽게 알려주려 했는데 이를 정창손이 반대했다. 같은 날 최만리의 상소문에 나오는 내용이다. 『세종실록』 103권, 세종 26년, 1444년 2월 20일의 기록이다.

"정창손鄭昌孫은 말하기를 '삼강행실三綱行實을 반포한 후에 충신·효자·열녀의 무리가 나옴을 볼 수 없는 것은, 사람이 행하고 행하지 않는 것이 사람의 자질 여하에 있기 때문입니다. 어찌 꼭 언문으로 번역한 후에야 사람이 모두 본받을 것입니까' 하였으니, 이따위 말이 어찌 선비의 이치를 아는 말이겠느냐. 아무짝에도 쓸데없는 용속庸俗한 선비이다."

『삼강행실도』를 훈민정음으로 번역해서 백성들에게 가르쳐 봤자 태생의 근본이 글러 먹은 백성들은 바뀌지 않을 거라는 말이다. 이런 망언을 유교 국가의 임금 앞에서 한 것이다. 이는 조선의 건국 이념인 성리학을 정면에서 부정하며 백성을 함부로 폄하한 것이다. 세종이 화가 난 것은 당연했고 정창손만은 파직시켰다.

세종이 얼마나 해박했는가 하는 것도 상소문의 비답 구절에서 찾을 수 있다.

"너희가 운서韻書(언어학)를 아느냐? 사성 칠음四聲七音(중국어의 성조와 성음)에 자음과 모음이 몇인지 말해 보아라. 만일 내가 운서를 바로잡지 못하면 누가 이를 바로잡겠는가!"

백성을 사랑했고 인재를 아꼈던 세종은 파직시켰던 정창손을 다시 불러 집현전 응교應教로 복직시켰다. 1446년에 세종이 불경 간행을 추진했는데 이때 정창손이 반대했다. 성리학의 나라에서 불교를 숭상하는 것은 맞지 않는다고 한 것이다. 그러다가 또 좌천되었다. 세종은 다시 그를 불러 1447년에 직예문관으로 복직시켰다. 그해 장원급제를 한 정창손은 1448년에 집현전 부제학까지 올랐다. 부제학으로 있으면서도 세종의 불교 숭상 정책에 반대하는 상소를 꾸준히 올렸고 그 외에도 여러 상소를 올렸다. 세종은 비록 자신의 정책에 반하는 행동을 많이 했지만, 능력이 출중한 정창손을 끝까지 기용하였다.

고약해, 최만리, 정창손은 눈엣가시 같은 존재였지만, 세종은 그들의 반대의견을 넓은 가슴으로 받아들였다. 반대가 있어야 옳은 방향으로 재조정된다는 것을 알았기 때문이다. 주변에 예스맨만 가득한 조직이나 나라는 반드시 망한다. 독재자의 말로가 비참한 이유는 빌붙은 측근이 늘 아부하는 이야기만 하기 때문이다. 그래서 세상 돌아가는 정확한 현실을 모르기 때문이다. 이를 상하게 하는 사탕은 달지만, 몸을 낫게 하는 약은 쓰다. 사람의 도량은 쓴소리를 얼마나 받아들이느냐에 달려 있다. 세종처럼 고약한 소리도 들어라.

세종처럼 질문하라

"경들은 어떻게 생각하시오_{卿等謂何}?"

『세종실록』에 가장 많이 나오는 말이다. 세종을 일컬어 질문대왕이라 할 정도로 질문에 관해 세종을 따를 자가 없을 정도다. 세종은 질문을 통해서 답을 찾았고, 질문을 통해서 또 다른 배움을 얻었다. 질문하면서 자신도 깨쳤지만, 질문하면서 신하들도 깨치게 했다. 일석이조인 셈이다. "나는 궁궐에서 태어나고 자라서 백성의 상황을 잘 모르오. 이런 문제는 어떻게 하면 좋겠소?" 신하들은 불쑥 던지는 세종의 질문에 적절한 답을 찾지 못해 쩔쩔매기도 했다. 질문에 답하기 위해 공부하지 않을 수 없었다. 백성에게 관심을 가지지 않을 수 없었다.

심지어 과거시험을 볼 때도 마지막에 임금이 내는 문제에서는 평소에 세종이 궁금했던 것을 냈다.

"나라를 다스릴 때 가장 중요한 것은 백성을 사랑하는 것이다. 관리

중에는 세금 제도를 나쁜 방향으로 이용해 백성이 고통을 받는다고 한다. 세금 제도에서 어떤 점을 고치면 좋을까?"

"훌륭한 인재를 구하려면 어떤 방법이 있을까?"

이런 식이다.

⟪ 경들은 어떻게 생각하시오

세종 7년, 1425년 7월 1일, 극심한 가뭄으로 백성이 고통받자 세종이 호위군관 한 명만 데리고 도성 밖으로 나가 민심을 살폈다. 벼가 잘되지 못한 곳을 보고 말을 멈춰 농부에게 질문했다. "왜 이렇게 되었는가?" 농부는 벼가 잘되지 못한 여러 이유를 댔다. 세종은 궁으로 돌아와서 농부가 말한 내용을 신하들과 논의하면서 새로운 농법을 개발했다.

세종 당시에 노비는 전체 인구에 40~70%를 차지했다. 혹자는 세종이 잘못된 제도로 노비를 양산했다고 비난하기도 하나 이에 대해서는 별도의 논의가 필요해 보인다. 세종은 노비를 배려해서 이들을 위해 출산휴가제도를 시행하려고 했다. 세종은 임금의 권위로 일방적으로 밀어붙이지 않고 신하들과 질문을 통해서 공감을 얻으려 했다.

세종: 노비의 출산휴가제도를 시행하려는데 경들은 어떻게 생각하시오?

신하: 전하! 노비에게 출산휴가를 주면 도대체 일은 누가 합니까?

세종: 그러면 세 가지 질문을 하겠소. 첫째, 노비가 출산한 후에 바로 일을 시켜

서 죽는 경우가 많소. 출산휴가를 주면 회복해 오랫동안 일을 시킬 수 있고, 그로 인해 아이도 건강하게 자라게 되면 얼마나 좋겠소. 어떻게 생각하시오? 둘째. 산모가 죽으면 아이는 누가 돌보는가? 아이도 따라 죽을 가능성이 크지 않겠소? 셋째, 경들이 임금은 만백성의 어버이라고 했소. 어버이 된 자로서 백성이 고통 속에 죽어 가는 것을 그냥 지켜보아야 하겠소? 아니면 살 수 있는 방법을 찾아서 살려야 하겠소?

₩ 노비출산휴가제도

이렇게 통과된 노비출산휴가제도는 1426년 세종 8년에 처음으로 시행되었다. 『세종실록』 32권, 세종 8년, 1426년 4월 17일의 기록이다.

"경외공처의 비자가 아이를 낳으면 휴가를 100일 동안 주게 하고, 이를 일정한 규정으로 삼게 하라."

노비 중에 공노비는 관아에 속한 노비를 말한다. 공노비는 최하층 신분으로 나라의 재산으로 분류되었다. 그런 공노비가 아이를 낳으면 100일의 휴가를 준다는 것이다. 이전에 공노비의 휴가가 없었던 것은 아니다. 그전에는 7일 주었었는데 그 일수를 100일로 늘인 것이다. 4년 뒤에는 해산이 가까운 출산 1개월 전부터 일을 면제해주었고 합해서 총 130일까지 휴가를 주었다. 세종 16년(1434년)에는 노비의 남편이 공노비일 경우에 1개월의 출산휴가를 주기도 했다.

"노비는 비록 천민이나 하늘이 낸 백성이다."

세종은 아무리 좋은 뜻을 품고 있어도 혼자 결정하지 않고 신하들과 의논해서 처리했다. 질문과 답변을 통해서 내용이 더 좋은 방향으로 수정되기도 했다. 훈민정음을 생각해 낸 것도 글자를 몰라 고통받는 백성의 처지를 어떻게 하면 해결해 줄 수 있을까에 대한 '질문'에서 비롯되었다 할 수 있다.

⑱ 초가집을 지어 살기도 했다

세종은 백성의 고통을 그냥 두고 보지 않았다. 현장에서 질문을 던졌고, 현장에서 답을 찾으려 했다. 세종이 22세에 왕위에 오르고 10년 동안 가뭄이 계속되었다. 논밭이 타들어 가고 곡식이 말라 수확할 것이 없었다. 백성은 먹을 것이 없어서 흙으로 떡을 만들고 나무껍질과 풀뿌리로 죽을 쑤어 먹었다. 예로부터 비가 오지 않으면 임금의 덕이 부족해서 그렇다고 여겨 기우제를 드렸다.

『조선왕조실록』에 보면 기우제를 드린 횟수가 나온다. 태종이 38번, 세종이 199번이다. 고종이 186번, 숙종이 177번, 영조가 174번이다. 흥미로운 것은 연산군이 4번이다. 폭군이라 불린 연산군이 겨우 4번 드렸다는 것은 비가 오지 않은 것이 임금의 부덕 때문임은 아니라는 것을 입증하는 것이 아닌가 싶다. 아니면 그 시기에 비가 많이 왔던가 아니면 그만큼 백성에게 관심이 없었던 것인지 모른다. 보다시피 세종이 199번으로 가장 많은 기우제를 드렸다. 재위 기간 중 기우제를 드리지 않았던 해는 세종 19년, 23년, 24년 딱 세 번밖에 없다. 그만큼 가뭄으로 시달렸다.

비가 오지 않자 세종의 근심은 더욱 커졌다. 열흘이 넘도록 앉아서 밤을 지새우기도 했다. 『세종실록』 29권, 세종 7년, 1425년 7월 28일의 기록이다.

"임금이 가뭄을 걱정하여 18일부터 앉아서 날 새기를 기다렸다. 이 때문에 병이 났으나 외인外人에게 알리지 못하게 하였는데, 이때 와서 여러 대신이 알고 고기 찬 드시기를 청하였다請進肉膳."

18일부터 28일까지 꼬박 열흘 동안 밤을 새웠다는 것이다. 그리고 병이 나서 고기를 좋아하는 세종을 위해 고기반찬을 드시기를 청하고 있다. 아마 그 좋아하는 고기조차 먹지 않은 듯하다.

"백성이 고통받고 있는데 내 어찌 따뜻한 궁궐에서 편히 지낼 수 있단 말인가?"

세종은 궁궐 안 경회루 옆에 초가집을 짓도록 했다. 주춧돌을 쓰지 않고, 지붕은 짚으로 엮지 않고 억새 풀을 얹어 놓고, 방바닥에는 짚자리조차도 깔지 못하게 했다. 가난한 농부가 사는 초가집보다도 더 초라한 집이었다. 『세종실록』 12권, 세종 3년, 1421년 5월 7일의 기록을 보자.

"임금이 창덕궁 궁인宮人의 병자가 많아, 이에 중궁中宮과 함께 경복궁으로 옮겼다. 앞서 임금이 경회루 동쪽에 버려둔 재목으로 별실別室 두 칸을 짓게 하였는데, 주초柱礎도 쓰지 않고 띠茅草로 덮게 하였으며, 장식을 모두 친히 명령하여 힘써 검소하게 하였더니, 이때 와서 정전正殿에 들지 아니하고 이 별실에 기거하였는데, 지게문 밖에 짚자리가 있음을 보고 말하기를, '내가 말한 것이 아닌데, 어찌 이런 것을 만들었느냐. 지금부터 는 내가 명한 것이 아니면, 비록 작은 물건이라도 안에 들이지 말라' 하였다."

세종은 이 열악하고 불편한 집에서 무려 2년이나 지냈다. 나라의 임금이 초가집에서 지낸다는 것을 백성이 어찌 알 수 있으랴만 세종은 정치적으로 보여주기식이 아니라 진정으로 백성의 고통을 함께 나누고자 한 것이다. 세계 역사를 통틀어 한 나라의 임금이 이렇게까지 백성을 사랑한 임금이 있었을까?

크고 작은 문제가 생기면 반드시 '질문'으로 그 문제에 접근했다. 그리고 현장에서 그 답을 찾기 위해 애썼다. 초가집에 살면서 백성의 마음을 읽기도 했고, 왜 농사가 안되는지 답을 찾으려 했다.

‖질문은 창의력을 높인다

제4차 산업혁명에서 빼놓을 수 없는 것이 창의력이다. 창의력이 새로운 세상을 연다. 인공지능, 로봇, 메타버스 등 모든 것이 창의력의 산물이다. 앞으로 또 어떤 세계가 펼쳐질지는 오직 인간의 창의력에 달려 있다. 창의력을 높일 수 있는 최고의 방법은 '질문'이라는 것을 이미 많은 뇌공학자들이 밝혀냈다. 질문을 하면 뇌의 시냅스가 답을 찾으려 왕성하게 활동하면서 창의력을 극대화시킨다. 세종이 훈민정음을 비롯한 여러 창작품을 만들 수 있었던 창의력도 그의 질문력에서 나온 것이라 할 수 있다. 어떤 사람의 수준은 질문하는 것을 보면 알 수 있다. 틀린 답은 있어도 틀린 질문은 없다. 답이 틀리면 질문을 바꾸면 된다. 답은 하나이지만 질문은 여러 가지다.

언어를 배울 때 가장 중요한 순서는 질문부터 시작하는 것이다. 아기가 엄마에게 "이게 뭐야?"하고 질문을 쏟아내기 시작할 때 언어의 기초가 형성된다. 질문은 생존본능과도 관련이 있다. 살기 위해서 질문하는 것이다.

외국어를 배울 때도 똑같다. 제대로 외국어를 하려면 질문하는 것부터 숙달해야 한다. 주고받는 회화는 질문이 거의 차지한다. 내가 질문하는 것도 중요하지만, 상대방이 내게 질문하는 것을 알아듣는 것도 중요하다. 그런데 이게 참 어렵다. 상대방이 질문하면 무슨 말인지 도무지 모를 때가 많다. 질문만 제대로 알아들어도 외국어의 큰 관문은 넘는 것이다.

나이가 들수록 제2 외국어를 공부하라고 한다. 여러 연구 결과에 따르면 제2 외국어를 공부하면 치매를 예방하는 데 큰 도움이 된다고 한다. 낯선 공부를 하게 되면 뇌가 활성화되는 것이다. 이게 뭘까 하고 질문이 일어나는 것이다. 이렇듯 질문은 외국어 습득은 물론이고 우리의 삶에서 매우 긍정적인 효과를 나타낸다.

아인슈타인은 이런 말을 했다.

"만약 내게 1시간 동안 문제를 해결해야 한다면 나는 50분을 핵심이 되는 훌륭한 질문을 찾고 결정하는 데 보낼 것이다. 만약 내가 그런 좋은 질문을 찾았다면 나머지 5분 안에 문제를 해결할 수 있을 것이다."

아인슈타인은 끝없는 질문을 통해 상대성이론과 우주의 원리를 밝혀냈다.

전기차를 생산하고 화성 우주선을 준비 중인 일론 머스크는 10대 때 가장 감명 깊게 읽은 책 중 하나로 더글러스 애덤스Douglas Adams의 『은하수를 여행하는 히치하이커를 위한 안내서The Hitchhiker's Guide to the Galaxy』를 꼽았다. 그는 이 책을 통해 자신의 삶에 '어떤 질문을 던질 것인가'에 대해 고민했다고 한다. 그 질문이 오늘날의 그를 만들었다. 질문이 미래를 만든다.

1983년에 이토 준타로伊東俊太郎를 비롯한 일본의 학자들이 도쿄에서 『과학사기술사사전科學史技術史事典』을 펴내면서 1418년부터 1450년 사이의 전 세계 국가별로 위대한 과학적 성과물을 조사하여 실었다. 중국은 4건, 일본은 0건, 조선은 21건, 유럽, 아랍 등 기타 국가는 19건이었다. 이것을 각각 나라 이름의 영어 앞글자를 따서 C4, J0, K21, O19라 불렀다. 여기서 K 즉 코리아, 조선이 21건으로 가장 많았다. 이 시기에 누가 있었던가? 바로 세종이 있었다. 21건 중에는 측우기와 한글이 포함되어 있다.

세종이 던진 질문은 과학, 농사, 교육, 환경, 제도 등 매우 다양했다. 신하 혹은 백성들과 대화하며 질문을 던졌고, 여기서 현실적으로 무슨 문제가 있는지, 그 해법은 무엇인지를 진지하게 찾았다. 이런 질문의 결과로 분야별로 노벨상을 받을만한 놀라운 과학적 성과물을 창출해 냈다. 세종의 머릿속은 언제나 호수처럼 넘실댔고, 어린이의 호기심으로 반짝였다.

질문을 많이 하자. 아주 이상한 질문도 좋다. 엉뚱한 질문일수록 얻을 수 있는 것이 더 많다. 1996년에 나온 영화 〈마틸다〉에 나오는 대화다. "쥐의 가슴이 하루에 몇 번씩 뛰는 줄 알아요?

세종처럼 질문하라.

세종처럼 대마도를 정벌하라

방탄소년단BTS 진이 '슈퍼참치'를 발표하자 순식간에 세계가 환호했다. 하루 만에 50만 명이 접속했다. 그런데 일본 아이들이 시비를 걸어왔다. 가사에 포함된 '동해바다' 때문이다. 심지어 대통령이 명절 선물로 주한 일본대사관에 보낸 포장지에 독도가 그려져 있다고 선물을 거부한 일도 생겼다.

코로나 팬데믹으로 모두가 조심하고 있을 때도 일본은 2005년에 정해진 2월 22일을 기해 다케시마의 날을 열고 있다. 독도는 대한민국 땅이다. 그런데 1905년에 독도를 다케시마竹島, 죽도로 이름을 바꾸고 시마네현島根県에 편입시켜 일본 땅이라고 우기고 있다.

독도가 어떻게 일본 땅이란 말인가? 내가 모 공중파 텔레비전에 출연해서 독도는 당연히 대한민국 땅이라고 말했고, 나아가 대마도도 대한민국 땅이니 빨리 찾아야 한다고 소리친 적이 있다. 『조선국지리도_{朝鮮國地}理圖』에 나오는 우산국(독도)과 대마도를 보여주면서 말이다. 『조선국지리도』는 1592년 임진왜란 당시 도요토미 히데요시의 명령으로 제작된 지도다. 그들이 직접 그린 지도에 독도와 대마도를 조선의 땅으로 명시한 것이다. 1750년대 영조 때에 제작한 『해동지도_{海東地圖}』를 보자.

"우리나라 지형은 북쪽이 높고 남쪽이 낮으며, 백두산이 머리가 되고 태백산맥이 척추가 되며, 영남의 대마도와 호남의 탐라를 양발로 삼는다."

여기에도 대마도가 나온다. 분명히 영남의 땅이다.

⟨⟨ 일본이 강점한 대마도

일본은 1868년 메이지유신에 성공하자 당시 나라 안에서 거세게 정한론_{征韓論}의 바람이 불었다. 이때 맨 먼저 목표로 삼은 것이 대마도였다. 구한말 약해 빠진 조선의 혼란기를 틈타 대마도를 이즈하라번_{嚴原藩}으로 만들었고, 1877년에는 나가사키현_{長崎縣}에 편입시켜 버렸다.

일본은 대마도가 조선의 땅인 것을 지우기 위해 엄청난 악행을 자행했다. 1923년에 조선사편찬위 구로이다 가쓰미_{黑板勝美} 일행이 대마도에 가서 한국과 관련된 문서 66,469매, 고기록 3,576권, 고지도 36건, 그림 53점, 고서 18점 등을 모아 이를 변조하거나 불태워버린 것이다. 남아있는 조선의 유적도 파괴해서 흔적을 말끔히 지웠다.

대마도에는 일본의 흔적보다는 한국의 유적들이 더 많다. 절에는 신라나 고려의 불상이 있고, 조선의 범종이 있다. 심지어 신라 왕자 미사흔을 탈출시키고 목숨을 잃은 박제상의 순국비도 있다. 조선 숙종 때 조난으로 죽은 조선역관사를 기리는 역관사비도 있다. 1905년 을사늑약 체결 후 의병을 일으켰으나 실패하고 대마도에 끌려가 절사_{節死}한 최익현의 순국비도 있다. 200여 년 동안 12차례에 걸쳐 일본에 갔던 조선통신사가 묵었던 곳이라는 대리석 표지도 있다.

░ 이승만의 대마도 반환 촉구

대마도는 조선 아니 대한민국 영토다. 역대 대통령 중에 대마도 반환을 처음으로 공식적인 채널로 제기한 사람은 이승만이다. 1948년 8월 18일, 대한민국 건국 사흘 만에 이승만 대통령은 첫 기자회견을 열면서 대마도 반환을 강력히 촉구했다.

"일본은 대마도를 한국에 즉각 반환해야 한다. 오래전부터 우리나라를 섬긴 우리 땅이다. 임진왜란 때 일본이 무력 강점했지만, 의병들이 일어나 이를 격퇴했고, 도처에 그 전적비가 남아있다. 한국과 일본의 전통적인 경계선을 우리는 분명히 알고 있다. 구한말에 대마도를 강점한 일본은 포츠담 선언에서 불법 점령한 영토를 반환하겠다고 국제적으로 약속했다. 따라서 지체 없이 한국에 돌려줄 것을 강력히 촉구한다."

이 연두 기자회견에 당시 일본 요시다 시게루 내각이 반박하자 이승만은 9월에 '대마도 속령_{屬領}에 관한 성명'을 발표했다. 이듬해 1949년 1월

18일에는 제헌의원 31명이 '대마도 반환촉구 결의안'을 국회에 제출했다.

이승만은 틈만 나면 반환을 요구했는데 6·25 전쟁 때까지 무려 60여 차례나 계속되었다. 곤란해진 일본은 궁색한 변명만 늘어놓다가 마침 6·25 전쟁이 터지니까 하는 말이 "김일성이 우리를 살려줬다"였다. 미국 국무부 외교문서에 따르면, 1951년 4월 27일 한국 정부는 미 국무부에 대마도와 관련한 문서를 보냈는데 다음과 같다.

"한국은 일본이 대마도에 대한 모든 권리, 호칭, 청구를 분명히 포기하고 그것을 한국에 돌려줄 것을 요청한다(In view of this fact the Republic of Korea request that Japan specifically renounce all right, title and claim to the Island of Tsushima and return it to the Republic of Korea)."

같은 해 7월 9일 양유찬 주미 한국대사가 국무부에서 존 덜레스 미국 대사를 만나 대마도의 반환 문제를 언급했다. 이때 덜레스는 대마도는 일본이 오랫동안 통제하고 있었고, 이번 평화조약은 대마도의 현재 지위에 영향을 미치지 않는다고 하며 더 이상의 논의를 일축했다. 이런 일이 있고 난 뒤에 오늘날까지 어떤 정부도 정부 차원에서 대마도를 건드리지 않고 있으니 안타까운 일이다.

⁂ 대마도는 어떤 땅인가

대마도는 조선과 일본 양국 사이의 해협에 위치하여 중개역할을 하는 특수한 지정학적 위치에 있다. 부산에서 45㎞, 규슈에서 150㎞ 거리에 있다. 거리만 봐도 대마도는 대한민국 땅이다. 두 개의 섬으로 이루어진 대마도는 농사를 지을 땅이 거의 없이 토지가 협소하고 척박하다. 숙종 45년(1719년), 신유한 申維翰은 통신사의 기록관으로 일본을 다녀와 『해유록 海遊錄』을 남겼는데 얼마나 대마도가 척박한 땅인지 잘 보여주고 있다.

"대마주 對馬州의 별명은 방진 芳津이라고도 한다. 토지는 척박해서 채 백물 百物(백 가지 산물)도 생산되지 않는다. 산에는 밭이 없고 들에는 도랑이 없고, 터 안에는 채전 菜田(채소밭)이 없다."

식량을 외부에서 가져와야 생활을 할 수 있기에 고려 말부터 우리와는 밀접한 관계를 유지했다. 조공의 형식을 취하여 그 대가로 식량을 받아 갔다.

통일신라 때부터 고려와 조선 말까지 대마도는 계림(신라)의 관할 도서였고, 동래부 東萊府의 부속 도서로서 경상도 관찰사의 관할이었다. 조선 왕조 500년간 대마도주는 대대로 조선의 관직을 받았다. 세조는 대마도주에게 숭정대부 판중추원사 대마주 병마도절제사 崇政大夫判中樞院事對馬主兵馬都節制使 관직을 주기도 했다.

⁂ 대마도를 정벌한 기록들

대마도에 기근이 심할 때면 그들은 해적으로 돌변하여 조선의 해안 고을을 약탈했다. 특히 고려 말의 약 40년간은 왜구가 창궐해 피해가 극심했다. 조정에서는 이를 볼 수 없어 정벌을 단행하기도 했다. 대마도 정벌이 가능했던 것은 고려 말과 조선 초에 집중적인 수군 확충과 화기의 발달이 있었기 때문이다.

대마도 정벌은 크게 세 차례 있었다. 1389년 고려 창왕 1년 때이다. 2월에 박위朴葳가 병선 100척을 이끌고 대마도를 공격해서 왜선 300척을 불살랐다. 1396년 조선 태조 5년 때이다. 12월에 우정승 김사형金士衡이 오도병마처치사가 되어 대마도를 정벌했다. 그러나 정벌의 결과에 대해서는 알려진 바가 없다. 추운 날씨 탓에 제대로 작전을 펼치지 못했다는 이야기도 있다.

마지막으로 정벌한 때는 1419년 세종 1년 때이다. 태종의 치세시기에 60번이나 왜구가 침입했고 조선은 이들 때문에 골치가 아팠다. 왜구는 조선뿐만 아니라 중국, 대만, 심지어 필리핀이나 말레이시아까지 침략했다. 1418년에 왜구는 역사상 최대의 함대를 결성해 중국을 약탈하려고 계획했다. 1419년 5월에 1만 명이 넘는 선단을 구성해서 요동을 향해 출발했다. 이때 조선은 건드리지 않고 돌아서 갔다.

그런데 그만 문제가 생겼다. 5월 5일 39척의 왜선이 거센 풍랑에 떠밀려 조선으로 들어온 것이다. 비인현庇仁縣 도두음곶都豆音串에 도달한 이들은 식량을 얻기 위해 마을을 약탈했다. 이때 조선 병선 7척이 침몰했고, 도두음곶 만호가 전사했다. 이어 12일에 7척의 왜선이 해주를 침탈했고, 13일에는 왜선 38척이 해주 연평곶에서 조선 병선 5척을 포위해 식량을 요구했다.

바로 이것이 상왕 태종이 대마도 정벌을 결심한 결정적인 원인이 되었다. 여러 연구 결과에 따르면, 당시 조선이 대마도 정벌을 결심했던 다른 이유 중 하나가 명나라 때문이라는 것이다. 15세기 초, 왜구 때문에 고민하고 있던 명나라가 대규모 선단을 끌고 일본을 정벌할 것이라는 소문이 여러 차례 나왔다. 만약 명나라가 일본을 정벌하게 되면 명의 영락제가 조선을 길잡이로 삼을 것이라 우려했다. 당시 조선은 일본 본토와 무역을 하고 있었는데 이것도 명나라에 숨겨야 했다. 이런저런 이유로 명나라의 조선에 대한 우려와 의심을 잠재우기 위해 태종이 대마도 정벌이라는 야심의 카드를 던졌다는 것이다.

⫸ 태종과 세종의 대마도 정벌

어떤 이유에서든 대마도를 정벌해야 했다. 1419년(세종 1년, 23세) 5월 14일이다. 상왕 태종은 즉시 정벌해야 한다고 했고, 반면에 세종은 신중을 기하자고 했다. 조선의 병선 수가 적고 육지의 방어태세가 미흡하다는 이유였다. 당시 군대를 움직이는 병권은 상왕 태종에게 있었다. 태종이 소리쳤다. "마땅히 청소해야 할 때 하지 못하고 매번 침략을 당하기만 한다면 옛날 한漢이 흉노족에게 당한 것과 무엇이 다르단 말인가!"

세종은 단호한 태종의 결심에 따를 수밖에 없었다. 태종이 누군가? 태종 이방원은 1383년(고려 우왕 9년) 문과에 급제했던, 조선의 왕 27명 중에 유일하게 과거에 급제했던 왕으로 그만큼 영민하다. 그리고 아버지 이성계가 조선을 개국할 때 정몽주를 비롯한 구세력의 제거에 피바람을 일으킨 장본인이기에 판단이 빠르고 과감했다.

이렇게 대마도 정벌이 결정되었고, 이때 밝힌 정대마도교서征對馬島敎書의 앞부분을 보면 이렇다. 『세종실록』 4권, 세종 1년, 1419년 6월 9일의 기록이다.

"대마도는 섬으로 본래 우리나라의 땅이(對馬爲島, 本是我國之地. 다만 궁벽하게 막혀 있고 또 좁고 누추하므로 왜놈들이 거류하게 두었더니 개같이 도적질하고 쥐같이 훔치는 버릇을 가지고 경인년부터 뛰놀기 시작했다."

개같이 도적질하고, 쥐같이 훔친다는 표현이 재미있다. 정벌이 끝난 후에도 태종은 대마도가 조선의 땅임을 다시 한 번 천명했다.

"대마도가 섬으로 경상도의 계림鷄林(경주)에 예속되었던바 본시 우리나라 땅이라는 것이 문적文籍에 실려 있어 확실하게 상고할 수 있다."

대마도 정벌을 위해 준비를 하면서도 규슈를 비롯한 일본 본토의 여러 세력과의 관계는 우호적으로 유지했다. 벌집을 건드리지 않으려는 세심한 외교전략인 셈이다.

⧘원정대장 이종무

1419년 6월 19일, 이종무李從茂를 삼군도체찰사로 삼아 병선 227척, 병사 1만 7,000명이 대마도로 향했다. 대마도에 도착한 이종무는 태조 때 귀화한 지문池門을 시켜 대마도 도주 소에게 글을 보내어 항복을 권했으나 회답이 없자 길을 나누어 수색했다. 이 과정에서 왜병 114명을 참수했고, 21명을 포로로 했으며, 1,939호의 가옥을 불태웠다. 또한, 129척의 선박을 노획해 쓸만한 것 20척만 남기고 나머지는 모두 태워버렸다.

그때 일이 생겼다. 6월 26일에 이로군尼老郡에서 수색하던 좌군절제사 박실 부대가 복병을 만난 것이다. 2열도 지나기 어려운 좁고 경사가 가파른 계곡으로 공격해야 하는데 절제사들이 주저했다. 이때 이종무가 제비뽑기해서 박실을 보냈다. 힘겹게 가는 도중 왜구의 기습을 당해 박실과 여러 장수와 군사들이 죽었다. 실록에는 이때 전사한 사람이 180명이라고 했는데 일본 사료『조선통교대기朝鮮通交大紀』에는 조선군 1,500인을 죽이고, 배를 불살랐다고 했다. 물론 일본 사료는 과장된 것이다. 이종무는 대마도 철수 후에 제비뽑기의 죄를 물어 탄핵에 들어가기도 했다.

조선군의 압박에 대마도 도주 도도웅와都都熊瓦는 더 이상 견딜 수 없어 제발 조선군이 물러가 주기를 간청했다. 박실의 패전도 있었고 곧 다가 올 태풍철에 대한 걱정이 맞물려서 조선군은 7월 3일 거제도로 철수했다. 대마도에 상륙한 지 13일 만이다. 역사가들은 이 정벌을 기해년에 일어난 동쪽 정벌이라 하여 '기해동정己亥東征'이라 불렀다.

⦚ 기어이 항복을 받아내다

여기서 주목해야 할 것이 있다. 태종이 기어이 대마도 도주 도도웅와都都熊瓦의 '항복'을 받아냈다는 사실이다. 먼 훗날 대한민국을 생각해서였을까? 태종은 귀화한 일본인 등현藤賢에게 항복 권고문을 주고 대마도로 보냈다. 『세종실록』 4권, 세종 1년, 1419년 7월 17일의 기록이다.

"능히 번현히 깨닫고 다 휩쓸어 항복하면, 도도웅와는 좋은 벼슬을 줄 것이며…. 아직도 도적질할 마음으로 섬에 머물러 있으면 마땅히 병선을 크게 갖추어 군량을 많이 싣고 섬을 에워싸고 쳐서… 어린이와 부녀자까지도 하나도 남지 않을 뿐 아니라 육지에서는 까마귀와 소리개의 밥이 되고…"

회유와 협박의 글을 받자 대마도주 도도웅와는 겁을 먹고 사신을 보내 항복의 의사를 표하면서 인신印信을 요구했다. 태종은 항복을 받아들이며 이렇게 말했다. 『세종실록』 5권, 세종 1년, 1419년 10월 18일의 기록이다.

"사자使者가 서신을 전해 너의 항복의 뜻을 알았다. 본도인本島人을 돌려보내는 것과 인신印信을 내려달라는 것이 가상하다. …(중략)… 마음을 돌려 순종하고 농상農桑을 영위하기를 원한다면 먼저 섬의 행정을 관리할 자를 나에게 보내와 내 지휘를 받도록 하라."

이로써 대마도는 조선에 편입되었고, 조선의 임금이 관직을 내려주는 통치권 아래에 들어갔다. 대마도는 태종과 세종이 함께하여 '항복'을 받아낸 조선의 땅이다. 대한민국의 땅이다. 대마도 정벌은 상왕 태종이 강력하게 추진했지만, 그 업적은 세종의 것이다.

일본이 계속 독도를 자기네 땅이라 우겨댈 때 우리는 한목소리로 외쳐야 한다. "독도는 당연히 대한민국 땅이고, 이제 대마도 내놔라!" 자기 나라의 영토를 잃는 것만큼 무능하고 무책임한 지도자와 국민은 없다. 세종처럼 대마도를 정벌하라.

세종처럼 불행한 가족사를 넘어서라

세종은 백성의 존경을 받는 행복한 임금이었지만 가족사를 보면 불행한 임금이었다. 무엇보다 부모의 불화가 있었다. 아버지 태종과 어머니 원경왕후의 불화는 어린 세종에게 견딜 수 없는 아픔이었다. 불화의 원인은 태종의 여성 편력이었다.

||| 태종의 여성 편력

태종의 여성 편력은 여러 기록을 통해 많이 알려져 있다. 태종의 여성 편력은 즉위 다음 달부터 시작되었다. 태종은 여러 여인과 잠을 잤기 때문에 12남 17녀를 두었고 일찍 죽은 자녀까지 합하면 무려 38명이나 된다. 참고로 조선의 왕 중 가장 많은 자녀를 낳은 왕은 단연 29명의 자녀를 둔 태종이다. 이어 성종이 28명, 선조가 25명, 정종이 23명, 세종이 22명 순이었다. 반면 단종, 인종, 경종, 순종은 자녀가 한 명도 없었다.

태종은 세종에게 왕위를 물려 주고 나서도 후궁들을 침소에 불러들였다. 이 가운데는 원경왕후의 나인 출신인 효빈 김씨와 신빈 신씨도 있었다. 그 외에도 원경왕후의 궁녀들이 많았다. 이런 태종의 여성 편력으로 인해 부부관계는 최악의 상황으로 갔다. 원경왕후는 성격이 아주 괄괄하고 다혈질이다. 태종 또한 이에 못지않아 서로 부딪치면 그 싸움의 정도는 터지는 화약 같았다.

원경왕후가 식음까지 전폐하자 태종은 보란 듯이 그 앞에서 후궁의 법제화를 논하기도 했다. 9명의 후궁을 공식적으로 들이는 법을 만들고 실제로 9명의 후궁을 들였다. 이에 원경왕후는 노발대발 소리를 질러댔다. 원경왕후와의 불화에 태종은 침소를 경연하는 곳으로 옮겨버리고 원경왕후 대신 궐 안의 살림을 대신할 규수를 찾아보라고 명까지 내렸다. 이 명은 내명부를 다스리는 권한을 원경왕후에게서 빼앗겠다는 것과 같다. 이 말에 원경왕후는 식음을 전폐하고 드러누워 버렸다.

이때 그동안 태종에 대해 일체의 간섭을 하지 않았던 형인 상왕 정종마저 나섰다.

"이것 보시게, 주상. 나는 아들이 없어도 젊은 날의 정으로 살고 있네. 그런데 주상은 아들도 많으면서 왜 또 장가를 들려 하시는가?"

정종은 왕비 사이에 한 명도 자녀가 없었고, 후궁과의 사이에서 23명을 낳았다. 세종은 이런 부모의 모습을 보며 자랐다. 이런 과정에서 어머니 원경왕후에 대한 남다른 불쌍함과 애틋함이 있었다.

⫶ 태종의 외척 탄압

태종의 재위 중과 후의 행보에서 특기할 점 중 하나는 외척 탄압이다. 원경왕후 민씨는 아버지 민제閔霽와 네 명의 남동생 민무구와 민무질, 민무휼과 민무회을 두고 있었다. 민제는 권문세족 출신이었기 때문에 세력이 막강했고 태종의 즉위 과정에서 태종을 많이 도왔다. 그런데 태종은 즉위하자마자 왕후를 냉대하기 시작했고 외척인 민씨 일가를 하나씩 제거하기 시작했다. 태종 10년인 1410년에 민무구와 민무질을 지나치게 교만하고 방자하다는 이유를 들어 탄핵했다.

이방원(태종): 임금에게는 아들이 하나만 있어야 한다고 했느냐?
민무구: 그렇습니다. 전하! 세자 외에는 영특한 아들이 없는 것이 낫다고 생각하옵니다.

충녕대군, 효령대군 등 왕자들을 제거하려 한 것이 주요 죄목이 되었는데 이때는 누나인 왕비도 어쩔 도리가 없었다. 이들은 1409년 10월 제주도에 유배되었고 이듬해에 자결의 명을 받아 자결했다. 5년 후인 1415년에 남은 처남 둘마저도 조그만 사건을 빌미로 사약을 받게 했다. 이렇게 세종의 외삼촌들이 태종에 의해 모두 죽임을 당했다.

"무릇 집안과 나라를 다스리는 일을 논한다면 궁궐 가까이에 외척을 들이는 것은 임금의 원대한 계책이 아니다. 지금은 나라가 평안하여 내외에 걱정할 것이 없지만, 외척의 폐단을 잊으면 훗날 다시 발생할지 어떻게 알겠는가?"

태종이 민씨 형제들을 모두 처단한 뒤인 태종 16년에 내린 교지에 나
오는 말이다.

세종이 즉위한 다음에는 세종의 장인인 심온_{沈溫}이 강상인_{姜尙仁}과 연좌
되었다고 해서 죽였다. 강상인은 태종이 즉위하면서 원종공신_{原從功臣}으
로 책록할 정도로 태종의 신임을 받은 인물이었다. 그런데 대마도 정벌
관련 등 병조의 일을 태종에게는 보고하지 않고 세종에게만 보고했다는
이유 등으로 국문했다. 그 후 '태종과 세종을 이간시키려 했다'는 죄명으
로 죽였는데 이때 이 일과 연좌되었다며 영의정이었던 심온을 죽인 것이
다. 1418년의 일이다. 이때 심온의 가족들은 노비가 되었다. 강상인의 사
건은 그의 개인적인 과오도 있었지만, 근본적으로는 태종의 병권에 대한
집념과 외척 경계에서 빚어진 것이라 할 수 있다.

이렇게 세종의 장인은 억울하게 죽었고, 장모는 노비가 되었다. 왕비
소헌왕후도 위태로웠지만, 내조의 공이 크고 자식을 많이 낳았다고 해서
겨우 피할 수 있었다.

‖ 자녀들의 불행

세종은 왕비 소헌왕후와의 사이에 8남 2녀를 두었는데 그중에 세 명
의 자식을 먼저 보냈다. 특히 맏딸인 정소공주는 13세의 나이로 죽었다.

이때 세종이 얼마나 애통해했는지 삼년상을 끝낸 뒤에 치른 제사에 이런 말을 했다.

"아, 네가 죽은 것이 갑진년(1424년)이었는데 세월이 여러 번 바뀌니 느끼어 생각함이 더욱 더하도다. 이제 담제일(삼년상이 끝나는 날)이 다가오니 내 마음의 슬픔은 배나 절실하며, 나이 젊고 예쁜 모습을 생각하니 영원히 유명이 가로막혔도다."

세종의 불행한 가족사는 계속 이어졌다. 세종이 48세가 되던 1444년에 다섯째 아들 광평대군이 죽었고 이듬해인 1445년에 일곱째 아들인 평원대군도 죽었다. 그리고 그 이듬해인 1446년 3월 24일에는 왕비 소헌왕후가 52세로 죽었다. 세종의 생애에 가장 슬픈 날이기도 했다. 세종은 자신이 죽으면 왕비와 합장을 하라고 미리 유언했다. 오늘날 여주에 있는 영릉英陵이 세종과 소헌왕후의 합장묘이다.

중전을 비워둘 수 없다는 논리를 내세워 대신들이 새 중전을 맞이해야 한다고 간청을 했지만, 세종은 이를 끝까지 거부했다. 소헌왕후가 죽은 후 몇 달이 되지 않은 음력 9월 10일에 훈민정음이 반포되었다. 세종은 슬픔을 누르고 백성을 위해 마지막 힘을 다해 훈민정음을 다듬었음을 알 수 있다.

░ 동성애자인 세자빈

세자빈도 말썽을 일으켰다. 세종이 특별히 신경을 써서 휘빈 김씨를 세자빈으로 간택했으나 세자가 싫어했다. 너무 못생겼다는 것이다. 첫날 밤 이후로 거들떠보지도 않았다고 한다. 휘빈 김씨는 세자의 마음을 돌리려고 세자가 좋아하는 궁녀의 신발을 몰래 훔쳐 태웠다. 그리고 태운 재를 세자에게 먹이려다가 들켰다. 이는 민간에서 사용하는 비방이라 했다. 휘빈 김씨는 이 때문에 간택된 지 2년 3개월 만에 쫓겨났다.

세종이 다시 세자빈을 간택하려 했다. 『세종실록』 45권, 세종 11년, 1429년 8월 4일의 기록이다.

"이제 동궁을 위하여 배필을 간택할 때이나 마땅히 처녀를 잘 뽑아야 하겠다. 세계世系와 부덕婦德은 본래부터 중요하나 혹시 인물이 아름답지 않으면 또한 불가할 것이다然婺或不美, 則亦不可也."

재미있는 것은 이때 후보들을 창덕궁에 모이게 한 후에 여러 대신이 함께 보며 뽑았다는 것이다. 그런데 그 기준이 아름다운 외모였다. 황희와 맹사성을 비롯한 대신들은 좋다고 했다. 그런데 유독 허조는 이런 방식으로는 안된다고 했다.

"불가하옵니다. 만약에 한곳에 모이게 하여 가려 뽑는다면 오로지 얼굴 모양만을 취하고 덕을 보고 뽑지 않게 될 것입니다."

세종이 말했다. "잠깐 본 나머지 어찌 곧 그 덕을 알 수 있겠소. 이미 덕으로서 뽑을 수 없다면 또한 용모로서 뽑지 않을 수 있겠소. 마땅히 처녀의 집을 찾아 돌아다니면서 좋다고 생각되는 자를 예선豫選해서, 다시 창덕궁에 모아 놓고 뽑는 것이 좋겠소." 세종의 말에 모두가 좋다고 찬성했다.

이때 순빈 봉씨가 세자빈으로 간택되었다. 세종이 얼마나 신경을 썼겠는가? 무엇보다 인물이 아름다운 여자를 택했다. 그런데 순빈 봉씨는 술을 좋아했다. 술은 그렇다 치더라도 레즈비언lesbian이었다. 여성 동성애자였다. 순빈 봉씨가 궁녀인 소쌍召雙과 동침을 한 것이다(1435년, 세종 17년). 또 자신의 혀를 빨도록 시키기도 했다(1436년, 세종 18년). 이런 문란한 행동이 어쩌다가 세종에게 발각됐고 세종은 순빈 봉씨를 폐출시켰다.

∭ 세종이 걱정했던 수양대군

다시 세자빈이 간택되었는데 세자 후궁 중에 있었던 세자빈 권씨였다. 권씨는 온화한 성격에 세자와 잘 맞았다. 이들 사이에 단종이 태어났다. 하지만 출산 후 이틀 만에 현덕왕후 권씨가 세상을 떠났다.

문종은 아비 세종을 닮아 학문을 좋아했다. 약 30년간 세자로 있으면서 세종을 잘 보필하다가 1450년에 왕에 올랐다. 문종은 몸이 약했는데도 아버지 세종의 독서습관을 보며 아버지를 닮기 위해 무리하게 책도 많이 봤다. 그러다가 39세가 되던 즉위 2년 4개월 만에 병사했다.

12세의 단종이 왕위에 오르자 세종의 둘째 아들인 수양대군이 1453년 계유정난癸酉靖難을 일으켜 단종의 왕위를 찬탈했다. 세종은 일찍부터 수양대군을 걱정했다. 원래 수양대군은 진양대군이었다. 수양대군으로 이름을 고친 사람은 세종이다. 아마도 수양산에서 절개를 지키다 굶어 죽은 백이와 숙제처럼 되기를 원했을지 모른다.

전체적으로 볼 때 세종의 가족사는 불행의 연속이라고도 할 만하다.

⟪ 지극한 세종의 효심

비록 불행한 가족사를 가졌지만 세종의 효심은 지극했다. 그렇게 모질게 외척의 씨를 말렸던 아버지 태종에 대해서도 어떠한 원망이나 불평을 하지 않았다. 미우나 고우나 아버지였기 때문이었다. 서울 서초구에 있는 태종의 묘인 헌릉獻陵을 보면 조선왕조의 어떤 왕보다도 규모가 크고 석물이 많다. 특히 석물은 다른 왕에 비해 두 배나 많다. 세종의 남다른 효심을 담았기 때문이다. 어머니에 대해서도 각별했다. 원경왕후가 병들어 누웠을 때 낮에는 정사를 보고 밤에 몰래 위장하여 어머니를 친견하기도 했다. 그러다 원경왕후가 죽자 머리를 풀고 통곡하며 식사까지 전폐하자 태종이 제발 그러지 말라고 눈물을 흘리며 미음이라도 먹기를 권했다. 폐위된 형 양녕대군에게도 끝까지 잘 대우해주었다. 양녕대군은 세종의 배려로 여전히 하고 싶은 것을 마음껏 하다가 천수를 누리고 죽었다. 둘째 형 효령대군도 마찬가지였다. 세종은 형제들에게 마지막까지 잘 해주었다. 형제간에 좋은 모습을 보이는 것이 부모에게 하는 최고의 효도인 것을 잘 알았던 것이다. 이렇게 속이 깊고 효심이 깊었던 세종이다.

세종의 가족사는 드라마의 주제로 자주 등장할 정도로 정말 파란만장하다. 하늘은 한 사람에게 모든 것을 주지 않는 듯하다. 그런데도 세종은 이 모든 것을 잘 극복하고 성군이 되었다. 불행한 가족사를 뛰어넘을 때 위대한 사람이 된다. 세종처럼 불행한 가족사를 넘어서라.

세종처럼 노래하라

세종은 음악을 사랑했다. 오늘날에 살았다면 틀림없이 가요경연대회에 직접 참가했을지 모른다. 아니면 전국노래자랑에 참가했을까?

세종의 음악에 대한 남다른 관심은 유교를 바탕으로 한 이상 국가를 건설하기 위해서였을 것이다. 음악을 바로 세우는 것이 나라를 바로 세우는 것과 같았다. 옛 제왕의 음악은 정치 행위라는 말이 있다. 성인은 예악禮樂으로 나라를 다스리고 음악으로 백성의 마음을 다스린다는 의미다.

∭ 마음에 들지 않았던 중국 음악

당시 궁중 음악은 고려 전통 음악인 향악이었는데 장례나 제사를 드릴 때는 중국 음악인 아악과 당악을 연주했다. 세종은 이를 못마땅하게 생각했다.

세종 7년(1425년)에 세종은 종묘 제향을 마치고 돌아와서 허조許稠에게 이렇게 말했다.

"우리나라는 향악을 익혀 왔는데, 제사 때에는 중국 음악을 쓰다가 마지막 부분만 향악으로 연주한다. 그러나 우리 조상은 평소 향악을 들어 왔다. 제사 때도 조상이 듣던 향악을 연주하는 것이 어떤가?"

세종 12년(1430년)에는 이런 말을 했다.

"아악은 본래 우리 음악이 아니고 중국 음악이다. 중국 사람이라면 평소 이런 음악을 들어 익숙할 테니 제사에 이를 연주하는 것이 마땅하다. 그러나 우리나라 사람들은 살아서는 향악을 듣다가 죽어서는 아악을 듣게 되니 어찌된 일인가?"

그리고 박연에게 이렇게 말했다.

"우리 음악이 선善의 극치는 못 되지만 중국 음악에 비해 부끄러울 것이 없다. 또 중국 음악이라고 어찌 바른 것을 얻었다고 하겠는가?"

‖ 음악천재 박연

박연朴堧은 아악을 정리한 인물로 널리 알려져 있다. 세종의 총애를 받아 궁중 음악을 전반적으로 개혁했다. 고구려의 왕산악, 신라의 우륵과 함께 한국의 3대 악성으로 추앙되고 이는 인물이다. 세종이 얼마나 박연을 아꼈는지 한 사건을 통해 알 수 있다.

세종 15년 7월 3일의 일이다. 풍수 전문가 최양선이 창덕궁을 승문원 터로 옮길 것을 주장했는데 이 과정에서 박연이 개입되었다는 소문이 있었다. 임금의 생각을 임의로 추론했다 해서 세종이 분노해 박연을 불러 놓고 호되게 질책했다. 세종은 신하들 앞에서 "늙은 서생이 경중도 모르고 망발했다老書生不知輕重而妄發"고 했다. 박연의 나이가 55세였고, 세종은 33세였다. 그리고 그 자리에서 박연을 정3품직에서 파면했다. 그러다가 세종은 현실적인 문제를 생각했다. 그동안 추진하고 있던 음악 일에 차질이 있어서는 안 된다고 생각한 것이다. 그래서 음악 일은 계속 관장하도록 했다. 형식상으로는 중징계를 내리면서도 실제로는 관용을 베풀었던 것이다. 그 뒤 박연은 정3품 관직에 재기용되고 장관급인 예문관 대제학에도 임명됐다. 세종은 박연에게 조선의 음악 전반을 재정비하도록 임무를 준 것이다.

세종 당시에는 제사 음악은 물론 외국 사신을 맞이할 때나 나라의 행사에 모두 중국 음악을 쓰려고 했다. 세종은 우의정 맹사성孟思誠에게 "중국 음악을 쓰려고 향악을 다 버리는 것은 절대 안 된다. 중국 옷을 입는 것도 의심스럽다"고 말했다. 중국의 음악이 아니라 우리의 음악, 중국의 것이 아니라 우리의 것을 듣고 누리고 싶었던 세종의 마음이 엿보인다.

⑈지팡이를 치며 곡을 만든 세종

세종의 음악성은 타고났다. '따다닥 따닥!' 지팡이로 바닥을 치면서 하루 저녁에 가락을 만들었다. 신악新樂의 절주節奏가 그렇게 탄생되었다. 『용비어천가』의 가락도 세종이 직접 만들었다. 『세종실록』 1449년, 세종 31년, 1449년 12월 11일의 기록을 보자.

"임금은 음률을 깊이 깨닫고 계셨다. 신악新樂의 절주節奏는 모두 임금이 제정하였는데, 막대기를 짚고 땅을 치는 것으로 음절을 삼아 하루 저녁에 제정하였다."

이어지는 기록에 수양대군은 성악聲樂에 조예가 있다고 했다. 이렇게 세종의 집안은 음악성이 강했음을 알 수 있다.

세종은 절대음감을 가졌다. 아주 사소한 음의 차이도 분별해내는 천재적인 감을 가졌다. 그에 따른 일화를 보자. 문묘제례악이나 종묘제례악에 쓰이는 편경編磬은 매우 귀한 악기다. 실수로 깨뜨리면 곧장 100대의 형을 받을 정도였다. 돌로 만든 것이라 깨지기 쉽기도 했지만, 세종 이전까지는 기술이 부족해 중국에서 사다 썼기 때문이다. 그런데 세종 29년(1447년) 중국에서 들여온 편경이 깨져서 성한 것은 한 틀밖에 남지 않았다. 그래서 중국에서 편경을 사 올 때까지 임시로 기와로 대충 만든 와경瓦磬을 썼다.

이렇게 편경은 늘 아쉬운 숙제였다. 그런데 경기도 양주에서 편경으로 쓸 만한 옥돌이 발견되었다. 그래서 세종은 박연의 도움을 받아 편경을 직접 만들었다. 시연회에서 소리를 듣던 세종이 고개를 갸웃거렸다.

⫸ 이칙음을 구별해낸 절대음감의 세종

이 당시 상황을 보자. 『세종실록』 59권, 세종 15년, 1433년 1월 1일의 기록이다.

"중국의 경磬은 과연 화하고 합하지 아니하며, 지금 만든 경磬이 옳게 된 것 같다. 경석磬石을 얻는 것이 이미 하나의 다행인데, 지금 소리를 들으니 또한 매우 맑고 아름다우며, 율律을 만들어 음音을 비교한 것은 뜻하지 아니한 데서 나왔으니, 내가 매우 기뻐하노라. 다만 이칙夷則 1매枚가 그 소리가 약간 높은 것은 무엇 때문인가' 하니, 연(박연)이 즉시 살펴보고 아뢰기를, '가늠한 먹이 아직 남아있으니 다 갈지 아니한 것입니다'하고, 물러가서 이를 갈아 먹이 다 없어지자 소리가 곧 바르게 되었다."

놀라운 일이 아닐 수 없다. 세종은 이칙음(12율관 중 9번째 음, G#)의 소리가 높다는 것을 구별해낸 것이다. 깜짝 놀란 박연이 자세히 살펴보니, 편경 가장자리에 가느다란 먹줄이 남아있었다. 편경을 만들 때는 돌에 ㄱ자 모양으로 본을 뜨고 그 자리를 먹줄로 표시한 다음 석공이 돌을 다듬어 만든다. 그런데 석공이 미처 돌을 다 다듬지 않았던 것이다. 석공을 시켜 먹줄이 없어질 때까지 갈고 나자 비로소 음이 고르게 되었다. 미세하게 틀린 음을 음악천재 박연도 발견하지 못했던 것을 세종이 발견한 것이다. 가히 절대음감이라 할만하다.

세종은 절대음감으로 박연과 함께 모든 음 체계의 바탕이 되는 기본 율관律管을 사용해 음높이를 제정했다. 새로운 악기를 만들고 최초의 악보인 정간보#間譜도 창간했다. 정간보는 음의 시가를 알 수 있게 창안한 유량악보有量樂譜인데 동양에서는 가장 오래된 유량악보이다. 지금도 궁중 음악은 정간보에 율자보律字譜를 넣어서 사용하고 있다.

⦚ 여러 곡을 만든 작곡가 세종

세종이 만든 보태평保太平과 정대업定大業은 처음에는 궁중 행사 음악, 회례악會禮樂과 연례악宴禮樂으로 쓰이다가 아들 세조 때 개작돼 1464(세조 10년)부터 종묘제례악으로 연주돼 오늘날 국립국악원에서 전승되고 있다.

세종은 백성과 함께 즐거움을 나누고 싶어 여민락與民樂을 만들었다. 세종이 직접 작곡한 곡도 많지만, 박연을 중심으로 만들고 재정비한 곡도 참 많다.

이만하면 가히 음악가 세종, 작곡가 세종이라 할만하다. 세종은 음악으로 많은 것을 바꿀 수 있는 것을 알고 중국 음악이 아닌 조선의 음악을 백성에게 들려주려고 애썼다.

⦚ 사람을 바꾸는 음악의 힘

음악의 힘은 대단하다. 정치적으로 사용할 수도 있지만, 일상에도 영향을 미친다. 음악의 힘을 보여주는 사례로 '매닐로우 효과Manilow effect'가 있다. 2006년, 시드니 시의회는 쇼핑몰 안을 배회하는 십 대 청소년들을 해산시킬 방법을 찾으려고 고심했다. 나가라고 소리친다고 될 것인가. 그런데 묘안이 생겼다. 청소년들이 정말 촌스럽다고 생각하는 음악을 튼 것이다. 가수 베리 매닐로우Barry Manilow의 노래였다. 그러자 청소년들은 하나둘 그 장소를 떠났다. 촌스럽다고 여겼기 때문이다.

이것이 음악이 미치는 효과다. 어떤 음악을 듣느냐에 따라 사람의 마음도 영향을 받는다. 세종은 조선사람은 조선 음악을 들어야 한다고 했고, 그것이 옳다 했다.

지팡이를 바닥에 두드려가며 우리의 음악을 만들었다. 가락에 맞춰 노래를 흥얼거렸다. 지금 우울한가? 삶에 재미가 없는가? 기분 전환이 필요한가? 세종처럼 노래하라.

제 3 부
이순신처럼

숙종 때의 영의정 이명(李命)은
『이충무공가승(李忠武公家乘)』발문에서 이렇게 적고 있다.

무릇 재앙과 난리가 있을 때는
하늘이 반드시 난리를 감당해낼 사람을 낸다
(夫禍亂之會 天必生已亂之人).

이순신처럼 인간적이어라

독일의 철학자 니체는 1878년에 『인간적인 너무나 인간적인Menschliches, Allzumenschliches』이라는 유명한 책을 썼다. '인간적'이 뭘까? 국어사전에 보면 '사람다운 성질이 있는'이라고 되어 있다.

이순신을 떠올리는 순간 광화문 앞에 서 있는 근엄한 영웅의 모습이 금방 생각날 것이다. 도무지 사람 냄새가 나지 않는 모습이다. 찔러도 피한 방울 나지 않을 장엄한 모습이다. '인간적'이지 못하다. 완벽한 영웅이었기에 그 숱한 역경을 딛고 우뚝 일어섰지 않았는가? 완벽한 영웅이었기에 그 많은 전쟁을 승리로 이끌지 않았는가? 사람이 아니다. 사람이라할지라도 신에 가깝다. 그런데, 과연 그럴까? 당연히 그렇지 않다. 이순신은 그냥 사람이다. 사람 냄새가 풀풀 난다. 그가 우리와 다름없는 한낱 사람인 것을 지금부터 살펴보자. 어쩌면 이순신에 대한 환상이 한순간에 확하고 깨질지 모른다.

⫷ 이순신도 사람이다

『난중일기』에는 임진왜란이 시작되는 해인 임진년 1월 1일부터 그가 순국하기 이틀 전인 1598년 11월 17일까지 1,593일간의 일기가 기록되어 있다. 그 바쁜 와중에 왜 『난중일기』를 썼을까? 『난중일기』는 그도 우리와 다름이 없는 인간이었다는 것을 잘 보여주고 있다. 그날에 쌓인 스트레스를 일기를 적음으로써 해소하려 했고, 또한 훗날 혹시 있을지 모를 좋지 못한 상황에 대비하려고 일종의 자신을 변호하는 방패막이로 일기를 기록했다고 볼 수도 있다.

이순신이 이렇게 꼬박꼬박 일기를 썼다는 것은 자기관리의 철저함을 말해줌과 동시에 심리학적_{心理學的}으로 보면 그만큼 마음도 약했다는 것을 말해주는 것이다. 프랑스의 철학자 앙리 프레데릭 아미엥은 이런 말을 했다.

"일기는 고독한 사람의 정신적인 친구요, 위로의 손길이며, 또한 의사이기도 하다."

이 말은 이순신이 꼬박꼬박 일기를 쓴 이유로 설명할 수 있다. 정치인들이 옥에 갇혔을 때 주로 편지를 많이 쓴다. 이른바 옥중서신이다. 그리고 나중에는 책으로 엮어 세상에 알린다. 편지나 일기를 쓴다는 것은 '언젠가'를 대비한 자기 방호의 기제라 할 수 있다. 이순신의 『난중일기』도 그러한 면이 있다. 인간적이지 않은가?

‖ 술을 엄청 마시는 이순신

이순신은 여러 가지 이유로 술도 가까이했는데 『난중일기』에 보면 이순신이 술을 마셨다는 기록이 120회나 있다.

"맑다. 아침에 하천수에게 장계를 지니게 하여 내보내다. 아침 식사를 하고서 충청 수사, 순천부사 등과 함께 우수사에게로 가서 활 열 순을 쏘다. 몹시 취해 돌아왔는데 밤새도록 토했다."(1592년 7월 25일)

이 일기를 보면 몹시 취할 정도로 술을 마셨던 것을 알 수 있다. 그래서 밤새도록 토했다. 이순신은 본인도 술을 자주 마셨지만 찾아온 손님에게도 술을 많이 마시게 해서 취하게 만들었다.

"우우후 및 강진현감이 돌아가겠다고 하므로 술을 먹였더니 몹시 취했다. 우우후는 취하여 쓰러져 돌아가지 못했다."(병자 3월 9일)

술을 많이 마셔 출근도 하지 못하고 공무에 빠진 날도 많았다. 술에 취해 밤새 토하고(1594년 7월 25일), 엎어지고(1596년 3월 5일), 다음 날까지 술이 깨지 않아서 방 밖을 나가지도 못했다(1594년 9월 13일).

상식적으로 이해가 되지 않지만, 이순신은 그렇게 술을 좋아했고 실수도 했으며, 완벽한 영웅과는 거리가 있어 보였다. 인간적이지 않은가?

참고로 세종은 술을 얼마나 마셨는가? 태종이 세자인 양녕대군을 내치고 세종을 새로운 세자로 세우려 할 때 여러 대신 앞에서 한 말이 있다. 술을 기준으로 세자를 평가하고 있다. 『태종실록』 35권, 태종 18년, 1418년 6월 3일의 기록이다.

"술을 마시는 것이 비록 무익無益하나, 중국의 사신을 대하여 주인으로서 한 모금도 능히 마실 수 없다면 어찌 손님을 권하여서 그 마음을 즐겁게 할 수 있겠느냐? 충녕은 비록 술을 잘 마시지 못하나, 적당히 마시고 그친다. 또 그 아들 가운데 장대壯大한 놈이 있다. 효령대군은 한 모금도 마시지 못하니, 이것도 또한 불가不可하다."

태종은 술을 마시는 것이 아무런 이익이 없다고 말했다. 그러나 임금이기 때문에 중국 사신을 대접하기 위해서는 어쩔 수 없이 조금은 마셔야 한다고 했다. 효령대군은 술을 아예 마시지 못하니 임금으로서 자격이 없다고 해서 세자자리에서 제외시켰다. 충녕 즉 세종은 적당히 마신다고 해서 합격점을 주었다. 이를 볼 때 지도자가 되려면 어느 정도 어울릴 수 있는 정도의 술은 마셔야 한다는 것이다. 세종은 적당했고, 이순신은 과했다고 할 수 있다. 다시 『난중일기』를 보자.

"맑다. 이른 아침에 몸이 무척 불편하여 위장약 네 알을 먹었다. 아침밥을 먹은 뒤에 우수사와 가리포 첨사가 와서 보다. 조금 있다가 시원하게 설사가 나오니 좀 편안해진다."(1592년 5월 18일)

시원하게 설사를 한 것도 기록하고 있다. 특별히 가리지도 숨기지도 않는다. 그냥 있는 그대로 기록하고 있다. 인간적이지 않은가?

"맑다. 닭이 운 뒤에 머리가 가려워서 견딜 수 없었다. 사람을 불러 긁게 했다."(1594년 8월 5일)

머리가 가려운데 직접 긁으면 시원하지 않아 사람을 불러서 긁었다고 한다. 인간적이지 않은가?

⫶ 점을 자주 친 이순신

이순신은 점도 잘 쳤다. 뭔가 불안했을 때는 어김 없이 점을 쳤다. 이순신이 친 점은 '척자점擲字占'인데 나무 막대인 윤목을 던져 괘를 만들고 길흉을 확인하는 점이다. 전투의 승패에 대한 점을 쳤고 자신의 운명에 대한 점을 쳤다. 고향에 남겨둔 아내와 아들에 대한 점을 치거나 자신을 도와주는 류성룡이 아플 때도 점을 쳤다. 이렇게 점을 쳤다는 것은 그 역시 인간이었음을 말해주고 있다. 불안하고 걱정될 때 점에라도 의지하고 싶었던 것이다.

⫶ 종합병원 이순신

이순신은 종합병원이라 할 만큼 많이 아팠다. 『난중일기』 총 분량의 8.85%에 해당하는 141일의 일기에 그 자신이 몸이 아파 고통을 당한 상태를 기록하고 있다.

일본군이라는 외부의 적도 있었지만, 자신의 육체를 갉아먹는 극심한 과로와 스트레스 그리고 각종 질병이라는 내부의 적도 항상 따라 다녔다. 이순신은 극심한 스트레스와 과로에 잠을 자지 못해 눈병이 생겼고 코피를 한 되나 흘리기도 했고 인사불성이 되어 몇 날을 새기도 했다. 멀미를 비롯해 구토, 코피, 열, 곽란更亂(급성위장병), 눈병, 두통, 인사불성 등 여러 가지의 증상에 시달렸다.

청년 시절 기골이 장대했던 이순신의 몸이 급격히 나빠지기 시작한 것은 1592년 5월에 있었던 사천해전에서 일본군의 조총에 맞고 난 뒤부터였다. 전란 중에 제대로 치료를 할 수 없어서 정신력으로 버티다가 병세가 더욱 악화되었다. 총상을 당한 지 1년 후에 류성룡에게 보낸 편지에 보면 그때까지도 완치되지 못해 고통을 호소하고 있는 내용도 있다. 편지에는 매일 갑옷을 입고 있어서 치유가 더디어 뽕나무 잿물과 바닷물로 씻어내고 있다는 내용이 포함되어 있다.

1597년 8월 3일에 다시 삼도수군통제사로 재임명된 이후, 명량대첩을 코앞에 두고 얼마나 아팠는지 8월 20일부터 23일까지의 『난중일기』를 보면 잘 알 수 있다. 이순신은 이진으로 진을 옮긴 그 날 새벽 2시에 곽란으로 고통을 받았다.

"배를 차게 해서 그런가 생각해서 속을 데워 줄 소주를 마셨는데, 그만 인사불성이 되어 거의 죽을 지경까지 갔다. 밤새 토하기를 10여 차례를 했다."

"곽란으로 인사불성이 되었다. 심지어 이날은 대변도 보지 못했다."

⁑ 이순신은 어떻게 생겼을까

과연 이순신은 어떻게 생겼을까? 우리가 늘 보던 늠름하고 멋진 모습일까? 이순신을 직접 보고 그에 대해 인물평을 한 사람은 삼가현감 고상안高尙顔이다. 그는 노량대첩 약 4년 8개월 전인 1594년 3월 한산도에서 이순신과 며칠을 같이 보냈었는데 이순신에 대해 이렇게 표현하고 있다. 참고로 이때 이순신의 나이는 만 49세였다.

"통제사와 며칠을 같이 지냈는데 그 언론과 지모는 과연 난리를 평정할 만한 재주였으나 얼굴이 풍만하지도 후덕하지도 못하고 상相도 입술이 뒤집혀서 복장福將은 아니로구나 생각했다."(奉村先生文集 1권)

이순신의 인물에 대해 가장 정확하게 표현한 내용이다. 분명히 우리가 상상하던 모습의 이순신은 아니다. 류성룡이 『징비록』에서 이순신을 두고 표현한 '용모가 단아하고'와는 거리가 멀다. 본래는 단아한 모습이었을 것이다.

명량대첩 이후에 고금도로 진영을 옮긴 후에 현덕승玄德升에게 보낸 편지에 보면 당시 이순신의 몰골을 확인할 수 있다. 이때 이순신의 나이는 만 52세였다.

"저는 오랜 진중 생활로 수염과 머리가 모두 희어졌으니 훗날 만나서 누군지 알아보지 못하실 것입니다."

수염도 머리도 하얗게 된 것이다. 불과 52세의 나이에 누군지 알아보지 못할 정도로 완전히 늙어버린 이순신이었다.

이순신은 이듬해 53세의 나이로 순국하는데 그의 말년의 모습은 온 갖 스트레스로 백발이 되고, 입술이 뒤집혔던 것이다. 멋진 영웅의 모습 은 아니나 인간적이지 않은가?

혹 이순신에 대한 환상이 여지없이 깨지지는 않았는가? 그렇다. 이순 신은 우리와 성정이 크게 다르지 않은 인간인 것이 확인되었다. 술도 좋 아했고 수시로 많이 울기도 했고, 많이 아팠고 외모도 별로였고, 점도 쳤 던 한낱 인간이었다.

진정한 용기란 겁이 없는 사람이 내는 용기가 아니다. 겁이 나지만 용 기를 내야 할 때 용기를 내는 사람이 진정한 용기를 가진 사람이다. 영 웅은 어떤 사람일까? 그냥 보통 인간이지만 그가 마땅히 해야 할 일을 두고 망설이지 않고 그 할 일을 해내는 사람이다. 가장 인간적인 사람이 가장 큰 일도 할 수 있다. 이순신처럼 인간적이어라.

이순신처럼 상과 벌을 확실하게 하라

이순신은 잘하는 사람에게는 상을 주고, 못하는 사람에게는 그에 해당하는 벌을 주는 것에 철두철미했다. 이것은 신뢰에 관계되는 문제였다. 상과 벌이 명확할 때 신뢰가 생긴다. 상 주지 않아야 할 사람에게 상을 주고, 벌을 줘야 할 사람에게 벌을 주지 않는다면 어떻게 신뢰가 생기겠는가? 상벌은 신뢰와 밀접한 관계에 있다. 세종도 신상필벌信賞必罰을 분명히 했고 이순신 또한 이를 매우 중요시했다.

후히 장사를 지내게 하라

피비린내 나는 전쟁이 끝나면 이순신은 부하들 중에 전사자는 반드시 고향으로 보내 후히 장사를 지내게 했고, 그 처자는 구휼법救恤法에 따라 잘 대우했으며, 부상자는 약을 나누어 주어 충분히 치료하게 했다.

전리품이 있을 때는 반드시 부하들에게 나누어주었다. 최초의 해전이 었던 옥포해전을 보면, 승리 후에 그 전리품을 남김없이 부하들에게 분배했다. 사람의 마음은 자기에게 베푸는 사람에게 저절로 가게 되어 있다. 인색한 사람에게는 마음이 가지 않는다. 이순신은 어떻게 하면 부하들에게 좋은 것을 줄까 늘 고심했다.

이순신은 철저하게 부하들의 공을 적어서 조정에 보고해서 상을 받도록 했다. 비록 작은 공이라도 공을 세운 자가 있으면 신분이나 지위를 따지지 않았다. 심지어 병졸이 아닌 백성이나 노비라고 하더라도 놓치지 않았고 아주 꼼꼼하게 숫자를 기록했다. 치밀한 이순신의 성격을 알 수 있다.

"좌부장인 낙안 군수 신호는 왜적의 큰 배 1척을 쳐부수고 머리 하나를 베었는데 배 안에 있던 칼, 갑옷, 의관 등은 모두 왜장의 물건인 듯했습니다. 우부장인 보성 군수 김득광은 왜적의 큰 배 1척을 쳐부수고 우리나라 포로 1명을 도로 빼앗아 왔으며, 전부장인 흥양현감 어영담은 왜적의 중간 배 2척과 작은 배 2척을 쳐부수었고, 중위장인 방답 첨사 이순신은 왜적의 큰 배 1척을 쳐부수었고, 우척후장인 사도 첨사 김완은 왜적의 큰 배 1척을 쳐부수었고, …(중략)… 신의 군관 급제 최대성은 왜적의 큰 배 1척을 쳐부수었고, 참퇴장斬退將인 신의 군관 급제 배응록은 왜적의 큰 배 1척을 쳐부수었고, 돌격장인 신의 군관 이언량은 왜적의 큰 배 1척을 쳐부수었고, 신이 데리고 부리는 군관 훈련 봉사 변존서, 전봉사 김효성 등이 힘을 합쳐 왜적의 큰 배 1척을 쳐부수었고, 경상도 여

러 장수들이 힘을 합쳐 왜적의 배 5척과 우리나라 포로 3명을 도로 빼앗아 왔습니다."(옥포파왜병장)

⫶ 부하에게 공을 돌리다

여기 잘 보면 일본 전선의 큰 배 4척을 깨뜨린 공은 이순신 자신의 공으로 할 만도 한데 모두 '신의 군관'이라 언급했다. 이순신 자신이 아니라 부하가 했으니 그들에게 상을 내려달라고 한 것이다. 자신에 관해서는 마지막에 이런 말만 넣었다.

"신도 싸웠습니다 臣亦戰."

이순신은 부하들이 상에 눈이 멀어 그저 일본군의 머리 사냥이나 하고, 혹은 조선의 포로들이나, 무고한 사람의 목을 베는 것을 우려해서 이런 장계도 올렸다.

"신은 당초에 여러 장수와 군사들에게 약속하기를, 전공을 세워 이익을 얻으려고 탐을 내어 적의 머리를 서로 먼저 베려고 다투다가는 자칫하면 도리어 해를 입어 죽거나 다치는 자가 많이 생기니, 쏘아서 죽인 뒤 비록 목을 베지 못하더라도 논공할 때 힘껏 싸운 자를 으뜸으로 할 것이라고 거듭 지시했기 때문에, 이제까지 네 번 맞붙어 싸울 때 활에 맞아 죽은 왜적들이 매우 많았지만, 목을 벤 숫자는 많지 않습니다."(당포파왜병장)

참으로 사려 깊고 치밀하며 앞을 내다보는 이순신이다.

⫸ 꼼꼼하게 상을 챙겼다

이순신은 공이 있는 장병에게는 일일이 3등급으로 나누어 조정에 논공행상을 건의했다. 『임진장초』 장9에 보면 이런 기록이 있다.

"군사들의 심정을 감동시킬 수 없으므로 우선 공로를 참작하여 1, 2, 3등으로 별지에 기록했습니다. 당초의 약속대로 비록 머리를 베지는 않았을지라도 죽을 힘을 다해 싸운 사람들은 신이 직접 본 그대로 등급을 나누어 결정했음을 함께 기록했습니다."

꼼꼼하게 공로를 판단해서 그에 맞는 상을 상신했다. 이순신의 진영에는 항복한 일본사람이 많았다. 왜냐하면, 일본사람일지라도 이순신에게 항복하면 상까지 받을 수 있었기 때문이다. 을미년 11월 26일의 일기다.

"항복한 왜인 8명과 그들을 인솔해 온 김탁 등 2명이 같이 왔으므로 술을 먹였다. 그리고 김탁 등에게는 각각 무명 1필씩을 주어 보냈다."

왜인을 인솔해온 사람을 잘 챙긴 것은 물론이고, 항복해 온 왜인도 잘 챙긴 기록이다.

⫸ 공로에 맞는 상을 다시 건의했다

이순신은 부하가 공을 세웠는데 그에 맞는 상이 내려오지 않으면 반드시 조정에 보고해서 상을 받도록 했다. 방답첨사 이순신李純信이 1등에 해당하는 상을 받지 못하자 이순신은 다시 그의 공로를 적어서 상을 받도록 했다.

"방답첨사 이순신은 변방 수비에 온갖 힘을 다하고 사변이 일어난 뒤에는 더욱 부지런히 힘써 네 번 적을 무찌를 때 반드시 앞장서서 공격하였으며… 이번 포상 문서에 홀로 순신의 이름이 들어 있지 않은바… 이제 조정에서 포상하라는 명령을 내리시기를 엎드려 기다리오니…"

여도 만호 김인영은 이순신과 함께 열심히 싸웠지만, 성격이 워낙 조용해서 묵묵히 자기 일만 하다 보니 진급이 늦어 훈련부장에만 있었다. 이것을 알게 된 이순신은 조정에 장계를 올려 김인영이 그동안 싸운 공적을 알리고 진급할 수 있도록 조치했다. 나중에 이 사실을 알게 된 김인영은 어떤 마음이 들었을까? 이순신의 말이라면 죽으라 해도 죽었을 것이다.

예로부터 논공행상이 잘못되면 예기치 못하는 일이 생기는 것을 알 수 있다. 당 태종은 부왕을 도와 당나라 건국에 큰 공을 세웠지만, 장자가 아니라는 이유로 세자의 자리에서 밀려나자 '현무문의 변'을 일으켜 권력을 잡았다. 조선 태종도 조선 건국에 어느 왕자보다 큰 공을 세웠지만 어린 이복동생에게 세자자리가 넘어가자 왕자의 난을 일으켜 왕이 되었다. 공을 세웠으면 그에 맞는 상을 주어야 한다. 신상필벌이 무너지면 다 무너진다.

⫶ 벌을 줄 때는 살벌하게

상과 벌은 분명히 해야 한다. 그래야 질서가 잡히고 신뢰가 생긴다. 이순신은 상에 대해 정확히 조치한 만큼 벌을 가할 때도 무서우리만큼 냉혹했다. 1592년에서 1598년까지의 『난중일기』에 보면 100회에 걸쳐 엄격한 군법을 시행한 기록이 나오는데 처형이 28회, 곤장이 44회, 각종 처벌이 36회, 구속이 15회가 나온다.

"승군들이 돌 줍는 것을 성실히 하지 못했으므로 책임자를 잡아다가 곤장을 쳤다."(1592년 3월 4일 난중일기)

"아침밥을 먹고 출근하여 군기물을 점검했는데 활, 갑옷, 투구, 전통, 환도 등이 깨어지고 헐어진 것이 많아 색리, 궁장, 감고 등을 문책했다."(1592년 3월 6일 난중일기)

"색리, 영리를 잡아서 지휘에 응하지 않고 적의 상황을 빨리 보고하지 않은 죄를 물어 곤장을 쳤다."(1594년 4월 16일 난중일기)

⦚헛소문 낸 어부의 목을 베다

이순신이 특히 전쟁준비에 철저했고 적정에 관한 신속한 보고를 가장 중요시했다. 여기서 그의 주된 관심 분야를 알 수 있다. 이순신은 엄정한 군의 기강을 위해 때로는 사람의 목까지 베었다. 어란포에 머물고 있던 25일에는 한 어부가 피란민이 소를 훔쳐와서 이를 잡아먹기 위해 '적이 쳐들어온다'고 허위보고를 했기에 이순신은 이를 목을 베어 군중에게 효시했다.

이순신 함대의 편성에 참퇴장斬退將이 있는 것은 도망병의 목을 베기 위함이다. 비록 어쩔 수 없이 목을 베었지만, 반드시 그 죽은 자의 가족에게는 별도의 음식과 돈을 보내어 따뜻한 위로를 잊지 않았다. 이러한 것들이 바로 부하들이 목숨을 내놓고 이순신을 따랐던 이유였다.

전체적으로 보면 이순신은 벌보다는 상을 많이 줬다. 조정에 건의해서 직위를 주거나 승진을 시키는 일은 18회나 했고, 부하들과 회식을 하거나 상품을 주거나 노획물을 나눠 주는 일은 123회를 했다. 사실 사람의 깊은 마음을 움직이는 것은 벌보다는 상이다. 이순신은 상과 벌을 적절하게 활용하면서 사람들의 마음을 하나로 묶었다. 이순신처럼 상과 벌을 확실하게 하라.

이순신처럼 학익진을 펼치라

학익진鶴翼陣은 판옥선의 장점과 거북선을 잘 활용한 진법이다. 임진왜란 당시 판옥선에는 최소 120명 이상의 전투원과 비전투원을 탑승시킬 수 있었고, 임란 이후 조선 후기의 판옥선에는 200여 명에 가까운 사람이 탑승할 수 있었다.

∰ 회전이 빠른 판옥선의 장점

판옥선은 배가 네모지고 배 밑이 평평한 평저선平底船이다. 평저선은 속도는 다소 느리지만 재빠른 회전이 가능하다. 그래서 원하는 때에 방향을 바꾸어 마치 학처럼 진열을 형성할 수 있다.

반면 일본의 주력선인 세키부네는 바닥이 뾰족한 첨저선尖底船이다. 선체 바닥이 V자 형태로 좁다 보니 물의 저항을 덜 받아 속력이 빨랐다. 수심이 깊은 바다에서 운용하거나 해협을 건너기에 유리했다. 다만 회전 반경이 커 방향 전환이 어려웠고 조수 차가 크고 파도가 세게 치는 바다에서 기동하는 것이 불리했다. 그렇기에 조선함대가 학익진으로 방향을 바꿀 때 뻔히 보고도 급히 배를 돌리지 못한다. 그래서 총통에 쉽게 얻어맞게 된다. 해전에서 선회력은 곧 승패를 좌우하는 매우 중요한 요소다.

평저선인 판옥선은 첨저선에 비해 배 위에서 대포를 쏠 때 반동 흡수가 좋고 명중률이 높다. 반면 일본의 세키부네는 크기가 너무 작아 화포를 탑재할 수 없었다. 조금 큰 규모의 아타케부네安宅船에 화포를 싣고 시험 발사를 하자 선체가 충격을 견디지 못하고 파손된 일도 있었다. 결국, 화포 3문 정도를 설치하는 것이 한계였다. 그것도 앞머리에 매달아 놓아 실전에는 써먹지 못했다.

⧚ 판옥선의 총포 구멍은 몇 개인가

정조 때 발간된 『이충무공전서』에는 '모든 총포 구멍에 총포를 걸고 쉴 새 없이 쟁여 쏜다'는 말이 있다. 『선조수정실록』 1592년 5월 1일의 기록을 보면 아주 구체적으로 거북선을 묘사하고 있다.

"이에 앞서 (이)순신은 전투 장비를 크게 정비하면서 자의로 거북선을 만들었다. 이 제도는 배 위에 판목을 깔아 거북 등처럼 만들고 그 위에는 우리 군사가 겨우 통행할 수 있을 만큼 십자+字로 좁은 길을 내고 나머지는 모두 칼·송곳 같은 것을 줄지어 꽂았다. 그리고 앞은 용의 머리를 만들어 입은 총구멍_{銃穴}으로 활용하였으며, 뒤에는 거북의 꼬리를 만들어 꼬리 밑에 총구멍을 설치하였다."

"좌우에도 총구멍이 각각 여섯 개가 있었으며, 군사는 모두 그 밑에 숨어있도록 하였다. 사면으로 포를 쏠 수 있게 하였고 전후좌우로 이동하는 것이 나는 것처럼 빨랐다. 싸울 때는 거적이나 풀로 덮어 송곳과 칼날이 드러나지 않게 하였는데, 적이 뛰어오르면 송곳과 칼에 찔리게 되고, 덮쳐 포위하면 화총_{火銃}을 일제히 쏘았다. 그리하여 적선 속을 횡행_{橫行}하는데도 아군은 손상을 입지 않은 채 가는 곳마다 바람에 쓸리듯 적선을 격파하였으므로 언제나 승리하였다."

여기에 보면 좌우에 총구멍이 여섯 개가 있다고 명시하고 있다. 용머리와 후미에도 총구멍을 만들었으니 전체적으로 보면 천자총통_{天字銃筒}·지자총통_{地字銃筒} 등을 쏠 수 있는 14개의 총구멍이 있는 것이다. 조선 수군이 보유한 화포 중 가장 강력한 천자총통은 구경 13cm에 사거리가 900보(1.08km, 1보는 1.2m)에 달했으니 일본 군선을 원거리에서 제압할 수 있었다. 전후좌우로 이동하면서 사면에서 이 총통을 발사했으니 그 화력은 엄청났을 것이다. 거북선은 판옥선을 바탕으로 개조한 것이다.

⦚ 학익진의 놀라운 공격방법

학익진은 매우 효과적인 공격방법을 가지고 있다.

① 횡으로 나란히 이 열로 전개하고 있다가, 먼저 앞 열에서 6문의 총통으로 사격한다,

② 사격이 끝난 앞 열은 재빨리 뒤로 물러가고, 뒤에 있던 열이 앞 열의 자리에 들어가 6문의 총통으로 사격한다.

③ 뒤로 물러간 열은 총통을 재장전하고 대기한다.

④ 다시 앞 열과 뒤 열이 교대해서 사격한다.

이런 식으로 교대로 사격을 하게 되니 쉴 새 없이 화력을 퍼부을 수 있다. 화력을 집중하면 엄청난 효과가 있다.

란체스터 법칙Lanchester's law이 있다. 화력을 집중하면 단순한 산술적인 효과 아니라 제곱승의 효과가 나타난다는 법칙이다. 집중하지 않고 각개로 3개를 사격하면 그냥 3의 효과이지만 3개를 집중해서 사격하면 3의 제곱 즉 9의 효과가 나온다는 것이다. 학익진을 할 때 판옥선에서 집중하는 총통의 수가 12개이면 12의 제곱의 효과로 타격을 줄 수 있다는 것이다. 그러니 그 파괴력이 얼마나 대단하겠는가.

⦚ 도고 헤이하치로의 벤치마킹

러일전쟁 당시에 일본의 장교 도고 헤이하치로東鄕平八郎는 러시아의 발틱함대를 격파할 때 바로 이순신의 학익진을 생각했다는 말이 있다. 이른바 T자 전법, 한자로 표현하면 정T자 전법이다. 학익진의 집중 원리를 그대로 본뜬 것이다. 전쟁에서 승리한 후에 가진 축하연에서 사람들이 도고를 칭송하며 이순신에 비교했을 때 이렇게 말했다고 전해진다.

"나는 넬슨에 비할 수는 있어도 이순신하고는 비할 수 없소. 이순신이 장교라면 나는 부사관도 될 수 없소."

물론 이 말의 정확한 출처는 알 수 없다. 어쨌든 도고는 이순신의 학익진에 깊은 감명을 받았고 그를 존경했다고 한다. 적장으로부터 존경받는 장수는 거의 없다. 적장으로부터 존경을 받을 정도가 되어야 진짜 훌륭한 사람이다. 이순신은 그런 존재였다. 학익진 전술에서 거북선의 활약도 대단하다. 적장이 있는 대장선을 향해 돌진해서 용머리에 있는 총통으로 사격하고, 옆으로 돌아 측면에 있는 총통으로 사격한다. 이렇게 거북선은 적장의 정신을 쏙 빼놓는 역할을 한다. 장수가 무너지면 전체에 큰 영향을 준다. 본대의 학익진과 거북선의 환상적인 조합은 가히 전쟁의 백미라 할 수 있다.

⦙⦙⦙ 학익진은 육군과 일본에서도 사용

본래 학익진은 수군의 진법이 아니라 육군의 진법에 있었다. 당시 육군의 진법에는 학익진을 비롯하여 오진五陣, 장사진長蛇陣, 어린진魚鱗陣 등이 있었는데, 이순신은 15년 동안 육군 생활을 하면서 이러한 진법에 대해 충분히 익혔을 것이며, 그의 창조적인 두뇌는 육지의 학익진을 곧바로 바다에 응용하여 바다의 학익진으로 변형할 수 있었을 것이다. 병법에 통달하면 장소가 육지이든 바다이든 상관없이 그 원리 면에서 서로 통하는 것이다. 본래 육군의 학익진은 횡열로 벌어지는 진이었는데 바다에서 펼친 이순신의 학익진은 양쪽 끝부분이 굽어지는 언월진偃月陣과 역쐐기진이 서로 복합된 독특한 형태의 진형이라 할 수 있다.

　재미있는 사실은 이순신이 일본함대를 혼내 준 이 학익진은 일본에서 이미 적용된 적이 있었다. 임진왜란보다 20년 전인 1572년에 있었던 미카타 결전에서 다케다 신겐武田信玄은 어린진魚鱗陣으로 도쿠가와 이에야스德川家康는 학익진으로 서로 맞붙었다. 여기에서 학익진을 사용했던 도쿠가와 이에야스는 어린진을 사용했던 다케다 신겐에게 크게 패하고 말았다. 학익진은 날개를 좌우로 펼치기 때문에 상대적으로 병력의 배치가 두껍지 못하다. 그런데 어린진은 중앙이 볼록 튀어나온 팔자八字 형태의 진형으로서 마음먹고 어느 한쪽을 노려 집중 공격한다면 쉽게 돌파할 수 있다. 신겐은 이에야스의 학익진 한쪽 날개를 노려 집중 공격했고 곧 전체를 붕괴시키고 말았다. 이처럼 학익진은 장점이 있는 반면에 결정적인 약점도 가지고 있었다.

　만약 한산도대첩에서 일본군이 이순신 함대의 어느 한쪽에 집중하여 돌파를 시도했었다면 상황은 또 달라졌을지 모른다. 그러나 이순신은 육지의 학익진을 바다에서 응용하면서 그 강·약점을 철저히 연구했었다. 어떤 상황에서, 어떻게 이용해야 할 것인가에 대해 확실한 복안을 가지고 있었고 또 그에 맞게 혹독하게 훈련시켰다.

　학익진이라 해서 만병통치약은 아니다. 누가 어떻게 사용하느냐에 따라 승패가 결정된다. 일본군의 입장에서는 조선의 장수에 의해 그것도 육지가 아닌 바다에서 학익진에 당했으니 얼마나 놀랐겠는가! 조선의 학익진은 판옥선과 거북선을 절묘하게 연결하고 융합한 그야말로 이순신식 학익진이다.

⫸ 한산도대첩은 세계 4대 해전이 아니다

흔히 한산도대첩을 세계 4대 해전이라 하는데 근거가 없다. 주요 국가의 해군사관학교에서는 살라미스 해전, 칼레 해전, 레판토 해전, 트라팔가르 해전을 주로 다룬다. 역사의 흐름을 바꾼 전쟁이라 하여 중요하게 다루지만, 굳이 세계 4대 해전이라 부르지 않는다. 우리나라 해군사관학교에서도 세계 4대 해전이라 가르치지 않는다. 미국이나 프랑스, 독일, 일본에서도 마찬가지다. 몇 대 해전이라고 가르치는 나라가 없다.

이게 맞는 이야기다. 왜냐하면, 누가 무슨 근거로 세계 몇 대 해전이라고 규정할 수 있겠는가? 자의적인 해석은 기준이 될 수 없다. 더구나 조선에서 일어났던 한산도대첩이 조선의 입장에서는 대단한 해전이었겠지만 다른 나라에서는 관심이 없는 해전이다. 그래서 사실상 당사국인 일본 외에는 알려지지도 않았다. 분명히 한국 사람 중에 누군가 한산도대첩을 세계 4대 해전이라고 말을 만든 것이다. 그래서 '처음'이 중요하다. 그다음 누군가 또 '처음'의 것을 근거로 삼아 한산도대첩이 세계 4대 해전이라고 말한다. 이게 자꾸 퍼져 나가다 보니 많은 사람이 한산도대첩은 세계 4대 해전이라 착각하게 된 것이다.

세계 4대 해전에 포함되지 않는다고 해서 한산도대첩의 가치가 절대로 폄하되지는 않는다. 이순신의 학익진이 절정을 이루었던 한산도대첩은 정말 대단한 해전이다. 칼레 해전이나 트라팔가르 해전보다 더 탁월한 전략이 적용되었다.

ⅷ 잘못 알고 있는 한산도대첩

일반적으로 알려진 한산도대첩은 잘못 알고 있는 부분이 있다. 한산도에 가면 한산도대첩을 소개하는 그림이 있는데 잘못 그려져 있다. 그림을 자세히 보면, 이순신의 본대가 한산도 주변의 육지에 숨어있다가 유인된 일본함대가 올 때 한꺼번에 나와서 학익진으로 격파하는 모습으로 그려져 있다. 잘못 그린 것이다. 그리고 이런 그림과 같은 양상으로 여러 소설이나 글이나 드라마에서 소개되어 있다.

사실과 다르다. 견내량에 정박하고 있는 일본함대를 유인하기 위해 조선의 배 5~6척이 견내량으로 들어간 것까지는 맞다. 그다음부터 차이가 나는데 이순신의 본대가 한산도 주변에서 숨어 대기한 것이 아니라 유인선 5~6척을 뒤따라 위로 올라간 것이다. 어느 정도 거리를 두고 견내량 하류까지 갔다. 아마도 해간도 인근까지 올라갔을 것이다. 왜냐하면, 일본함대 전체를 유인하려 했기 때문이다. 기껏 5~6척의 유인선만 있다면 일본군도 바보가 아닌 이상 본대 전체를 끌고 나오지는 않을 것이다. 더구나 적장이 기습전의 명수 와키자카 야스하루가 아닌가?

5~6척의 조선의 유인선이 견내량 북단에서 일본함대와 싸우고 계획적으로 뒤로 물러날 때 뒤따라 오던 일본군도 저 멀리 보이는 이순신의 본대를 본 것이다. 그러므로 모든 일본함대가 일제히 뒤따라 나선 것이다. 만약에 5~6척의 유인선만 보였다면 절대로 와키자카 야스하루가 모든 배를 끌고 추격하지 않았을 것이다. 이를 뒷받침하는 근거는 『징비록』에 있다.

"이순신은 판옥선 40척을 거느리고 이억기와 함께 거제로 나와 원균의 군사와 합세하였다. '이곳은 바다가 좁고 뭍이 얕아서 마음대로 돌아다니기 어려우니 거짓으로 물러가는 척하며 적을 유인하여, 넓은 바다로 나가 싸우는 것이 좋겠습니다' 하니 원균은 분함을 못 이기고 바로 앞으로 나가 싸우려고 하였다. 이순신은 다시 말하였다. '공은 병법을 모릅니다그려. 그렇게 하다가는 반드시 패하고 맙니다.' 이순신이 드디어 깃발을 흔들며 배들을 지휘해 물러나니 왜적들은 크게 기뻐하며 앞을 다투어 따라 나왔다. 이윽고 너른 바다로 나온 순간 이순신이 북소리를 한 번 울리자, 모든 배가 일제히 뱃머리를 돌리고 열을 지어 벌려 섰다."

이 중요한 장면에 관해 설명이 필요하다. 잘 보면 이순신의 본대가 한산도 앞바다가 아니라 견내량 인근에 있었다는 것을 알 수 있다. 그래서 '거짓으로 물러가는 척'하자고 했다. 성질 급한 원균이 그것을 참지 못하고 바로 한판 붙자고 했는데 이순신이 겨우 말렸고 이순신이 깃발을 흔들며 뒤로 물러갈 때 일본 수군이 기뻐하며 따라 나왔다. 그리고 드디어 이순신이 원했던 한산도의 너른 바다까지 온 것이다.

이순신의 본대는 한산도 인근에 숨어서 일본 수군을 기다리지 않았다. 일본함대를 유인하여 한산도 앞바다까지 끌고 오다가 방화도와 화도 사이를 지나면서 이순신 함대는 양쪽으로 갈라지면서 학익진을 만들었다. 이때 학익진은 놀라운 위력을 발휘했다. 이 열 횡대로 배를 멈추고, 먼저 앞 열에서 화포를 발사했다. 앞 열의 사격이 끝나면 이어서 뒤에 있던 열이 교대해서 또 일제히 화력을 퍼부었다. 이렇게 두 개의 열이 교대로 쉴 새 없이 화력을 퍼부으니 포위된 일본함대가 견뎌낼 재간이 없었다. 장계를 보자.

"화살과 탄환을 교대로 퍼부으니 그 형세가 바람과 우레 같았습니다. 왜적의 배를 불사르고 적을 사살하기를 일시에 모두 해치우게 되었습니다."

거북선은 본격적인 학익진으로 공격하기 이전에 먼저 적의 선두를 강력한 화포로 공격했을 것이다. 이것이 내가 다시 정리한 한산도대첩의 양상이다.

기존에 알려진 한산도대첩은 내가 주장하는 이것과 확실히 다르다. 기존의 한산도대첩을 다시 정리해 보면 이렇다. 이순신 함대와 원균과 이억기 함대가 한산도 일대에 숨어 있다가, 견내량에 있는 일본수군을 5~6척으로 유인해서 이들이 한산 앞바다에 도달했을 때 일제히 나와서 학익진으로 격파했다. 특히 학익진은 이순신 함대의 학익진과 원균과 이억기 함대의 학익진, 즉 쌍 학익진이었다. 나는 이런 식으로 한산도대첩이 진행되지 않았다고 생각한다. 조선함대 전체가 견내량 근처까지 올라갔고, 5~6척으로 일본 수군을 유인하여, 한산도 앞바다에서 학익진으로 격파했다는 것이 나의 주장이다. 물론 어떤 주장이 맞다고 확증할 방법은 없다. 문헌마다 기록의 차이가 있고, 해석의 차이도 있다. 그러나 적어도 내가 주장하는 이런 양상의 한산도대첩은 어느 누구도 주장하지 않았다는 것이다. 어쨌든, 결론적으로 볼 때 어떤 형태의 학익진을 펼쳤든 한산도대첩은 정말 놀라운 해전이다.

　미국의 선교사 겸 사학자인 헐버트는 한산도대첩을 일러 "도요토미의 조선 침략에 사형선고를 내린 것"이라 평했다. 도요토미 히데요시는 한산도대첩의 보고를 받고 부르르 떨며 신하들에게 앞으로 조선 수군을 만나면 도망가라고 명령하기도 했다. 한산도대첩은 세계 4대 해전이 아니라 세계 1대 해전이라 해도 조금도 모자람이 없다. 이순신처럼 학익진을 펼치라.

이순신처럼 공사를 구분하고 청렴하라

이순신은 부하들에게는 사랑으로 감싸고 덕을 베풀었지만, 그 자신에게는 항상 엄격했고 공사公私의 구분이 확실했다. 이순신이 1576년(선조 9년) 식년무과에 병과로 급제하여 처음 관리 생활을 시작한 곳은 함경도에 있는 삼수三水이다. 삼수는 조선 시대의 귀양지 중 1급이라 하는 제주도에 버금가는 가장 멀고 험한 변방이고 국경에 근접하여 수시로 여진족이 침범하는 곳이었다. 이때 이순신의 보직은 종9품인 동구비보東仇非堡의 권관權管이었다. 이곳에서 이순신은 3년간 훌륭하게 임무를 수행하고 승진하여 35세에 종8품의 한성 훈련원봉사訓鍊院奉事로 근무하게 된다. 훈련원은 군사들의 인사와 시험 그리고 훈련과 교육을 담당하는 관아이다. 그중에 이순신은 인사를 담당하는 책임자였다.

‖ 화살통 주는 것을 거절하다

당시 병조판서 유전柳㙉은 골동품을 유난히 좋아했는데 그가 이순신이 가진 화살통을 요구했다. 이때 이순신은 이렇게 말하며 거절했다.

"한낱 화살통은 드리기 어렵지 않습니다만 만일에 이 화살통을 주고 받고 하였다는 소문이 퍼진다면 세인들이 대감의 받으심과 소인의 드림을 어떠하다 하오리까. 반드시 불공·부정하다고 할 것이니 일개 전통에 연연할 필요가 있겠습니까?"

사실 화살통 하나가 무슨 문제가 되겠는가. 그런데 『연려실기술』에 의하면, 당시 화살통은 장수들이 뇌물을 전달할 때 사용하는 일종의 상자였다고 한다. 그러니 화살통이 그냥 화살통이 아니었다. 이순신은 이것을 잘 알았기에 그 지체 높은 병조판서의 요구도 거절했다. 오해받을 행동은 처음부터 하지 않는 것이 좋다는 것이다.

‖ 인사 청탁을 거절하다

이순신이 봉사라는 인사 담당 직책으로 있을 때, 직속상관으로 병조 정랑兵曹正郞(정5품) 서익徐益이 있었다. 그는 이순신보다 나이가 세 살이 많았고 이율곡과도 친분이 있었다. 어느 날 그가 인사 청탁을 했다. 자기의 친척을 참군參軍(정 7품)으로 승진시키기 위해 무리하게 서류를 조작하여 올리라고 한 것이다. 말이 청탁이지 명령이며 강요라 할 수 있다. 이런 경우 관례적으로 직속상관의 말에 순순히 따르지만, 이순신은 단호한 말투로 대답했다.

"아래 있는 자를 건너뛰어 올리면 당연히 승진할 사람이 못하게 되는 일이니 공평하지 못할 뿐 아니라 또 법규도 고칠 수가 없습니다."

결국, 이 일로 이순신은 2년 임기를 채우지 못하고 8개월 만에 인사 조치를 당했다.

⁙ 달랑 옷과 이불뿐

이순신은 같은 해 10월에 충청도의 병마절도사兵馬節度使(종2품)의 군관軍官이 되어 충청도 병영이 있는 해미海美로 가게 된다. 『행장』에 보면 이때 이순신이 얼마나 청렴하게 살았는지 말해준다.

"이순신이 거처하는 방에는 다른 아무것도 없고, 다만 옷과 이불뿐이었다. 휴가를 얻어 고향의 부모님을 뵈러 갈 때는 반드시 남은 양식을 담당 병사에게 돌려주었는데, 병사들은 그의 철저함에 경의를 표했다."

어느 날 술에 취한 직속상관 병마절도사가 이순신에게 다른 군관의 집을 사사롭게 찾아보자고 했을 때도 이순신은 상관의 잘못을 지적하며 단호히 거절했고 어쩔 수 없이 병마절도사는 다시 집으로 돌아갔다.

‖ 거문고 청탁을 거절하다

1580년 6월, 이순신이 36세로 발포만호의 직책을 수행할 때였다. 직속상관인 전라좌수사 성박成鎛이 거문고를 만들기 위해 객사 뜰에 있는 오동나무를 베겠다고 군관을 보냈다. 『이충무공전서』 9권의 기록을 보면 이렇다.

"관청 객사의 나무는 관가의 소유물이다. 또한, 심어서 배양한 지 수십 년이거늘 하루아침에 베어 국용에 쓰지 않고 사적인 물품을 만들려 함은 불가하다."

성박이 크게 화를 내었으나 감히 나무를 베어가지는 못했다. 이순신은 공과 사를 분명히 했고 작은 권력을 가졌을지라도 그 권력을 자신의 이익을 위해 사용하지 않았다.

‖ 아부하지 않아 불이익을 받다

성박의 뒤를 이어 이용이 전라좌수사가 되었을 때도 이런 일이 있었다. 이용은 이순신이 자기에게 아부하지 않자 미워했다. 그래서 어떻게 하든지 트집을 잡아 족치려 했다. 어느 날 관하의 5포(발포, 여도, 사도, 녹도, 방답)을 불시에 인원 검열을 했다. 불시에 하다 보니 네 포에서는 많은 군사가 불참했는데 이순신의 발포만큼은 불과 세 명만 불참했다. 평소에 얼마나 엄격하게 포를 잘 관리하고 있었는지 알 수 있는 대목이다. 그런데도 이용은 다른 포에는 문제가 없고 이순신 포에만 세 명이 불참했다고 하며 군정이 해이하다는 죄를 적어 조정에 장계를 보냈다. 이것을 알게 된 이순신은 그냥 있을 수 없어 다른 포의 불참한 군사에 대한 증빙서류를 꼼꼼히 준비해서 이용이 조정을 속인 죄를 폭로하려고 벼르고 있었다. 이 사실을 알게 된 이용이 급히 사람을 보내 조정에 보낸 장계를 되찾아오게 했다.

이후에도 이순신이 자기에게 아부하지 않자 여러 포에 대한 고과를 평가할 때 가장 낮은 점수를 주었다. 하지만 아무리 관리들이 썩어도 괜찮은 사람은 있는 법이다. 당시 이순신보다 한 살 나이가 많은 전라도 도사都事 조헌趙憲이 이런 상황을 알고 부당한 처사라고 항의했다.

"듣건대, 이순신의 군사 다스리는 법이 우리 도에서는 가장 으뜸이라고 알려져 있습니다. 다른 모든 장수가 그의 아래에 둘지언정 그를 도리어 나쁘게 평정한다는 것은 옳지 못한 일입니다."

이로 인해 결국 이순신에 대한 왜곡된 평가는 없었던 것으로 처리되었다. 조헌은 임진왜란이 일어나자 충청도에서 의병장이 된 사람이다.

이순신에게 또 다른 불행이 왔다. 바로 서익徐益이라는 사람 때문이다. 지난날 훈련원봉사 때 인사 청탁을 거부해서 앙심을 품었던 그였다. 1582년 2월 변방의 군기물을 감찰하는 군기경차관軍器敬差官이 파견되었는데 그가 바로 서익이었다. 서익은 발포의 상황을 거짓으로 작성하여 군기가 부실하다고 조정에 보고했다. 이 때문에 이순신은 발포만호로 부임한 지 18개월 만에 파직을 당하게 되었다.

◎ 이율곡 만나기를 거절하다

이순신은 발포만호에서 파직되고 넉 달이 지난 1583년 5월, 이전에 근무했던 한성의 훈련원봉사로 복귀하게 되었다. 그해 12월 병조판서였던 이율곡이 이순신을 알아보고 류성룡을 통해 만날 것을 청했다. 류성룡역시 이순신의 앞길을 위해 이율곡을 만나볼 것을 권유하였으나 이순신은 단호하게 거절했다. 이율곡은 이순신보다 9세가 많았지만, 이순신에게는 19촌 조카 관계였다. 『이충무공전서』 9권에 보면 이때 이순신이 한 말이 기록되어 있다.

"나와 율곡은 같은 덕수이씨 문중이라고는 하지만, 그가 병조판서의자리에 있을 때 만난다는 것은 옳지 못한 일이오."

그야말로 대쪽같은 이순신이었다.

◎ 편지를 빼지 마시오

이순신이 정읍현감으로 부임하기 전의 일이다. 전라도도사都事 조대중曹大中이 정여립의 모반사건에 연루되는 상황이 벌어졌다. 조대중은 이순신과 편지를 주고받는 사이였다. 금부도사가 조대중의 집을 수색하는 과정에서 이순신이 보냈던 편지도 함께 나왔다.

마침 이순신이 차사원差使員(중요한 일이 있을 때 임시로 보내던 직원)으로서 서울로 올라가는 길에 그 금부도사와 마주쳤다. 평소에 이순신을 잘 알았던 금부도사는 행여 이순신이 불이익을 받을까 하여 그 편지를 따로 빼겠다고 했다. 그렇지만 이순신은 "그 편지는 서로의 안부를 물었던 것일 뿐이오. 이미 압수를 당하여 공물이 된 것을 사사로운 이유에서 빼낸다는 것은 옳지 않은 일이오"라고 하며 거절했다.

명량대첩을 앞두고 투옥되었을 때 승려 덕수가 이를 안타깝게 여겨 이순신을 찾아와 미투리 한 켤레를 바쳤다. 미투리는 삼으로 짚신처럼 만든 신이다. 이때도 이순신은 이를 거절했다. 보잘것없는 미투리 한 켤레라도 사사로이 받지 않겠다는 것이다.

오늘날 모든 공직자들이 이순신처럼 행동한다면 대한민국은 지금보다 얼마나 더 좋아지겠는가? 이순신처럼 공사를 구분하고 청렴하라.

이순신처럼 가족을 사랑하라

수신제가치국평천하修身齊家治國平天下는 몸을 닦고, 가족을 안정시킨 후, 나라를 다스리며, 천하를 평정한다는 말이다. 『대학大學』삼강령三綱領에 나온다. 무릇 나라에 큰일을 하려는 사람은 먼저 자신과 가족을 잘 다스릴 수 있어야 한다.

≪ 7년 동안 허리띠를 풀지 않았다

이순신은 얼마나 자신을 엄하게 다스리기에 애를 썼는지 그는 죽어서야 비로소 허리에 찼던 전대戰帶를 풀 수 있었다고 한다. 전대는 허리에 차는 띠로서 무겁고 거추장스럽기 때문에 전투 중이 아니면 평소에는 풀어 둔다. 그러나 이순신은 임진왜란의 7년 동안 한 번도 전대를 허리에서 떼지 않았다고 전해진다. 이순신은 원수를 다 갚기 전까지는 조금도 자신을 느슨하게 놔두지를 않았고 이를 일컬어 '칠년불해대七年不解帶'라

한다. 반드시 그렇게 하지 않았다 하더라도 분명히 그러한 정신으로 자신을 가다듬었을 것이다.

『행록』에 보면 다음과 같이 기록되어 있다.

"이순신은 여자를 가까이하지 않았고, 잘 때도 전대를 풀지 않았으며, 닭이 울면 일어나 사람들과 책략을 논하고, 옛 역사를 상고하기도 했으며, 자기 몸을 돌보기를 마다했다."

잘 때도 전대를 차서 언제라도 전쟁에 뛰어들 준비를 했고, 부지런히 일찍 일어나서 늘 공부하고 책략을 연구하는 모습이 선하다. 이순신은 그 자신을 이렇게 엄격하게 관리했다.

1593년 3월 남해 연안에 유행병이 번졌을 때 이순신도 앓았다. 줄곧 19일 동안 몹시 앓으면서도 별도로 휴가를 내거나 쉬지 않았다. 이때 이순신이 한 말이다.

"이제 적을 그 상대하여 승패의 결단이 호흡에 걸려있다. 장수 된 자가 죽지 않았으니 누울 수가 있겠는가."

그렇게 아파도 적을 앞에 두었다고 눕지도 않으려 했다. 그만큼 철저하게 자신에게 엄격했다.

⧚형의 식구까지 챙기다

이순신은 1589년 12월 정읍현감에 부임하게 되었는데 이때 형의 식구

들까지 데리고 갔다. 1580년에 둘째 형 요신이, 1587년에 맏형 희신이 요절한 것이다. 어쩔 수 없이 이순신은 두 형의 식솔과 그 자식들과 어머니 변씨를 부양하게 되었다. 이순신이 임지로 데리고 간 식구는 무려 24명이었다.

어쩔 수 없이 남솔濫率이 된 것이다. 남솔이란 당시 지방관리들이 식솔들을 많이 거느리는 폐단을 말한다. 어떤 사람이 복무규정에 어긋난다며 이순신을 비난했으나 이순신은 눈물을 흘리며 "차라리 남솔의 죄를 지을지언정 의지할 데 없는 어린 조카들을 차마 버리지 못하겠소"라고 말했다. 가족에 대한 이순신의 애틋한 마음을 읽을 수 있다.

‖지극한 어머니에 대한 효성

이순신은 자기 자신에게는 엄격했지만, 가족에 대한 사랑은 지극했다. 어머니와 아내와 자식들에 대한 사랑은 일기의 여러 군데에 수시로 등장한다.

"잠깐 비가 내리다 개다. 아침에 흰 머리카락 여남은 올을 뽑았다. 그런데 흰 머리칼인들 어떠하랴만 다만 위로 늙으신 어머니가 계시기 때문이다."(임진년 6월 12일)

1595년 1월 1일 『난중일기』에는 어머니 생각에 밤을 지새운 기록이 있다.

"촛불을 밝히고 홀로 앉아 나랏일을 생각하니 나도 모르게 눈물이 흘렀다. 또 여든 줄의 편찮으신 어머님이 마음에서 사라지지 않고 염려가 되어 밤을 지새운다."

사람은 혼자 있을 때 그 사람의 인격이 드러난다. 무슨 생각을 많이 하는가가 바로 그 사람의 인격이다. 조선 중기의 문신 김집金集은 "혼자 갈 땐 그림자에도 부끄럽지 않고, 혼자 잘 땐 이불에도 부끄럽지 않다 獨行不愧影 獨寢不愧衾"는 진덕수陳德秀의 말을 매우 좋아했다고 한다. 진덕수는 송나라의 학자였다. 김집은 서재의 편액扁額에 '신독愼獨' 두 글자를 새겨두 었다. 신독은 『대학』에 나오는 "군자는 반드시 홀로 있을 때도 삼가야 한 다君子必愼其獨也"는 말을 줄인 것이다.

이순신은 이렇게 혼자 있을 때 나라와 어머니를 생각하며 눈물을 흘 리는 사람이었다. 1596년 병신년 윤8월 12일의 일기에 이런 기록이 있 다. "종일 노질을 재촉하여 이경二更(밤9시부터 11시 사이)에 어머님께 도 착했다. 백발이 성성한 채 나를 보고 놀라 일어나시는데, 숨이 끊어지려 는 모습이 아침저녁을 보전하시기 어렵겠다. 눈물을 머금으며 서로 붙잡 고 밤새도록 위안하며 기쁘게 해 드림으로써 마음을 풀어 드렸다."

이순신이 공무 때문에 오랫동안 어머니를 만나지 못하자 체찰사인 이 원익李元翼에게 보낸 휴가신청서의 내용을 보면 얼마나 이순신이 어머니에 대해 절절한 효심이 있는지 잘 알 수 있으며 보는 이의 심금을 울린다. 조금 길지만, 천천히 읽어보면 좋겠다.

▒ 심금을 울리는 휴가상신서

"살피건대, 세상일이란 부득이한 경우도 있고 정에는 더 할 수 없는 간절한 대목도 있습니다. 자식 걱정하시는 그 마음을 위로해 드리지 못하는바 아침에 나가 미처 돌아오지만 않아도 어버이는 문밖에 서서 바라본다 하거늘 하물며 자식을 못 보신지 3년 째나 되옵니다. 얼마 전에 하인 편에 편지를 대신 보내셨는데 '늙은 몸의 병이 나날이 더해가니 앞날인들 얼마 되랴. 죽기 전에 네 얼굴을 다시 한 번 보고 싶다'고 했습니다. 남이 들어도 눈물이 날 말씀이거늘 하물며 그 어머니의 자식이야 오죽하겠습니까. 그 기별을 듣고 마음이 산란하여 일이 손에 잡히지 않습니다. 제가 지난날 건원보 군관으로 있을 때 아버님이 돌아가셨는데 살아 계실 때 약 한 첩을 다려 드리지 못하고 영결조차 하지 못하여 언제나 그것이 제게 평생의 한으로 남아있습니다. 이제 또한 어머니께서 일흔을 넘기시어 해가 선산에 닿았는즉 이러다가 만일 또 하루아침에 다시는 뫼실 일이 없는 슬픔을 당하면 저는 또 한 번의 불효한 자식이 될 뿐만 아니라 어머니께서도 지하에서 눈을 감지 못하실 것입니다. 이 애틋한 정곡을 부디 살피시어 며칠간의 휴가를 허락해주시면 한번 가게 됨으로써 늙으신 어머님 마음이 적이 위로될 수 있을 것입니다. 그리고 그사이에 무슨 변고라도 있으면 어찌 휴가 중이라고 해서 감히 중대한 일을 그르치겠습니까?"

과연 명문이다. 이 휴가신청서를 보면 공무에 바빠서 3년간이나 어머니를 뵙지 못한 내용과 약 한 첩 제대로 달여드리지 못했던 아버지에 대한 죄송함이 고스란히 담겨있다. 편지를 읽은 이원익은 감동하여 답장을 보냈다.

"지극한 정곡이야 피차에 같습니다. 이 글월이야말로 사람의 마음을 움직이는 것입니다. 그러나 공사에 관계된 일이므로 나로서도 얼른 가라 말라 하기 어렵습니다."

이순신은 에둘러 표현한 이원익의 속내를 읽고 어머니를 뵈러 갔다. 그리고 6개월 후인 1597년 4월에 어머니가 세상을 떠났다. 만약 이때 못 뵈었으면 얼마나 안타까웠겠는가? 이순신은 돌아가신 아버지에 대해서도 항상 잊지 않고 애도했다. 1594년 11월 15일의 『난중일기』를 보자.

"오늘은 아버님의 제삿날이므로 나가지 않고 조용히 앉아 있으니 슬픈 회포를 어찌 다 말할 수 있으랴. 아들 울의 편지에 어머니께서 안녕하시다고 하니 다행이다."

1592년부터 1597년까지의 『난중일기』에 보면 어머니의 안부를 묻는 기록이 101회나 나온다. 흥미로운 것은 아버지에 대한 기록은 딱 5번이다. 그러니까 어찌 보면 이순신은 마마보이라 할 수 있다.

≋ 아내를 걱정하다

이순신은 아내에 대해서도 애틋한 심정을 드러냈다. 1594년 8월 30일의 『난중일기』에는 장문포 해전을 앞둔 시기에 부인이 아프다는 말을 듣고 걱정하는 심정을 애타게 담았다.

"아내의 병이 위독하다 한다. 벌써 생사 간의 결말이 나왔을지도 모르겠다. 그러나, 나랏일이 이러하니 다른 일에는 생각이 미칠 길이 없구나. 다만 세 아들, 딸 하나가 어떻게 살아갈 것인가? 마음이 아프고 괴롭구나."

아내를 향한 지아비로서의 애절한 마음이 그대로 묻어 있다.

⑴ 끔찍한 자식 사랑

이순신은 자식들을 지극히 사랑했다. 이순신은 23세에 회_薈, 27세에 울_蔚, 33세에 면_葂을 얻었으며, 딸이 하나 있었다. 이순신은 이런 자식들을 사랑했다. 사랑했기 때문에 자식 교육도 남달랐다. 이항복이 쓴 『충민사기』에 보면 이순신의 남다른 자식 교육 방법이 나와 있다. 이순신은 자식들을 앉혀놓고 이렇게 말했다. "만일 누가 묻는 사람이 있거든 너희들은 그의 공로를 말하지 단점을 말하지 마라." 다른 사람에 대해서는 좋은 점만 이야기하고 나쁜 점은 이야기하지 말라는 교훈이다.

또 다른 예가 있다. 한산도 진중에서 벌어진 일이다. 어떤 군졸이 형벌을 받게 되었는데 그때 이순신은 자식들에게 이런 말을 했다. "남들이야 뭐라고 해도 내 자식인 너희들은 마땅히 그들을 살릴 수 있도록 해야 한다."

이렇게 자식을 사랑하는 만큼 자식이 올바르게 자라도록 엄격하게 교육했다. 1596년 병신년 7월 21의 일기에 보면 이런 기록이 있다. "이날 아들 회가 하인 수에게 곤장을 쳤다고 하기에 아들을 뜰 아래로 붙들어다가 꾸짖고 타일렀다." 무슨 일로 곤장을 쳤는지는 모르나 이순신이 보기에는 적절하지 못했던 것이다. 그래서 따끔하게 아들을 혼낸 것이다. 난중일기 초고본에는 이를 '논교論敎'라고 썼다.

1597년 정유년 7월 10일의 일기에 보면 이런 기록이 있다.
"새벽에 열과 변존서를 보낼 일로 앉아서 날이 새기를 기다렸다. 일찍 아침 식사를 하였는데 정을 억누르지 못하고 통곡하며 떠나 보냈다."

여기서 열은 둘째 아들 울의 개명된 이름이다. 1597년 5월 3일의 일기에 보면, '아침에 둘째 아들 울蔚의 이름을 열悅로 고쳤다. 열의 음은 열悅이다. 싹이 처음 생기고 초목이 무성하게 자란다는 뜻이니 글자의 뜻이 매우 아름답다'고 되어 있다. 뒤늦게 아들의 이름을 고칠 만큼 이순신의 아들 사랑은 남달랐다. 잠시 아들을 어디로 보내는 데도 마음이 편치 않아 통곡할 정도였다. 그다음 날의 일기다.
"열이 어떻게 갔는지 염려하는 마음을 견디기 어렵다. 더위가 극심하여 걱정이 끊이지 않았다."

아들 때문에 전전긍긍하고 있는 아버지 이순신의 모습이 눈에 선하다. 이순신도 한낱 인간이었다. 이순신은 막내아들인 면을 특히 사랑했는데, 남달리 담대하고 총기가 넘쳤기 때문이다. 명량대첩이 끝나고 이순신은 그가 가장 사랑했었던 막내아들 면의 전사 소식을 접했다. 면은 고향 아산에서 가족을 지키고 있었는데, 명량대첩에 대한 복수로 가토기요마사가 보낸 50명의 특공대와 맞서 싸우다가 21세의 나이로 장렬히 전사한 것이다. 이때 이순신은 그 비통한 마음을 이렇게 표현했다.

"간담이 타고 찢어지는 것 같다. 내가 죽고 네가 사는 것이 이치에 마땅한데, 네가 죽고 내가 살았구나. 천지가 깜깜하고 해조차도 빛이 변했구나. 슬프다, 내 아들아, 나를 두고 어디에 갔느냐… 마음은 죽고 껍데기만 남아 이렇게 울부짖을 따름이다. 하룻밤 지내기가 한 해를 지내는 것과 같구나."

이순신은 나흘이 지나도록 부하들 때문에 마음껏 울어보지도 못해서 소금 굽는 강막지姜莫只의 집에 가서 통곡했다. 자식을 가슴에 묻는 아비의 마음을 어찌 헤아릴 수 있겠는가? 이순신은 어머니와 아내와 자식들을 사랑했고, 가족이 잘못된 길로 가지 않도록 엄격하게 다스렸다.

공직자는 사인私人이 아니다. 사생활마저도 깨끗해야 한다. 세상이 흥흥해서 어지간한 가정사는 눈감아주는 세상이 되었지만 그렇다고 해서 잘못된 사생활이 정당화될 수는 없다. 불륜, 혼외자라는 말이 만연된 세상이다. 내로남불이라는 말이 왜 생겨났는가? 바람을 피워도 그저 일만 잘하면 된다는 식의 논리가 우리 사회에 팽배해서는 안 된다. 나라를 다스리기 전에 먼저 나와 내 가정부터 잘 다스려야 한다.

대체로 가족을 파괴하는 세 가지 요소가 있다. 부적절한 이성 관계, 돈, 명예이다. 이 세 가지는 사회에 영향력을 미치는 리더에게 파고드는 치명적인 유혹들이다. 이성 관계, 돈, 명예에 관한 문제를 어떻게 할 것인가를 머릿속에 잘 정리해두어야 한다. 그래야 그런 상황이 올 때 흔들리지 않는다. 이순신은 이 점에서 철저했다. 오랫동안 고생해서 쌓아온 것들을 단 한방에 무너뜨리는 것이 바로 이 세 가지이다. 가장家長이 무너지면 가정家庭이 무너진다. 가정을 잘 지키는 것이 가족 사랑이다. 가족 사랑은 아무리 강조해도 지나침이 없다. 가족을 사랑해야 그 마음으로 이웃도 사랑하고 나아가 나라를 사랑하게 되는 것이다.

이순신처럼 가족을 사랑하라.

이순신처럼 스스로 일어서라

현명한 사람은 주어진 여건을 최대한 잘 이용해서 스스로 일어서는 사람이다. 남의 도움을 의지해서 스스로 해야 할 일을 하지 않는 사람이 조직의 리더가 된다면 그 조직은 불행해질 수밖에 없다. 이순신은 뛰어난 자력가自力家이다. 누구의 도움도 의지하지 않고 스스로 필요한 것을 만든 사람이다. 장군이었지만 자기가 할 일은 누구를 시키지 않고 직접 했다.

"혼자 돌아앉아 등불을 돋우고 손수 내일 쓸 화살을 다듬었다.獨坐排燈 手自理箭"

⫸ 시키지 않고 직접 했다

이순신은 자기가 해야 할 일은 누구를 시키지 않고 '직접' 했다. 나라가 난리 통에 모든 것이 부족했다. 마땅한 지원이 없었다. 그렇다고 멍하니 앉아서 불평이나 할 것인가? 그대로 굶어 죽을 것인가?

이순신은 1576년 2월에 무과에 급제한 후에 1598년 11월 노량대첩에서 전사하기까지 22년을 군에서 복무했다. 1591년 2월에 전라좌수사가 되었는데 따져보면 15년을 육군으로 마지막 7년을 해군으로 지낸 셈이다. 그는 육군이든 해군이든 어느 직책에 있든지 스스로 일어서는 법을 배웠고, 실행에 옮겼다.

〉〉 정읍현감으로 있을 때의 일

이순신은 스스로 일어서는 힘을 가졌다. 그가 정읍현감으로 있을 때 어떻게 일을 했는지 알아보자. 이순신은 1589년 12월 45세의 나이로 정읍현감으로 부임했다. 그리고 전라좌수사가 되는 1591년 2월까지 있었다. 정읍현감으로 있을 때 그의 업무능력은 탁월했다. 오랫동안 밀렸던 민원을 재빨리 해결했고, 선정을 베풀어 백성의 칭송이 자자했다. 정읍 사람들은 그의 선정에 감사해서 유애사와 충렬사를 지었다.

이순신은 정읍뿐만 아니라 인근에 있는 태인현泰仁縣의 일까지 처리했다. 태인현은 오랫동안 현감이 없어서 여러 복잡한 일들이 산적해 있었다. 그것을 이순신이 신속하게 모조리 처리해 준 것이다. 일 하나만큼은 탁월한 이순신이었다. 그래서 태인현에 사는 백성이 이순신을 태인현 현감으로 오게 해달라고 조정에 간청하기도 했다.

이순신은 해야 할 일이 있으면 마냥 누구의 도움을 기다리지 않고 깔

끔하게 직접 마무리를 지어야 직성이 풀리는 성격을 가졌다. 일에 대해서 만큼은 완벽주의였다.

⦚ 녹둔도에서의 둔전

이순신은 초급장교 시절 함경도 녹둔도에서 둔전屯田을 경영한 경험이 있다. 둔전은 병사들로 하여금 땅을 경작하게 하여 자급자족을 꾀하는 것이다. 1587년 8월 녹둔도 둔전관을 겸할 때였다. 당시 추수기에 북쪽의 여진족이 녹둔도에 침입했는데 이순신이 화살을 맞아가며 이들을 물리쳤지만 함경북병사 이일李鎰이 책임을 회피하기 위해 이순신을 무고로 고발했다. 이때 이순신은 첫 번째의 억울한 백의종군을 하게 된다.

이순신은 녹둔도를 비롯한 함경도 북방의 동구비보, 건원보, 조산보 등 험악한 땅에서만 67개월을 근무했다. 변변한 농사도 지을 수 없는 그 척박한 땅에서 이순신은 스스로 일어서는 법을 배웠다. 이때의 둔전 경험이 여수의 전라좌수영, 한산도의 삼도수군통제영을 운영하는 데 많은 도움이 되었다.

⦚ 기발한 해로통행첩

명량대첩이 끝난 후에 이순신은 군량미 부족으로 고민에 빠져 있을 때다. 군량을 관리하던 이의온李宜溫이란 청년이 이순신에게 제안했다. 해로를 통과하는 배에 대해 안전을 보장해주는 대신에 통행세를 받자는 것이었다. '해로통행첩海路通行帖'이란 제도로 백성도 안전해짐과 동시에 군량미도 확보한 성공적인 제도다. 얼마나 효과적이었는지 류성룡의 『징비록』에 이렇게 기록되어 있다.

"이순신이 해로통행첩을 만들고 명령하기를 '3도(경상, 전라, 충청) 연해를 통행하는 모든 배는 공사선公私船을 막론하고 통행첩 없이는 모두 간첩선으로 인정하여 처벌할 것이다'라고 하였다. 그리고 선박이나 선주의 신원을 조사하여 간첩과 해적 행위의 우려가 없는 자에게는 선박의 대소에 따라 큰 배 3섬, 중간 배 2섬, 작은 배 1섬의 곡식을 바치도록 하였다. 이때 피난민들은 모두 재물과 곡식을 배에 싣고 다녔기 때문에 쌀 바치는 것을 어렵게 여기지 않았고, 또한 이순신 수군을 따라다녔기 때문에 아무런 불평 없이 갖다 바쳤으니 10여 일 동안에 무려 군량미 1만여 섬을 얻었다."

해로통행첩의 공로자는 이를 건의했던 이의온이다. 그래서 이순신이 그의 공로를 조정에 보고하여 나라에서 군자감직장軍資監直長을 제수했지만 사양했다. 이의온은 전쟁이 끝난 후에 포항에 작은 정자를 짓고 말년을 보내다가 편안하게 생을 마감했다. 공로가 있으면 반드시 상을 주는 이순신의 마음도 돋보이고 엄청난 공을 세우고도 겸손하게 뒤로 숨는 이의온도 대단한 사람이다.

▒ 스스로 일해서 먹도록

이순신의 머리에는 늘 백성에 대한 생각뿐이었다. 당사도, 칠산도, 어외도, 고참도, 고군산도 등 섬 지역으로 몸을 피한 피난민에게 둔전과 염전, 고기잡이를 할 수 있는 여건을 최대한 마련해주었다. 이순신이 1598년 2월 17일 완도의 고금도로 본영을 옮길 때는 군사의 수만 무려 8천여 명까지 늘었다. 피난민도 몰려오니 그 수가 헤아릴 수 없었다. 이때 이순신은 그들을 위해 집을 짓고 장사를 할 수 있는 터전도 마련해주었다. 『징비록』의 기록을 보자.

"이순신은 또 백성들이 가지고 있는 구리와 쇠를 모아 대포를 주조하고 나무를 베어다 배를 만들어서 모든 일이 순조롭게 추진되었다. 이때 병화兵禍를 피하려는 사람들이 모두 이순신에게로 와서 의지하여 집을 짓고 막사를 만들고 장사를 하며 살아가니 온 섬이 이를 다 수용할 수가 없었다."

신경申炅이 지은 『재조번방지再造藩邦志』에 보면 '(이순신이) 집을 지어 피난민들에게 팔아 살게 하니, 섬 안에서는 피난민들을 다 수용할 수 없을 정도'라고 당시의 번창했던 상황을 기록했다. 성리학자인 윤휴尹鑴는 "섬 안이 시장이 됐다島中成市"고 말하기도 했으니 얼마나 그 당시 상황이 대단했는지 짐작할 수 있다.

░ 아버지와 아들이 서로 잡아먹었다

오랜 전쟁으로 굶어 죽는 사람이 부지기수였다. 『징비록』에 '어린아이가 길에 죽은 어미의 젖을 빨고 있는 것을 보고', '여기저기 굶어 죽는 사람이 즐비했다', '살아 있는 사람은 다 굶주리고 병들어 낯빛이 귀신과 같았다'고 기록하고 있다. 아버지와 자식, 남편과 아내가 서로 잡아먹었다는 기록도 있으니 당시 어떤 상황이었는지 짐작이 간다. 『징비록』의 기록을 보자.

"조선 전역이 굶주림에 허덕였고, 군량 운반에 지친 노인과 어린이들은 곳곳에 쓰러져 누웠으며, 장정들은 모두 도둑이 되었다. 더욱이 전염병으로 인해서 거의 죽어 없어지고 심지어는 아버지와 아들, 남편과 아내가 서로 잡아먹는 지경에 이르러 노천에는 죽은 사람의 뼈가 잡초처럼 드러나 있었다."

류성룡이 눈물을 흘리며 걱정했지만, 모조리 굶어 죽도록 그냥 놔두지 않았던 이순신이었다.

░ 수국 프로젝트

이순신은 육지는 물론 바다를 경제적 수단으로 삼았던 독특한 인물이다. 바다를 거점으로 삼아 경제활동도 하고 심지어 무역활동까지 한 것이다. 이른바 수국水國 건설이다. 수국에 대한 구체적인 언급은 이순신이지은 「한산도야음閑山島夜吟」에 나온다.

閑山島夜吟 (한산도야음) – 한산도에서 밤에 읊다

水國秋光暮 (수국추광모) – 수국에 가을빛 저무니
驚寒雁陳高 (경한안진고) – 추위에 놀란 기러기 떼 높구나
憂心轉輾夜 (우심전전야) – 걱정으로 뒤척이는 밤
殘月照弓刀 (잔월조궁도) – 새벽 달이 활과 칼을 비추네

수국은 이순신이 마음껏 하고 싶은 대로 했던 한산도일 것이다. 이순신은 수국을 통해서 다시 일어서는 꿈을 실현하려 했을지 모른다. 아무리 자원이 부족하고 제반 여건이 불리하고 주변의 강대국이 핍박해도 절대로 포기하지 않고 다시 일어서는 꿈 말이다.

환경이나 여건을 탓하지 마라. 누구 때문이라는 핑계 대지 마라. 누구의 도움을 바라지 마라. 누가 해줄 것이라는 생각을 버려라. 이순신처럼 스스로 일어서라.

이순신처럼 손자병법에 정통하라

이순신을 통해서 배울 수 있는 교훈은 너무나 많다. 리더십이든 전략이든, 처세술이든, 인생관이든, 사생관이든 그리고 학문적이든, 실천적 적용분야든, 어떤 분야에서든 그를 통해 많은 가르침을 얻을 수 있다. 이순신은 문무를 겸비한 자다. 동서고금을 막론하고 이렇게 양면을 동시에 깊이 있는 수준까지 이른 사람은 그리 많지 않다.

이순신의 해전은 세계 어느 전사에서도 찾을 수 없는 기적 같은 성과를 달성했다. 그가 완벽한 승리를 얻었던 그 이면에는 두 가지의 원인이 존재한다고 볼 수 있다. 첫째는 그가 가진 학문적인 깊이요. 둘째는 실전 리더십과 전략이다.

이순신은 당시 학문의 기본인 유학뿐 아니라 병법서에도 통달했다. 폭넓은 그의 독서는 조선 시대 무과 시험과목인 『무경칠서武經七書』는 기본이고, 유학서인 『자치통감』, 『사기』, 『사서삼경』 그리고 전쟁을 위한 책인 『동국병감』, 『역대병요』를 읽었다. 『송사宋史』와 『삼국지연의』도 읽었고 류성룡이 남긴 군사교본인 『전수기의십조』 등 여러 분야를 섭렵했다.

≒ 손자병법에 정통했던 이순신

이순신은 『무경칠서』에 포함된 『손자병법』을 공부했다. 그리고 그의 해전을 분석해보면 손자병법의 핵심원리가 그대로 적용되고 있음을 쉽게 확인할 수 있다. 1594년 9월 3일 『난중일기』에 보면 이렇게 기록되어 있다.

"나를 알고 적을 알아야만 백번 싸워도 위태하지 않다고 하지 않았던가知己知彼 百戰不殆 지기지피 백전불태!"

그리고 1594년 11월 28일 일기의 뒤편에 보면 이런 메모가 있다.

"나를 알고 적을 알면 백 번 싸워 백 번 이기고, 나를 알고 적을 모르면 한 번 이기고 한 번 질 것이다. 나를 모르고 적도 모르면 매번 싸울 때마다 반드시 질 것이다. 이것은 영원히 변할 수 없는 이론이다知己知彼 百戰百勝 知己不知彼 一勝一負 不知己不知彼 每戰必敗 此萬古不易之論也."

이 내용을 정확히 『손자병법』에서 찾아보면 이렇다.

"적을 알고 나를 알면 백 번 싸워도 위태하지 않고, 적을 모르고 나를 알면 한 번은 이기고 한 번은 질 것이다. 적을 모르고 나도 모르면 매번 싸울 때마다 반드시 위태할 것이다知彼知己 百戰不殆 不知彼知己 一勝一負 不知彼不知己 每

戰必殆." −제3 모공편−

이순신이 쓴 글과 진짜 손자병법은 차이가 있다. 이순신이 몰라서 그렇게 했을 수도 있고, 아니면 알면서도 자기 생각을 글에 심기 위해 그렇게 썼을 수도 있다. 사실 이순신이 아니고는 아무도 알 수는 없다. 이제 서로 비교해보자.

처음부터 지피知彼와 지기知己의 위치가 바뀌었다. 손자병법은 적을 먼저 아는 것을 앞으로 내세웠지만, 이순신은 나를 먼저 아는 것을 앞세웠다. 적보다 나를 먼저 아는 것이 중요했던 것이다.

그리고 9월 3일의 일기에는 정확히 백전불태百戰不殆라고 표현했는데 11월 28일 뒤의 메모에는 백전백승百戰百勝으로 표현했다. 이 차이는 실로 크다. 손자병법에서 이 어구의 위치는 제3 모공편이다. 꾀로 공격한다는 내용이다. 적과 나에 대한 정보의 중요성을 강조하고 있다. 그런데 그 정보라는 것은 늘 불완전하다. 특히 전시에는 더욱 그렇다. 적과 나를 아는 정보가 있다고 해서 백 번 싸워서 백 번 이긴다는 것은 사실상 불가능하다. 그래서 손자는 이 어구를 사용할 때 백전백승이라는 표현 대신에 백전불태라는 표현을 쓴 것이다. 백 번 싸워 백번 위태하지 않을 수준이지 백 번 싸워 백 번 다 이길 수 있다는 것은 아니라고 한 것이다.

⦚ 백전불태가 아니라 백전백승을

그런데 이순신은 백전백승을 사용했다. 자신감인가? 아니면 아직 손자를 제대로 이해하지 못해서인가? 아니면 그만큼 승리에 대한 집착일까? 그리고 그 뒤에 이어지는 어구에도 여전히 적彼과 내己가 서로 바뀌어있다. 적이 아니라 나에 대한 정보가 우선인 것을 강조한 것이다.

그리고 마지막에도 손자병법은 매전필태每戰必殆로 표현했지만, 이순신은 매전필패每戰必敗로 썼다. '반드시 위태하다'와 '반드시 질 것이다'의 차이는 큰 차이이다. 과연 이순신은 어떤 마음으로 이 어구를 재해석했는지 궁금하다. 다시 말하지만, 이순신의 마음에 들어가기 전에는 정확히 읽을 수가 없다. 그런데 이 글에 영향을 준 것으로 추정되는 류성룡에 대해 잠시 살펴보자.

류성룡은 병법에 무지해 패전하는 장수들을 위해 자신이 과거에 편집한 『증손전수방략』을 복기하고 다시 정리해 1594년 6월 선조에게 『전수기의십조戰守機宜十條』라는 이름의 병법 요약집을 올려 장수들에게 배포하도록 했다. 『전수기의십조』는 적군을 막아 지키는 방책을 열 가지로 논한 글이다. 바로 그 『전수기의십조』에 손자병법과는 다른 이순신의 '지기지피'가 나온다.

"병법에 이르기를, '나를 알고 적을 알면 백 번 싸워서 백 번 이기고, 나를 알지 못하고 적을 알지 못하면 백 번 싸워서 백 번 진다'고 했다. 이른바 나를 알고 적을 안다는 것은 적과 나의 장단점을 비교해 헤아린다는 뜻이다." -『진수기의십조』

류성룡을 통해『진수기의십조』를 읽은 이순신은 바로 이 대목에 주목했고, 나름대로 생각을 정리해서 글로 옮겼을 가능성이 크다. 근원을 따지자면 류성룡도 손자병법을 정확히 옮기지 못했든지 아니면 고의로 그렇게 했는지 알 수 없다. 손자병법에서 일반적으로 가장 많이 알려진 이 어구는 류성룡 혹은 이순신에 의해 살짝 다른 방향으로 사용되었음을 알 수 있다.

⦚ 23승이 아니라 38승이다

1592년 임진왜란이 시작된 해로부터 이순신의 마지막 해전인 1598년 노량해전까지 약 7년간의 행적을 보면, 총 13회를 출동해서 크고 작은 전투 43번을 하는 동안 일본전선 731척을 완파했고, 23척을 나포했으며, 명량대첩 당시 8천여 명을 포함한 일본 수군 수만 명을 도륙했다. 이 책의 앞에서도 언급했지만, 이순신의 전적은 43전 38승 5무라 할 수 있다. 이런 전과에 비해 이순신이 이끈 조선 전선은 단 5척만이 침몰되었고, 전사는 불과 67명, 부상은 148명에 그쳤다. 만약 이 기록이 공식적으로 확인된다면 마땅히 세계 기네스북에 올라야 할 것이다. 물론 이 기록은 아직도 검증이 필요하다. 이순신이 이런 놀라운 기록을 세울 수 있었던 것은 집중화력으로만 적선을 깨는 당파전술과 탁월한 리더십과 전략이 있었기에 가능한 것이었다.

‖ 이순신의 전략과 손자병법

여기서는 특별히 이순신이 행했던 과학적이고 실제적인 전략을 알아보기로 한다. 이것만 제대로 알아도 이순신이 어떻게 연전연승했는지 알수 있고, 이로써 우리가 배울 수 있는 교훈이 참 많다. 다소 어렵게 느껴지겠지만, 인내심을 가지고 잘 보기 바란다.

이순신의 전략을 요약하면 '제승制勝'이라는 전략과 '불패不敗'라는 전략으로 설명할 수 있다. 그리고 그 전략을 관통하는 저변에는 '자보전승自保全勝'이 있다.

다소 내용이 길더라도 끝까지 읽어보면 좋겠다. 내가 『손자병법』 원문을 거의 3만 번 이상 읽으며 깨친 중요한 핵심이다. 이순신의 핵심전략은 물론이고 손자병법의 중요한 핵심을 아주 빨리 이해하게 되는 성과가 있을 것이다.

‖ 제승의 전략

'제승制勝'이라는 말은 『손자병법』 제6 허실虛實 편의 '제승지형制勝之形'에서 나오는 말이다. 여기서는 그냥 '제승制勝'으로 부르기로 한다. 한산도의 제승당制勝堂은 바로 이 제승에서 나왔다. '제승'이라는 말의 뜻은 승리를 위해 은밀하게 그 유리한 조건을 사전에 만들어 놓는 것을 의미한다. 이것은 심오한 지혜를 요구하고 전략적인 안목이 뛰어나지 않으면 안 된다.

어떻게 미래의 상황을 예측해서 그러한 유리한 포석을 둘 수 있겠는가?

　명량대첩을 예로 들어 보다 쉽게 이해할 수 있도록 설명해 보겠다. 명량대첩 당시에 이순신은 비록 배가 12척이었지만 고차원적 전략인 여섯 가지 '제승制勝'으로 이길 수 있는 조건들을 만들어나갔다.

첫 번째 제승

　남해안 전체에서 적은 수로 많은 적을 상대할 수 있는 곳은 견내량 해협과 명량 해협 딱 두 군데뿐이다. 그런데 견내량 해협은 칠천량 해전 때 일본 수군이 장악했다. 그렇다면 명량 해협 하나밖에 없다. 이순신은 마지막 희망을 여기에 걸고 과감하게 나머지 해역을 포기하고 남해안 끝자락까지 우회하여 울돌목의 전략적 요충지를 먼저 잡았다. 진정한 전략가는 작은 것에 연연하지 않고 큰 것을 잡는데 과감해야 한다. 이에는 전략적인 안목과 용기가 필요하다. 다른 해역은 다 포기하고 과감하게 명량을 택하여 적을 유인한 바로 이것이 이순신이 행했던 첫 번째 '제승制勝'이었다. 싸울 장소를 택하고 유리한 지위를 갖는 것이다. 이것은 당시 상황에서 볼 때 정말 쉽지 않은 결단이라 할 수 있다.

두 번째 제승

　울돌목으로 이동하는 과정에서, 네 차례에 걸쳐 일본 전선이 이순신의 전선을 공격했을 때, 이순신은 오히려 이것을 좋은 기회로 삼아 오합지졸이었던 조선 수군에게 이순신만 믿고 싸우면 어떤 불리한 상황에서도 반드시 이길 수 있다는 자신감을 강하게 불어넣었다. 이것이 두 번째 '제승制勝'이다. 『손자병법』제2 작전作戰편의 '승적이익강勝敵而益强' 즉 싸워 이길수록 더욱 강해지는 법을 말한다. 작은 성공을 반복적으로 체험하게 하여 자신감을 주는 것이다. 이순신은 적의 잦은 공격을 오히려 이렇게 유리하게 이용했다. 전략가는 적도 이용한다. 칠천량 해전에서의 악몽 가운데 패배 의식이 만연되어 있었던 조선 수군은 이순신이 솔선수범하여 앞장서서 일본 전선을 격파해 나가는 모습을 목격하면서 자신감이 회복되었다. 자신감은 정말 중요하다.

세 번째 제승

9월 15일을 기해 전선을 벽파진에서 과감하게 우수영으로 옮김으로써 명량 해협의 사지死地를 일본 전선의 등 뒤에 두게 했는데 이것이 세 번째 '제승制勝'이었다. 『손자병법』제9 행군行軍편에 '전사후생前死後生'이라는 말이 나오는데 이 말은 앞에는 사지를 두고 뒤에는 생지를 두라는 뜻이다. 만약에 사지를 등 뒤에 둔다면 싸움에 불리해서 도망갈 경우에는 등 뒤에 놓여 있는 사지 때문에 도망갈 수가 없어 자칫 전멸당할 수 있다. 사지와도 같은 명량의 좁은 해협을 등 뒤에 두지 않고 이를 앞에 두도록 이순신이 조치한 것은 바로 이런 이유에서였다.

네 번째 제승

대규모 일본 전선을 좁은 명량의 수로를 통과하도록 함으로써 한꺼번에 덤비지 못하고 축차적으로 들어오게 만들었다. 이것이 네 번째 '제승

_{制勝}'이었다. 『손자병법』제6 허실_{虛實}편의 '적수중가사무투_{敵雖衆可使無鬪}, 즉 '적이 비록 아무리 많더라도 가히 싸우지 못하게 할 수 있다'는 말이 바로 이것이다. 좁은 목 사이에 들어오는 병력 외에는 대부분은 유병화_{遊兵化}가 되어 직접적인 위협이 되지 않는 것이다.

다섯 번째 제승

우수영으로 진을 옮긴 그 날에 짧고도 강력한 연설을 통해 전의를 북돋웠으니, 이것이 전투에 있어서 가장 중요한 정신전력을 극대화하는 조치로서 다섯 번째 '제승_{制勝}'이다.

여섯 번째 제승

마지막으로, 비록 실패는 했지만, 적보다 먼저 울돌목의 좁은 목에 나가 일자진_{一字陣}으로 틀어막으려 했으니 이것이 여섯 번째 '제승_{制勝}'이라 할 수 있다. 이순신이 실제 상황에서는 기습을 받았기 때문에 일자진을 형성할 수는 없었지만, 그의 머릿속에는 분명히 일자진을 형성하려는 복안이 있었을 것이다. 왜냐하면, 압도적인 우세의 일본군을 저지할 수 있는 유일한 방법은 바로 울돌목의 좁은 길목에서 일자진으로 일단 틀어막는 것이었기 때문이다. 이때 일자진의 주목적은 물리적으로 적의 전선을 모두 파괴하는 것이 아니라, 적의 심리를 노려서 진출하려는 의지를 꺾는 것이 그 목적이라 할 수 있다. 즉 물리적 파괴가 목적이 아니라 심리적 파괴가 목적이었다.

이렇게 여섯 가지의 제승은 승리를 확실하게 만드는 빈틈없는 조치였다. 제승은 승리를 위한 태세를 몇 겹으로 둘러치는 것으로 볼 수 있다. 승리의 연결고리를 여러 개 만드는 것이다. 한 가지가 실패하면 즉시 다른 것으로 대처하고, 또 한 가지가 실패하면 또 다른 것으로 대처하는 전략이다. 이는 마치 전구를 직렬로 연결하는 것이 아니라 병렬로 연결하여 한 가닥 선이 끊어지더라도 여전히 불이 들어오는 것과 같다.

이렇게 제승의 태세는 승리를 위해 취할 수 있는 모든 방법을 다 동원하고, 전반적인 승리 태세를 겹으로 둘러치는 것이다. 즉 승리의 복합 시스템으로 승부를 거는 것이라 할 수 있다.

제승의 전략은 궁극적으로는 직접적인 전투 이전에 이길 수 있는 태세를 만드는 것이라 할 수 있다. 이것은 곧 『손자병법』제4 군형軍形 편에 나오는 '선승이후구전先勝而後求戰' 즉 '먼저 이겨놓고 싸우는' 그런 태세를 갖추겠다는 것이다. 다시 말해 이길 수 있는 모든 조건을 만들어 놓고, 이길 수밖에 없을 때 비로소 싸워 이긴다는 것이다. 이런 태세는 곧 승리에 도움이 된다고 한다면 그 어떤 것도 이용하는 것과 통한다. 이순신은 절대로 패할 싸움은 하지 않았다.

∥불패의 전략

'제승制勝'의 전략과 더불어 이순신이 가지고 있었던 독특한 전략은 바로 '불패不敗'의 전략이다. '불패不敗'라는 말은『손자병법』제4 군형軍形편에 있는 '입어불패지지立於不敗之地'에서 나왔다. '불패'라고 하면, '지지 않는 것'을 말한다. 왜 그러면 흔히 말하기 좋아하는 '필승必勝'이 아니고, 다소 소극적으로 보이는 '불패'인가?

반드시 이긴다고 하는 '필승'에 모든 것을 걸어버리면, 그것을 이루기 위해서는 아군의 피해도 엄청나게 따른다. 반드시 이겨야 하기 때문에 무리한 전투가 되는 것이다. 적도 깨지지만 나도 깨진다. 그런데, 무한정 자원이 뒷받침되는 상황에서는 적을 깨면서 나도 깨지는 이 '필승'을 어느 정도는 생각할 수 있지만, 조선의 현실은 그렇지 못하다. 한 번 크게 패하게 되면 더 이상 버텨나갈 길이 없다. 결국은 현재 있는 것으로 모든 것을 해결해 나가야 한다. 그러니 모든 싸움에서 신중을 기할 수밖에 없다. 그래서『손자병법』에서 깨지는 '파破'를 피하고 온전한 '전全'을 지향하라고 강조한 것이다.

그러나 원균은 언제나 그렇듯이 칠천량에서 그의 방식대로 '필승'만을 생각하고 무모하게 달려들었다. 그 결과 겨우 12척의 배만 남았다. 이순신이었기에 그 병력을 보완하여 명량대첩의 대승이란 기적을 이룬 것이다. 상식적으로는 승리의 가능성이 적은 사실상 불가능한 해전이었다. 이렇게 이순신은 무모하게 달려드는 '필승'을 지향한 것이 아니라, 현명하고 신중하게 전투를 해나가는 '불패'를 지향했다. 불패는 필승보다 고차원적인 전략이다.

‖ 최고의 전략인 자보전승

'불패'의 보다 깊은 수준을 알기 위해서는 『손자병법』 제4 군형軍形편에 나오는 '자보전승自保全勝'의 의미를 잘 알아야 한다. 나를 보존하면서 온전한 승리를 거둔다는 뜻의 자보전승은 손자병법의 저변을 꿰뚫는 핵심사상이다.

우선순위는 내가 보존되는 것이다. 내가 해를 입으면서 목적을 달성한다면 이는 바람직하지 못하며 차원이 낮은 전략이라 할 수 있다. 특히 자원이 부족한 상황, 더 보충이 어려운 상황에서는 이러한 '자보전승自保全勝'의 정신은 매우 중요하다.

이순신의 불패 전략은 바로 이 '자보전승自保全勝'과 같은 맥락의 개념이다. 이순신은 어떤 해전에서도 우리 편이 깨지지 않고 온전한 승리를 달성하기 위해 애썼다. 철저히 백병전을 피하고 원거리 함포사격전을 한 이유도 그렇다.

‖ 활의 노래

이순신은 칼보다 활을 더 좋아했고 중시했다. 본래 조선은 활을 잘 사용하는 민족이다. 이는 어쩌면 학익진의 정신과 통하는 바가 있다. 칼은 곧 백병전을 의미하지만, 활은 원거리에서 적을 살상한다는 데 의미가 있다. 사무라이 출신인 일본군은 칼을 잘 쓴다. 가까이 붙게 되면 조선군이 불리할 수밖에 없다. 가능한 한 붙지 않고 멀리서 적을 사살하는 것이 더욱 안전하다. 그래서 이순신은 평소에 부하들에게 활쏘기를 강조했고, 그 자신도 활 쏘는 훈련을 열심히 했다. 이렇게 볼 때 이순신의 상징은 칼이 아니라 활이다. 극단적으로 보면 칼은 한낱 의장용이나 장식품에 불과했다 할 수 있다. 이렇게 이순신은 칼보다도 활을 사랑했으니 그가 부르는 노래는 '칼의 노래'가 아니라 '활의 노래'였다.

⁄⁄ 불패와 생명존중

불패의 전략은 또 다른 측면에서 보면 이순신의 '생명존중 사상'과 직접 관련이 있다. 앞에서 말한 활을 중시하는 것이나 학익진의 사상은 바로 사람의 생명을 귀하게 여기는 것으로부터 출발하고 있다. 이순신은 헛된 영예를 얻기 위해 부하들을 이용하거나 죽음으로 몰아넣지 않았다. 또한, 일본군이 육지로 도망가면 그것을 추격하지 않도록 했다. 왜냐하면, 육지에 들어가면 칼로 백병전을 잘하는 일본군을 당해내기 어렵고 많은 해를 입게 되기 때문이다.

그리고 적선 열 척을 잡으면 한 척 정도는 남겨두어 일본군이 남겨진 그 배를 타고 도망가도록 유도하였다. 멀쩡한 배가 한 척도 없다면 죽기 살기로 덤벼들 테고 그로 인해 얼마나 큰 피해가 있겠는가? 그래서 무리하게 전과를 올리지 않도록 한 것이다. 이런 조치들이 생명존중과 관련이 있다.

⫶ 매섭게 몰아쳐서 끝내라

　제승의 핵심은 이길 수 있는 태세와 조건을 조성하는 것이며, 불패의 핵심은 최소한의 피해로 목적을 달성하는 것이다. 이순신은 이러한 전략을 바탕으로 면밀히 적을 지켜보고 있다가 적의 패색이 보이면 그 틈을 놓치지 않고 공격했다. 전략의 마지막 모습은 전투를 통해서 실제로 이루어졌고 완성되었다.

　마지막 전투의 양상은 '과감하게 집중하고, 맹렬하게 공격을 가하는 것'으로 묘사될 수 있다. 적이 정신을 차리지 못하도록 맹렬한 공격을 가하는 것이 이순신의 전형적인 전투 모습이라 할 수 있다. 『임진장초』 9장에 보면 이러한 이순신의 전형적인 공격 장면이 나온다.

　"그때 여러 장수와 군사와 관리들이 이기는 틈에 기뻐하면서 앞을 다투어 돌진하면서 대전大箭과 철환을 마구 쏘니, 그 형세가 바람과 우레 같아, 왜선을 불태우고 왜놈을 죽이기를 한꺼번에 거의 다 해치워버렸습니다."
　이순신이 결정적인 순간에 몰아칠 때의 그 기세는 바람과 우레와 같이 대단했다. 이것이 『손자병법』 제5 병세兵勢편에 나오는 '기절단 기세험其勢險 其節短'이다. 그 세는 험하고 그 절도는 빠르다는 뜻이다.

⫶ 지피지기

　이순신은 정보전에 뛰어난 감각을 가졌다. 항상 부하 장수들로부터 적정에 대해 빈틈없이 보고를 받았고, 일본군의 기습에 대비해서 본영에는 머물러 지키는 장수, 즉 유수장留守將을 두었다. 그리고 산봉우리에는 망보는 장수, 즉 망장望將을 배치하고 일본 전선을 보는 즉시 보고하도록 했다.

1593년 계사년의 장계를 보면 싸움을 하는 전선의 수보다 오히려 적을 탐지하는 초탐선의 수가 더 많았다. 당시 이순신의 통합함대는 96척이었는데, 초탐선은 이보다 더 많은 106척이었고, 이듬해인 1594년 갑오년에는 초탐선이 110척이나 되었다. 명량대첩에서도 보면 전선은 불과 12척인데 반해 초탐선은 32척이나 되었다.

이를 볼 때 이순신의 정보활동은 크게 두 가지로 볼 수 있다. 우선, 수많은 정탐꾼과 초탐선을 사방팔방으로 보내어 적을 꿰뚫어 보고 승리가 위태롭지 않도록 조치했으며, 그다음으로 싸움할 장소의 기상과 지형에 관한 정보를 속속들이 파악해서 그에 맞는 전략을 구상했으니 비로소 그의 승리는 온전해질 수 있었다.

이순신이 모든 해전을 대체로 그가 마음먹은 대로 끌고 갈 수 있었던 이유가 바로 이러한 정보에서 적보다 우위에 있었기 때문이다. 결국, 이는 주도권主導權에 관한 문제라 할 수 있다. 일단 정보전에서 승리해야 적을 손바닥 위에 올려놓고 내 마음대로 요리를 할 수 있다.

이를 『손자병법』제6 허실虛實 편에서 '치인이불치어인致人而不致於人'이라고 하는데, '적을 내가 끌고 가되 내가 적에 의해 끌려다니지 않는다'고 하는 것이다. 이순신이 남달리 정보에 촉각을 세웠던 이유가 바로 여기에 있었다. 이순신의 제승 전략이나 불패 전략도 결국 정보 우위를 바탕으로 한 주도권과 연결이 되어 있다.

어떤 경우에서든 주도권만은 잡고 있겠다는 것이다. 이러한 차원 높은 전략을 저변에 깔고 그는 믿기지 않을 만큼의 최소한의 피해로 완벽한 승리를 달성했다.

⫶과감한 집중으로 쉽게 이겼다

이순신은 가능한 한 쉽게 이기는 전쟁을 택했다. 무슨 말인가 하면 불리한 여건과 열세한 전력으로 힘들게 싸우려 하지 않고 가능한 유리한 조건을 만들어 압도적인 전투력으로 쉽게 이기려 했다는 것이다. 이게 참 중요하다. 어설프게 싸우는 사람은 힘들게 싸우고 이기더라도 어렵게 이긴다. 피해도 크다. 그러나 정말 잘 싸우는 싸움의 고수는 쉽게 싸우고 피해도 작다. 이른바 쉬운 승리를 거두는 것인데 이를 손자병법에서는 '이승易勝(제4군형편)'이라 부른다.

이순신은 가능한 많은 배를 모아 일본 수군보다 우위를 달성해서 싸우려 했다. 그래서 연합함대를 결성해서 전투력을 집중했다. "나는 오직 집중하고 적은 분산시킨다我專而敵分(제6허실편)"고 하는 손자병법의 명구는 바로 이순신이 즐겨 사용했던 병법이다. 사실상 이순신은 명량대첩이나 부산해전 등 극히 소수의 해전 외에는 대체로 일본 수군보다 더 많은 전선을 집중해서 일본 전선을 격파했다.

옥포대첩에서는 조선군 포작전을 합해서 91척, 일본군 30척이었다. 사천해전에서는 조선군 26척, 일본군 13척이었다. 한산도대첩에서는 조선군 59척, 일본군 73척(대선은 36척)이었다. 일본군의 기록에는 조선군이 108척이라 했다. 장림포해전에서는 조선군 166척, 일본군 6척이었다.

이순신은 매우 지혜로운 전략가였다. 전투력을 집중해서 운용했고 절대로 힘든 싸움을 하지 않았다. 최대한 유리한 조건을 만들어서 쉬운 승리를 추구했다. 여러 승리의 태세를 만들어 놓고 싸웠다. 이겨놓고 싸웠으며 패할 싸움은 하지 않았다. 그리고 우선 나를 보존하며 온전한 승리를 추구했다. 이렇게 이순신은 그의 모든 해전에서 손자병법의 가장 중요한 핵심내용을 그대로 적용했다.

그는 손자병법에 정통했지만, 실전에서는 오히려 손자병법을 뛰어넘는 전략을 구사했다. 손자병법을 잘 알면 전쟁할 때는 당연히 좋고, 우리가 살아가는 불안한 사회생활에서도 아주 유용하게 적용할 수 있다.

생활에 직접 적용이 가능한 손자병법은 『생활밀착 손자병법』의 졸저를 통해 이미 소개해드렸다. 일상에서 일어날 수 있는 대표적인 40개의 사례를 손자병법으로 어떻게 지혜롭게 해결할 수 있는가를 다룬 책이다. 그중에서 특히 관심을 가질 내용이 앞에서도 소개했듯이 이순신이 아주 잘했던 제승制勝의 전략이다. 성공할 수 있는 여러 방법을 부지런히 만들어 놓는 것이다.

성경 전도서 11장 6절에 보면 이런 구절이 나온다.

'너는 아침에 씨를 뿌리고 저녁에도 손을 놓지 말라. 이것이 잘 될는지 저것이 잘 될는지, 혹 둘이 다 잘 될는지 알지 못함이니라'

기가 막힌 말이 아닐 수 없다. 어디에서 뻥하고 터질지 모르니 여기저기 부지런히 심어놓는 것이다. 여러 사람도 만나보고, 여러 일을 동시에 벌여도 보는 것이다. 이것이 바로 제승지형制勝之形이다. 실로 고차원적인 전략이자 아주 실용적인 전략이다. 이렇게 우리의 삶 속에 손자병법은 매우 유용하다. 이순신처럼 손자병법에 정통하라.

이순신처럼 삶의 원칙을 세우라

삶의 원칙이란 양보할 수 없는 가치와 기준을 말한다. 삶의 이유이기도 하다. 이것이 잘 갖추어지면 어떠한 유혹이나 선택의 기로에서도 분명한 태도를 취할 수 있다. 명량대첩이 일어나기 전, 이순신은 부산으로의 출정을 거부하여 투옥을 당했다.

⦚ 부산출정을 거부한 이순신

일본은 정유년(1597년) 1월부터 가토 기요마사加藤淸正를 선봉 제1군에, 고니시 유키나가小西行長를 제2군에 세워 조선 재침략에 들어갔다. 이른바 정유재란이다. 이때 일본에서 출동한 병력은 약 15만 명으로 경상도 연안에 잔류시켰던 5만여 명을 합하면 임진년 당시보다 더 많은 20만 명에 달하는 어마어마한 규모였다. 가토 기요마사의 선봉 제1대 150여 척이 서생포에 1월 12일 자로 도착했었고, 그가 친히 인솔한 제2대 130여

척은 다음날인 13일에 가덕진에 도착했으며, 14일에는 제2대가 가덕진을 출발하여 다대포를 거쳐 서생포로 향했다.

이때 도요토미 히데요시는 고니시 유키나가에게 이순신을 제거하라는 명령을 내렸다. 고니시는 간첩 요시라要矢羅를 시켜서 조선의 임금이 직접 이순신에게 부산으로 출동하라는 명령이 떨어지게 만들었다. 물론 이순신을 제거하려는 고도의 계략이었다.

╎╎ 적의 속임수를 간파하다

이때 이순신은 즉각 출동하지 않고 신중하게 상황판단을 했다. 『징비록』에 보면, 이 부분에 대해 이렇게 간단하게만 기록되어 있다.

"이순신은 왜적들의 간사한 속임수가 있다는 것을 의심해서 출동하지 않았고, 여러 날 동안 머뭇거렸다."

이 중요한 대목에 대해서 일본의 사료인 『조선역수군사朝鮮役水軍史』에도 비슷하게 기록되어 있다.

"그러나 이순신은 일본군의 속임수를 두려워하여 출동하지 않았다."

권율은 이순신이 명령을 듣지 않았다고 해서 죄를 물어 조정에 보고했다. 이들 보고서에 의하면 이때 이순신은 일본군의 흉계에 빠질까 하여 출동하지 않았다.

이순신이 판단하기에 의심되는 것들이 한둘이 아니었다. 가토 기요마사가 다시 조선으로 들어온다고 하는 그 귀중한 정보의 출처가 어디였겠는가? 분명히 무언가 꿍꿍이가 있을 것이다. 그리고 만약에 그 정보대로 온다고 하자. 언제 정확히 올 것인가? 부산 앞바다의 망망대해에 배를 띄워 언제까지나 마냥 기다리고만 있어야 하는가?

만약에 가토의 군대가 미리 들어와서 중요한 지점에서 매복해서 이순신의 함대를 기다린다면 어떻게 되겠는가? 자칫 전멸할 위기도 예측할 수 있다. 그리고 임진년의 전쟁에서 혼이 났었던 도요토미 히데요시가 이순신을 목표로 어떤 간계를 꾸미고 있을지도 모르는 일이다. 임금과 이순신의 관계를 더욱 악화시켜서 이순신을 제거하려는 수작은 아닌가?

⫸ 임금의 명령도 듣지 않을 때가 있다

그동안 이순신은 현장을 중시 여겨 조금이라도 의심되는 부분이라고 생각되면 사방팔방으로 초탐선과 망군을 보내어 눈으로 직접 확인한 뒤에 행동으로 옮겼다. 그래야 전력도 보존할 수 있고, 적을 잘 알아서 확실한 전과를 얻을 수 있기 때문이다. 분명히 이 당시 이순신은 부산 방향으로 이런 정탐을 보냈을 것이다. 그런 일은 하루 이틀이 걸리는 것이 아니라 며칠이 걸리는 일이다. 아무리 조정의 명령일지라도 현장 지휘관인 이순신이 직접 현장을 확인하고 난 뒤에 싸움의 법칙, 즉 전도戰道를 따져 확실히 이길 자신이 있을 때, 그때 출동을 하려 했을 것이다.

『손자병법』제8 구변九變편에 보면, '군명유소불수君命有所不受'라는 말이 있다. 비록 임금의 명령이라도 듣지 않을 경우도 있다는 말이다. 이때의 기준은 분명하다. 『손자병법』제10 지형地形편에 나오는 '전도戰道'를 판단하는 것인즉, 싸움의 법칙인 전도에 비추어보아 반드시 이길 것 같으면 아무리 임금이 싸우지 말라 해도 싸울 수 있고必戰可也, 전도에 비추어보아 반드시 질 것 같으면 아무리 임금이 싸우라 해도 싸우지 않아도 된다無戰可也는 말이다.

이순신은 조정의 명령에 복종하는 것은 당연하지만, 전도戰道를 따져보았을 때 신중을 기해야 했다. 자칫 잘못하면 3년 전의 장문포 해전 꼴이 난다.

1594년 11월에 벌어졌던 장문포 해전은 육군과 수군이 합세해서 장문포에 주둔한 일본군과 싸웠지만, 일본군이 아예 숨어서 나오지 않았기에 성과도 없이 끝났었다. 장문포 해전은 당시 삼도도체찰사이던 윤두수尹斗壽가 일본군의 상황도 모르고 무리해서 벌였던 해전이었다. 해전에 대한 책임을 물어 윤두수는 직위에서 해임되었고, 다시는 군사 작전을 논하지 못하게 했다. 이때 소극적으로 전투했다고 해서 권율과 이순신에게도 죄를 물으려 했다. 이순신은 이런 장문포 해전을 잊을 수 없었을 것이다.

⫶ 분명한 진퇴의 기준이 있다

이순신의 마음에는 어떻게 하면 백성과 나라를 보호하고, 임금을 지킬 수 있느냐에 모든 기준이 맞추어져 있다. 『손자병법』제10 지형地形편에 보면 '진불구명進不求名퇴불피죄退不避罪유민시보唯民是保이리어주而利於主'라 하여, '앞으로 나아가도 사사로운 명예를 구함이 아니요, 뒤로 물러서도 죄를 피하기 위함이 아니니, 이는 오직 백성을 보호하고, 임금에게 유익을 주기 위함이다'는 어구가 있다. 바로 이것이 평상시 이순신의 마음속에 새겨두고 있는 구절이며 삶의 원칙이다.

이순신이 임금의 명령을 거부하는 사람은 아니었다. 오히려 고지식하다시피 충직한 사람이었다. 활쏘기 훈련을 할 때도 절대로 임금이 있는 서울 방향으로는 활을 겨누지 않을 정도였고 아무리 임금이 그를 미워할지라도 임금을 향한 충성심은 변함이 없었다.

백의종군 중에 진주 손경례의 집에서 다시 삼도수군통제사로 재임명을 받았을 때도 임금을 원망하지 않고 거적을 깔고 임금을 향해 절을 올렸었다. 사실 아무것도 없는 상황에서 이순신에게 중책을 준다는 것은 그 중책에 책임을 지고 죽으라는 소리와 같다. 선조의 이런 마음을 꿰뚫고 있는 이순신이지만 그래도 임금인지라 단 한마디도 원망하는 말을 하지 않았다. 이순신은 늘 침묵으로 일관했다.

이순신의 기준은 늘 백성과 나라였다. 비록 부산으로 출정하라는 것이 임금의 명령일지라도 잘 살펴야 했다. 섣불리 나갔다가 잘못되면 모두가 잘못될 수 있기 때문이다.

∰ 이순신 투옥되다

신중을 기한 이순신은 곧바로 부산으로 출정하지는 않았지만 2월 10일경, 200여 척의 전선을 끌고 부산으로 나갔다. 그러나 조정에서는 이순신을 잡아들이라는 명령을 내렸다. 그 죄명은 여러 가지였다.

조정을 속이고 임금을 업신여긴 죄欺罔朝廷 無君之罪
왜적을 놓아주고 나라를 저버린 죄縱賊不討 負國之罪
남의 공로를 가로채고 남을 죄에 빠뜨린 죄奪人之功 陷入於罪
방자하고 기탄이 없는 죄無非縱恣 無忌憚之罪

이순신을 잡아넣으려고 억지로 갖다 붙인 말도 안 되는 죄목들이다. 이순신은 투옥 중에 죽을 고비를 넘겼으나 그는 분명한 원칙을 고수했다. 나아가고 물러서는 것에 대한 기준을 가지고 있었던 것이다.

∰ 죽고 사는 것이 천명이니

이순신은 사생관이 분명했다. 비굴하게 목숨을 구걸하지 않았다. 이순신이 옥에 갇혔을 때 조카 이분이 와서 어디서 들은 이야기인데 뇌물을 쓰면 나올 수 있다고 하자 이순신이 이를 꾸짖으며 했던 말이 있다. 『이충무공전서』 9권에 나오는 말이다.

"죽고 사는 것이 천명이니 죽게 되면 죽을 뿐이다 死生有命 死當死矣."

살고 죽는 것은 하늘의 뜻에 달렸다는 이순신의 사생관이다. 그는 분명한 삶의 원칙이 있었다.

⦚ 진린에게 허리를 굽힌 이순신

명나라 제독 진린이 원군으로 왔을 때도 마찬가지였다. 포악한 진린을 맞이한 조정에서는 걱정이 이만저만이 아니었다. 『징비록』에 보면 이런 글이 나온다.

"임금께서 청파까지 나아가 진린을 전송했다. 나는 진린의 군사가 수령을 때리고 욕하기를 함부로 하고 노끈으로 찰방 이상규의 목을 매어 끌어서 얼굴이 피투성이가 된 것을 보고 약관을 시켜 말렸으나 막무가내였다. 안타깝게도 이순신의 군사가 장차 패하겠구나…. 진린과 같이 중군에 있으면 견제를 당하고 의견이 틀려서 반드시 장수의 권한을 빼앗고 군사들을 학대할 것이다. 이것을 제지하면 더욱 화를 낼 것이고 그대로 두면 끝이 없을 것이니 이순신의 군사가 어찌 싸움에서 지지 않겠는가?"

교만하고 포악한 진린과 강직한 이순신의 만남, 결과가 뻔히 보이는 듯하다. 그래서 조정에서는 큰 걱정을 하고 있었다.

진린의 수군은 1598년 7월 16일, 이순신이 있는 고금도로 출발했다. 그런데 과연 이순신은 어떻게 행동했을까? 파격적인 행동을 했다. 진린을 환영하는 잔칫상을 준비해두고 미리 부하 장수들과 함께 멀찌감치 나가서 진린을 맞이한 것이다. 그리고 정중하게 예를 표했다. 강직하기로 소문난 조선의 장군이 이렇게까지 하니 오히려 진린이 놀랐다.

▒ 마음을 사로잡은 이순신

1598년 9월 13일 자 선조실록에 수록된 이순신의 보고서에 따르면, 조명연합함대가 전투할 때 명나라 수군은 일본군을 보고 겁이 나서 멀찍이 떨어진 채 구경만 했다. 그래서 조선 수군은 적의 수급을 70개 정도 획득한 반면 명나라 수군은 하나도 획득하지 못했다. 전투가 끝난 뒤에 자존심이 상한 진린은 이순신이 보는 앞에서 자기 부하를 꾸짖고 급기야 이순신에게 화풀이해댔다. 그러자 이순신은 수급의 40여 개를 진린에게 바쳤다. 그리고 "제독까지 직접 싸워서 확보하신 것으로 하십시오"라고 말했다.

이런 일이 한두 번이 아니었다. 이순신은 지극 정성으로 진린을 예우했다. 마침내 진린은 이순신의 인품에 감동해서 그를 높여 '이야_{李爺}'라고 불렀다. 부하들에게는 이순신보다 한 발자국도 앞서지 말라고 명령했다. 그리고 명나라 황제에게 이순신의 인물됨을 크게 칭송하는 글을 올렸다.

이순신이 왜 허리를 굽혔을까? 이는 대의大義를 위해서이며 분명한 삶의 원칙이 있었기 때문이다. 나라의 이익을 위해서, 대의를 위해서라면 자신의 존재는 없어져도 상관이 없었다. 이것이 이순신이다. 삶에 있어서 무엇이 중요한지, 무엇을 양보해야 할지, 무엇을 꼭 붙들어야 할지를 잘 아는 것은 매우 중요하다.

⦀ 장검에 새긴 이순신의 좌우명

이순신의 칼은 아산 현충사에 2자루, 통영 충렬사에 4자루가 남아있다. 현충사에 있는 검은 이른바 장검長劍이다. 보물 326-1호로 지정되어 있다. 두 개의 칼이다. 이 칼은 실전용이 아니다. 칼을 쓴 흔적이 없기 때문이다. 본래 이순신이 실전에서 사용했던 칼은 쌍용검雙龍劍이다. 쌍용검은 1m 길이인데 1910년까지 조선왕실의 궁내박물관에 보관되어 있었다. 쌍용검은 두 자루인데 각각 검명劍銘이 새겨져 있다. 1910년에 간행된 『조선미술대전』에 나온다.

鑄得雙龍劍 千秋氣尙雄 주득쌍용검 천추기상웅
쌍용검을 만드니 천추에 기상이 웅장하도다.
盟山誓海意 忠憤古今同 맹산서해의 충분고금동
산과 바다에 맹세한 뜻이 있으니 충성스런 의분은 옛날이나 지금이나 같도다.

그런데 이 칼은 분실되어 지금 어디에 있는지 찾을 길이 없다. 반드시 찾아야 한다. 현충사에 있는 두 자루의 장검은 길이가 197.5cm이다. 칼날의 길이만 보면 137cm이다. 이 장검은 1594년 4월 대장장이 태귀연과 이무생이 만들어 바친 것이다. 이순신은 이 두 개의 칼에 좌우명을 친필로 새겨 넣었다. 검명劍銘이다.

三尺誓天 山河動色 삼척서천 산하동색
석자 되는 칼로 하늘에 맹세하니 산과 물이 떨도다.
一揮掃蕩 血染山河 일휘소탕 혈염산하
한번 휘둘러 쓸어버리니 피가 강산을 물들이도다.

참으로 이순신의 기개가 그대로 서려 있는 좌우명이다. 이순신은 이 칼을 쓰다듬으며 나라를 걱정했고, 어떻게 하면 왜적을 무찌를까를 고민했다. 아침에 눈을 뜨면 맨 먼저 이 칼을 바라보았다. 가슴이 미어질 때나 답답할 때는 칼을 어루만지며 달래기도 했다. 때로는 칼도 울었을 것이다.

이 장검은 『이순신 코리아』 다큐멘터리 4부작을 촬영할 때 정부의 허가를 받아 직접 꺼내 들어 본 적이 있다. 이순신이 직접 만졌던 칼을 들어 본다니 얼마나 흥분이 되던지 전율戰慄로 손이 떨렸다. 칼자루를 만지니 마치 이순신의 따스한 손을 잡은 것 같아 뭐라 말할 수 없는 감정이 속에서 올라왔다.

⸬ 권세에 빌붙어 출세하지 않는다

병조판서 김귀영金貴榮이 자기 서녀庶女(첩의 딸)를 이순신에게 첩으로 보내려 중매인을 보내왔다. 앞길이 창창하게 보였던 이순신이 얼마나 마음에 들었으면 그렇게 했겠는가? 그때 이순신이 했던 말이 있다.

"벼슬길에 갓 나온 내가 어찌 권세 있는 집안에 발을 디뎌놓고 출세하기를 도모하겠는가吾初出仕路 豊宜托跡權門謨進耶."

이제 막 공직생활을 시작할 무렵이었다. 당시 조선의 풍조는 누구의 끈을 잡느냐에 따라 출세의 길이 정해질 정도였다. 그런데 이순신은 권세에 빌붙어 출세의 길에 서지 않겠다는 분명한 태도를 취했다. 공직생활 초년 때 이순신이 가지고 있었던 삶의 원칙이었다.

김귀영은 임진왜란이 일어나자 임금이 천도할 때 임해군을 보호하지 못했다는 죄목으로 관직을 삭탈 당한 후 유배를 가 죽었다. 만약에 이순신이 좌의정까지 올라 권세 좋았던 김귀영에 빌붙었더라면 어찌 되었을까? 인간사 새옹지마가 아닌가? 사람의 일이란 알 수 없다. 잠시 대단하게 보인다고 빌붙었다가 그것이 나중에 어찌 될지 누가 알겠는가? 그러니 이순신처럼 삶의 분명한 원칙이 중요하다.

⸬ 대장부로 세상에 나와

이순신은 분명한 삶의 원칙을 가졌다. 1576년(선조 9년) 2월, 32세에

식년 무과에 합격하고 임용발령을 조용히 기다리며 그가 남긴 유명한
글이다.

丈夫出世 장부출세
用則效死以忠 용즉효사이충
不用則耕野足矣 불용즉경야족의.
대장부로 세상에 나와 나라에서 써 주면 죽음으로써 충성을 다할 것이요. 써
주지 않으면 밭갈이하면서 살아도 족하니라.

자신의 보직이나 출세를 위해 권문세가에 아첨하거나 영화를 탐내지
않기로 작정한 것이다. 이런 원칙이 있었기에 그 어떤 유혹에도 넘어가지
않고 오직 백성과 나라를 위해 온몸을 바칠 수 있었다.

당신에게 삶의 원칙이 있는가? 어떤 유혹이나, 어떤 상황에도 흔들리
지 않고 꿋꿋이 나를 지킬 원칙 말이다. 이순신처럼 삶의 원칙을 세우라.

이순신처럼 위기에 강해라

리더의 궁극적인 존재 가치는 조직을 살리고 흥하게 하는 데 있다. 특히 위기에 처해 있을 때 리더는 그 진가를 발휘한다. 위기관리 여부가 곧 리더의 능력을 측정하는 기준이라 할 수 있다. 이순신은 위기에 강한 리더였다.

⫶ 말에서 떨어진 이순신

이순신의 위인전에서 빠지지 않고 나오는 무과 시험 때 말에서 떨어진 이야기를 보자.

"임신년(1572, 28세) 가을, 훈련원 별과別科 시험에 참여했다. 말을 타고 달리다가 말이 넘어져 왼쪽 다리뼈가 부러졌다. 지켜보던 사람들이 공이 이미 죽었을 것이라고 했는데, 공이 한쪽 발로 일어나서 버드나무 가지를 꺾어 껍질을 벗겨 감싸니 과거시험장에 있던 사람들이 장하게 여겼다."

이 유명한 이야기는 이순신의 조카인 이분이 쓴 『이충무공행록』에 나온다. 이순신이 말에 떨어진 위기에서도 어떻게 침착하게 행동했는지를 잘 보여주고 있다. 이렇게 이순신은 위기에 강한 사람이었다.

‖ 필사즉생의 리더십

이순신은 단 하나의 해법으로 위기를 타개했다. 그것은 바로 명량대첩에서 보여준 '필사즉생必死則生'의 리더십이다. 죽기를 각오하면 비로소 살수 있는 길이 열리는 것이다. 이 정신으로 위기에 처했을 때마다 그 위기를 현명하게 극복할 수 있었다. 위기극복에서 이순신은 몇 가지의 독특한 리더십을 발휘했다.

‖ 진심으로 설득하라

첫째, 이순신은 절체절명의 위기 앞에서 부하들을 잘 설득했다. 그의 연설은 비록 짧더라도 그 연설을 들었던 부하들은 꼼짝하지 못했다. 그렇게 될 수밖에 없었다. 그것이 바로 이순신의 카리스마였다. 이순신이 다시 삼도수군통제사가 되었을 때 부하들을 모아놓고 짧은 연설을 했다.

"우리들이 지금 임금의 명령을 다 같이 받들었으니 의리상 같이 죽는 것이 마땅하도다. 그렇지만 사태가 이 지경에 이르렀으니 한번 죽음으로서 나라에 보답하는 것이 무엇이 그리 아깝겠는가? 오직 우리에게는 죽음만이 있을 뿐이다."

이 연설을 들은 부하들은 눈물을 흘렸다고 한다. 짧지만 꼼짝하지 못하게 만드는 설득력을 이순신은 가지고 있었다.

리더는 말을 잘해야 한다. 말로 움직이는 것이 많기 때문이다. 알렉산더, 한니발, 나폴레옹의 공통점은 스피치speech 능력이 뛰어났다는 것이다. 알렉산더는 그 유명한 가우가멜라 전투에 앞서 병사들의 이름 하나하나를 불러가면서 감동적인 스피치를 했다. 나폴레옹도 알프스를 넘기전에 열정적인 스피치를 통해 병사들을 흥분의 도가니로 몰아넣었다.

이순신은 바로 이런 스피치 능력이 탁월했다. 왜 싸워야 하는지? 그이유를 잘 알게 했다. 왜 싸워야 하는지를 알게 되면 목숨까지 바치게되어 있다. 적이 누구이며, 왜 싸워야 하는지 그 이유를 모르는 군대는이길 수 없다.

◈ 희망과 비전을 제시하라

둘째, 부하들에게 희망과 비전을 제시했다. 아무리 죽을 지경에 처해있어도 리더는 부하들에게 희망을 보여줄 수 있어야 한다. 명량대첩 하루 전에 있었던 이순신의 연설을 다시 보자.

"병법에 이르기를 반드시 죽을 각오로 임하면 살 수 있고必死則生 필사즉생, 반드시 살려고 한다면 죽게 된다必生則死 필생즉사고 했으며, 한 명이 길목을지키면 천명도 두렵게 할 수 있다一夫當逕 足懼千夫 일부당경 족구천부고 했다. 이것은 모두 우리를 두고 하는 말이다."

여기서 보면, 잘하면 살아남을 수 있다고 하는 일말의 희망이 보이지 않는가? 죽기를 각오하면 살아남을 수도 있다는 것이다. 무조건 죽는 것이 아니다. 비록 12척으로 300여 척을 상대해야 하는 위기에 처해 있지만 잘하면 살 수도 있다는 희망을 보여 준 것이다. 그리고 그 방법까지 제시해주고 있다. '일부당경一夫當逕 족구천부足懼千夫' 즉 '한 명이 길목을 지키면 천명도 두렵게 할 수 있다'는 것이다. 그 비결이 바로 울돌목이었다.

조선 수군은 울돌목을 직접 눈으로 보았고 그곳을 통과해서 우수영에 정박했었다. 그래서 그곳만 잘 지키면 이길 수도 있겠다고 하는 안도감을 가지게 되었다. 이순신의 이 연설은 어찌 그리 시의에 딱 맞는지 감탄할 따름이다. 의지만 있고 그것을 뒷받침해 줄 수단이 없다면 아무 소용이 없다. 그저 공허한 메아리일 뿐이다. 리더는 구호만을 남발하는 구호성의 사람이 되어서는 안 된다. 반드시 그럴듯한 구호를 뒷받침해 줄 실질적인 준비가 있어야 한다.

이렇게 위기 앞에서 이순신은 부하들을 잘 설득했으며, 마음을 하나로 묶었고, 그리고 반드시 살 수 있다는 희망과 비전을 가슴 깊이 넣어주었다. 이 결과로 비록 명량대첩은 적에 의해 기습공격을 받았지만, 곧 전세를 가다듬어 역전에 성공했다. 이렇게 이순신의 리더십은 위기 앞에서 더욱 빛을 발했다.

﹟ 아직도 열두 척의 전선이 있사오니

명량대첩 직전에 선조는 12척으로는 어림없으니 수군을 폐지하라고 명령을 내렸다. 이른바 수군 철폐령이다.

"주사舟師(전선)가 너무 적어 왜적과 맞설 수 없으니 경은 육전陸戰에 의탁하라."

조정의 선전관 박천봉이 이순신에게 들고 온 선조의 유지有旨였다. 명량대첩 약 한 달 전인 1597년 8월 15일이었다. 당시 이순신은 전남 보성군 열선루列仙樓에서 이 명령을 받았다. 청천벽력같은 명령을 받은 이 날 이순신은 보름달이 밝게 비치는 누대 위에서 술에 크게 취했다. 맨정신으로는 도저히 버텨내기 힘들었기 때문이다. 정신을 차린 이순신은 목숨을 건 장계를 올렸다.

"임진년으로부터 5, 6년간 왜적이 감히 호남과 호서를 직접 범하지 못한 것은 우리 수군이 왜 수군의 진공로를 가로막았기 때문입니다. 지금 신에게는 아직도 열두 척의 전선이 있사오니尙有十二 나아가 죽기로 싸운다면 능히 막아낼 수 있사옵니다. 지금 만일 수군을 전폐한다면 이것이야말로 곧 왜적이 바라는 것이며, 왜 수군은 거침없이 호남, 호서 연해를 거쳐 서울의 한강에 도달할 것입니다. 이것이야말로 신이 두려워하는 것입니다. 설령 전선의 수가 적다고 하나 미미한 신이 죽지 않는 한微臣不死 왜적이 감히 우리를 얕보지는 못할 것입니다."(행록)

위에서 나오는 말 중에 크게 와 닿는 두 문장이 있다.

尚有十二 微臣不死 상유십이 미신불사

아직 열두 척의 전선이 있고, 미미한 신은 죽지 않았다.

부산출정을 거부해서 거의 죽을 뻔했었던 이순신이었다. 그때는 요행히 살았다. 이번에 또다시 거부하면 진짜 죽을 수 있었다. 그런데도 이순신은 목숨을 걸고 거부했다. 아직도 12척이 있다는 것을 강조했다. 12척을 어떻게 해석하느냐의 차이였다. 긍정적인 눈이냐 부정적인 눈이냐의 차이다.

'사실'보다 더 중요한 것은 그 사실을 바라보는 '태도'이다. 12척은 분명히 사실이다. 그 사실만 바라보면 절망일 수밖에 없다. 차라리 없는 것만 못할 수 있다. 그런데 12척을 바라보는 태도가 달라지면 또 다른 일이 생긴다. 12척이 '있다'로 바뀔 때 생기는 일이다. 바로 '기적'이다. '있다'의 가능성과 희망이 보이면 그때 '기적'도 따라오는 것이다. 사실보다 중요한 것은 그것을 해석하는 태도이다.

그리고 이순신은 신臣이 살아 있다는 것을 강조했다. 이순신이 살아 있다는 것 그 자체가 승리의 희망이라는 것이다. 내가 살아 있다는 것! 참으로 놀라운 발언이 아닐 수 없다.

그동안 이순신은 거의 침묵으로 일관했고, 자기 자신을 드러내려 하지 않았다. 그런데 어쩌면 마지막을 의식했는지 자신을 드러냈다. 그것도 자기가 이렇게 멀쩡하게 '살아있다'는 것을 임금에게 드러냈다. 오랜 침묵이 깨졌을 때의 파급효과는 말로 할 수 없는 무거움이 있다. 이 글을 읽을 때 임금은 어떤 마음이 들었을까? 아마도 등골이 오싹했을 것이다.

⟩⟩ 12척인가 13척인가

수군철폐령이 내려졌을 때 이순신이 올린 장계에는 분명히 12척으로 나와 있다. 류성룡의 『징비록』에도 12척으로 나와 있다.

"이순신이 배 12척에 대포를 싣고 조수의 흐름을 이용하여…"

『선조수정실록』1597년(선조 30년) 9월 1일의 기록에도 보면 12척으로 나와 있다.

"순신은 12척의 배에다 대포를 싣고는 조수를 타고 순류하여 공격하니, 적이 패주하였으므로 수군의 명성이 크게 진동하였다."

그런데 이항복이 지은 『충민사기』에는 13척으로 나온다. 이항복은 이순신이 죽은 지 3년이 지난 즈음에 선조의 명령을 받고 여수에 충민사를 세울 때 이와 관련하여 『충민사기』에 13척으로 기록한 것이다.

"이순신이 홀로 상하고 남은 병졸들로서 함선 13척을 거느리고 의지할 곳이 없어 벽파정 바다 가운데서 머뭇거려서 보는 이들이 위태롭게 여겨졌다."

수정실록이 아닌 『선조실록』1597년(선조 30년) 11월 10일의 기록에도 13척으로 기록되어 있다.

"신이 전라우도 수군절도사 임억추 등과 전선 13척, 초탐선 32척을 수습하여 해남현 해로의 요구를 차단하고 있었는데…."

녹도 만호 송여종이 이끄는 배가 칠천량 해전에서 간신히 살아 나중에 합류해서 13척이 되었다는 말도 있다. 기존의 해남 우수영에 한 척이 있었기 때문에 13척이 되었다는 말도 있다. 일본의 기록인 『고산공실록高山公實錄』에도 13척이라 했다.

"스이엔すいえん이라는 곳은 대소 판옥선이 13척 있었다."

그런데 13척이었던 것이 명량대첩 당일에 한 척이 전투에 참여하기 어려울 정도로 손상되어 결국 12척으로 싸웠다는 말도 있다. 참 헷갈린다. 12척인가 13척인가? 그래서 『미래엔』 교과서와 『좋은책신사고』, 『한국고중세사사전』, 『문화원형백과』에는 12척으로 되어 있고 『교학사』의 중학교 교과서와 『두산 백과사전』, 『국사용어사전』에는 13척으로 되어 있다. 나는 개인적으로 12척으로 믿고 있다. 왜냐하면 『징비록』의 기록을 더 신뢰하고 12라는 숫자가 13보다 훨씬 좋기 때문이다.

▓ 잘못 알고 있는 명량대첩

절체절명의 위기에서 승리한 명량대첩에 대해 잘못 알고 있는 부분이 많다. 나는 기존 명량대첩의 해석이 잘못되었다는 것을 졸저『명량 진짜 이야기』와 여러 학회에서 밝힌 바가 있다. 영화〈명량〉을 자문할 때도 강조했었다. 대표적인 몇 가지를 보자.

기존의 명량대첩은 이순신이 12척으로 울돌목을 틀어막고 일자진一字陣을 친 것으로 묘사하고 있다. 잘못됐다. 당시에 이순신은 일자진을 치지 못했다. 일본군이 먼저 기습을 했다. 이 점이 나의 새로운 해석이다. 정보를 중하게 여겨 사방으로 초탐선을 보냈던 이순신이 기습을 당했다는 것은 말도 안 된다고 이야기를 한다. 물론 그렇다. 그러나 내가 재해석한 바로는 기습을 당했다. 9월 16일 당일의『난중일기』를 보자.

"갑진 맑음. 이른 아침에 별망군이 와서 보고하기를, '헤아릴 수 없이 많은 적선이 명량을 거쳐 곧바로 진지陣地를 향해 온다'고 했다. 곧 여러 배에 명령하여 닻을 올리고 바다로 나가니, 적선 130여 척이 우리 배들을 에워쌌다回擁我諸船."

잘 보면 '명량(울돌목)을 거쳐'라는 말이 나온다. 이미 울돌목을 통과한 것이다. 그리고 '진지를 향해 온다'고 했다. 진지는 지금 이순신 함대가 있는 우수영 진지를 말한다. 거의 가까이 들어왔다는 말이다. 그래서 급하게 배를 몰고 나가니 일본 배들이 '회옹아제선回擁我諸船' 즉 우리의 배를 에워쌌다고 되어 있다. 좁은 울돌목이라면 이렇게 에워쌀 수도 없다.

다시 정리하면 이렇다. 일본 배들이 이미 울돌목을 통과했고, 이순신

함대가 급하게 나가자, 일본 배들이 이순신 함대를 에워싼 것이다. 좁은 울돌목을 통과해서 약간 넓은 바다에서 이순신 함대를 에워싼 것이다. 다만 그 장소는 여러 설이 있어 확증하기 어렵다.

▒이순신이 기습을 당했다

그토록 주도면밀한 이순신이 기습을 당했다고 말하니 아직도 동의하지 못하는 독자들이 있을 것이다. 기습에 대해 조금 더 이해할 필요가 있다. 군사용어사전에서 보면, 기습奇襲이란 적이 예상하지 못한 시간, 장소, 수단, 방법으로 타격하는 것을 말한다. 여기에 더하여, 비록 알았다 하더라도 효과적으로 대응하지 못하게 하는 것도 기습이다. 이런 의미에서 사실상 이순신은 기습을 당했다. 불과 이틀 전인 9월 14일의 일기에 보면 이미 일본 수군이 바로 가까이에 있는 어란 앞바다까지 55척이 들어왔다고 했다. 다음 날인 15일에 울돌목을 지나 우수영으로 진을 옮겼다. 만약에 이순신이 울돌목에서 일자진을 치려고 작정했었더라면 16일 새벽에 미리 쳤어야 했다. 급박한 상황이 아니었던가. 그런데 일본 수군이 먼저 기습적으로 울돌목을 통과해버렸다. 이순신은 아차 했을 것이다. 그러니 효과적으로 대응할 방법이 없었다. 그래서 장수들에게 다짐을 시키고, 곧장 먼저 앞으로 나갔다. 만약에 여유를 가지고 일자진을 치고 일본 수군을 기다렸다면 이순신이 혼자 앞으로 나갈 이유가 전혀 없다. 아니 그렇게 혼자 앞에 나가서도 안 된다. 조선의 장수들은 겁이 나서 뒤에 있었다. 김억추는 두 마장 즉 800m나 물러가 있었다. 그러니 명량 당일의 초기 모습은 질서라고는 조금도 찾아볼 수 없는 그야말로 오합지졸의 조선 수군이었다. 기습을 당하면 이렇게 된다.

나는 러시아, 독일, 이탈리아, 이스라엘 등 세계 42개 나라를 돌며 역사적인 전쟁지역을 직접 탐사한 경험이 있다. 세계 전쟁사에서 기습을 당해서 승리한 예는 거의 찾기 어렵다. 이순신이 위대한 것은 압도적인 적을 상대해서 그것도 기습을 당한 상황에서도 승리를 거두었다는 데 있다. 사실상 불가능한 전쟁을 승리로 이끌었다. 이순신이 홀로 거의 한 시간을 독전했다. 너무 급박한 상황이 오자 초요기를 올리며 장수들을 재촉했다. 할 수 없이 장수들이 앞으로 나왔다. 그러던 중에 일본군의 선봉장 마다시馬多時가 죽어 떠내려가는 것을 발견했다. 목을 쳐서 효시하니 일본군이 그때부터 겁을 먹고 물러가기 시작했다. 마침 그때 조류가 바뀌었다. 조류도 이순신을 도와준 것이다. 조선 수군의 직격탄에 의해 일본전선 31척이 격침되었다. 그리고 일본 측의 기록에 의하면 그들 스스로 부딪쳐 90여 척이 깨졌다. 선두에 선 130여 척 중 121척이 무너진 것이다. 그래서 전쟁은 끝났다. 당시에 양안을 걸친 철쇄鐵鎖도 없었고, 거북선도 없었다. 기습도 당했다. 그런데 이순신은 승리했다. 과연 이순신이다.

∭ 꿈에 나타난 신인

명량대첩의 주요 승인은 두말할 것 없이 이순신의 목숨을 건 리더십이

다. 그리고 또 한 가지가 있다. 전날 밤 이순신의 꿈속에 나타났던 신인神
人의 도움이다. 딱 하루 전인 9월 15일의 『난중일기』다.

"이날 밤 꿈에 어떤 신인神人이 나타나서 이렇게 하면 크게 이기고 저렇
게 하면 진다고 가르쳐 주었다是夜神人夢告曰如此則大捷如此則取敗云."

놀라운 장면이다. 지혜로운 이순신이 신인이 직접 가르쳐 준 '크게 이
기는大捷' 방법을 놓쳤을 리 없다. 구체적으로 무엇인지는 밝히지 않았지
만 뭔가 확실한 것이 있었을 것이다. 『손자병법』제4 군형軍形편에 '선승이
후구전先勝而後求戰'이 있다. 이겨놓고 싸운다는 말이다. 이순신의 마음에는
이 전쟁은 이미 이겼다는 생각을 했을 것이다. 놀라운 일이다. 그래서 비
록 기습을 당했지만 홀로 용감하게 앞으로 나갈 수 있었다.

실제로 신인神人은 항복한 일본인 준사俊沙에 의해 물에 떠내려가는 적
장 마다시를 발견하게 했고, 자기끼리 부딪치는 자중지란을 일으켰고, 또
하필 그 시간에 조류가 바뀌는 등 중요한 일에 관여했을지 모른다. 하늘
의 도움이 아니고는 이런 상황이 '우연히' 일어날 수는 없다.

아무리 생각해도 도저히 이길 수 없는 전쟁이었으나 이겼다. 그래서 이
순신은 기적 같은 승리 뒤에 '차실천행此實天幸'이라 일기에 적었다. 이것은
실로 하늘이 도운 행운이라는 뜻이다. 꿈에 나타난 신인은 오직 이순신
만이 알고 있었다. 그래서 겸손하게 하늘에게 공을 돌린 것이다. 내가 잘
싸워서 이겼다고 하지 않았다. 본래 이순신은 승리 뒤에 늘 자기의 공을

드러내지 않았다. 사실 하늘이 돕지 않았으면 어찌 될 뻔했는가? 오늘 우리 대한민국을 위해서 하늘이 도운 것이다.

　여기서 하나 놓치지 말아야 할 것이 있다. 의로운 일에는 반드시 하늘이 돕지만, 사람이 마땅히 해야 할 일은 해야 한다는 것이다. 그저 하늘에만 맡기고 해야 할 일을 하지 않는다면 그것은 올바른 태도가 아니다. 마땅히 열심히 해야 할 일을 해야 한다. 때로는 목숨까지 내놓고 해야 한다. 이것을 두고 '하늘은 스스로 돕는 자를 돕는다'고 하는 것이다. 행운도 열심히 노력하는 가운데 슬며시 붙어오는 것이다. 가만히 있는 데 우연히 그냥 오지 않는다. 그러니 열심을 내야 한다. 행동해야 한다. 땀을 흘려야 한다. 이순신은 기습을 당해 모든 계획이 다 물거품이 되었지만, 다시 정신을 차려 목숨을 걸고 진두지휘하여 위기를 정면으로 돌파했다. 하늘은 이럴 때 돕는다.

　이순신의 해전 중에서 가장 유리한 상황에서 승리한 해전이 한산도대첩이라면, 가장 불리한 상황에서 승리한 해전이 명량대첩이다. 이순신은 위기 앞에서 당당했고, 그가 해야 할 바를 목숨 걸고 해냈다. 위기에 강한 리더가 진짜 리더다. 이순신처럼 위기에 강해라.

이순신처럼 꿈을 꾸라

『난중일기』에 보면 무려 40번이나 꿈에 관한 얘기를 기록하고 있다. 특별히 그에게 어떤 중요한 일이 생길 때는 어김없이 꿈을 꾸었다. 전라좌수사로 임명되었을 때도 그러했고 삼도수군통제사로 재임명되기 하루 전에도 그랬으며, 어머니가 죽었을 때도 그랬고 아들 면이 죽었을 때도 그러했다. 꿈을 통해 미리 앞일을 예측하고 미리 대비한 내용이 많이 나온다. 꿈에는 여러 종류가 있지만 대체로 사람이 절박할 때 꿈을 통해 문제를 해결 받기도 한다.

░ 여러 번 나타났던 꿈속의 신인

이순신의 꿈 중에서 가장 결정적인 꿈이 있다면 명량대첩 하루 전날의 꿈이라 할 수 있다. 앞에서도 언급했지만, 절체절명의 위기 앞에 몸을 떨었던 이순신에게 꿈에 신인神人이 나타난 것이다.

어떤 설說에 의하면 명량대첩 직전에 나타났던 신인은 이미 1592년 5월 29일에도 나타났었다고 한다. 이때는 임진왜란이 발발된 직후였는데 경상도 지역의 책임을 맡았던 원균이 다급하게 이순신에게 구원을 요청했었다. 이때 이순신은 임금의 공식적인 출동명령이 없어서 출동을 망설이고 있었다. 그런데 꿈속에 신인이 나타나서 이순신을 발로 걷어차면서 "일어나라! 일어나라! 적이 왔다"라고 했는데, 이 소리를 듣고 이순신은 출동해서 그의 첫 출전인 옥포 해전을 승리로 이끌 수 있었다는 것이다.

신인神人은 새로운 것이 아니다. 이미 중국 고대사회에도 등장했고, 조선 시대에도 알려진 명칭이다. 특정 종교 서적에도 등장한다. 이렇게 이순신은 꿈을 통해 미리 앞일을 예측하기도 하고 승리의 길을 찾기도 했다. 명량대첩 3일 전인 9월 13일에 꾼 꿈도 예사롭지 않다. 미리 명량의 승리를 암시한 것이다.

"꿈이 이상스러웠다. 임진년에 크게 승리할 때의 꿈과 대체로 같았다. 무슨 조짐인지 알 수가 없다."

이순신은 꿈을 통해 미리 닥칠 일을 대비한 일도 많았다. 예지몽豫知夢이라 부른다.

꿈을 통해 어머니의 죽음을 미리 알다

대체로 평소에 생각과 관심이 많았던 것이 꿈에 나타난다. 이순신은 늘 적에 대한 생각으로 가득했다. 그래서 자주 적에 대한 상황이 꿈에 나온다.

"꿈에 적의 모습이 보였다. 그래서 새벽에 각 도의 대장에게 알려 바깥 바다로 나가 진을 치게 했다."(난중일기 1593년 8월 25일)

어머니에 대한 생각은 얼마나 많았는가? 어머니가 죽기 전에 이순신은 꿈을 꿨다.

"새벽 꿈이 몹시도 뒤숭숭하였다. 병 드신 어머니를 생각하니 마음이 괴롭고 눈물이 흐른다."(난중일기 1597년 4월 11일)

이 꿈을 꾼 이틀 후에 어머니가 세상을 떠났다. 백의종군 중인 아들을 보기 위해 여수에서 배를 타고 오던 길이었다.

▒ 꿈을 통해 아들을 죽인 범인을 찾다

아들 면이 죽었을 때도 미리 꿈을 꿨다. 꿈에서 이순신은 말을 타고 언덕 위를 가다가 말이 발을 헛디뎌서 냇가로 떨어졌는데, 막내아들 이면이 엎드려서 자신을 안는 듯한 모습을 보았다. 11월 4일의 일기다.

이분李芬이 쓴 『행록』에 보면 흥미로운 장면이 나온다. 이면이 죽은 지 4개월 지났을 때 이순신의 꿈에 이면이 나타났다. 이면은 "날 죽인 적을 아버지께서 죽여 주십시오"라고 울면서 말했다. 그러자 이순신이 "네가 살아 있을 때는 장사였는데, 죽어서는 그 적을 죽이지 못하겠다는 말이냐?"라고 하니, 이면은 "제가 그놈의 손에 죽었기 때문에 겁이 나서 그놈을 못 죽이겠습니다"고 했다. 그리고 "아버지로서 자식의 원수를 갚는 일에 저승과 이승이 무슨 간격이 있을 것입니까?"라고 말하며 슬피 울다 사라졌다. 참으로 묘한 꿈을 꾼 것이다. 잠에서 깬 이순신은 잡혀 온 일본 포로들을 조사했는데 과연 그들 중에 이면을 죽인 범인이 있었다. 그래서 이순신은 그 일본군을 죽여 이면의 복수를 했다.

이순신은 다양한 종류의 꿈을 꾸었다. 부모 자식에 대한 꿈, 전쟁 승패에 대한 꿈, 성욕과 질병에 대한 꿈, 나라에 대한 꿈. 40회의 기록 중에 1594년에 10회, 1597년에 18회로 가장 많이 꾸었다. 그만큼 심란한 시기였기 때문이다.

⟨⟨ 용의 꿈을 꾼 이순신

많은 사람이 질문하는 것이 있다. 이순신은 과연 혁명을 꿈꾸었을까? 그가 왕이 되기를 꿈꾸었을까? 1595년 2월 9일 『난중일기』에는 매우 특이한 꿈을 기록하고 있다. 이 내용은 이순신의 집안에서 소장하고 있는 『충무공유사忠武公遺事』에도 기록되어있다.

"1595년 2월 9일. 꿈을 꾸었다. 서남쪽 사이에 붉고 푸른 용龍이 한쪽에 걸려있었는데, 그 모습이 굴곡져 있었다. 나는 홀로 지켜보고 있었다. 이를 가리키며 다른 사람들도 보게 했지만, 다른 사람들은 볼 수 없었다. 머리를 돌린 틈에 벽 사이로 들어와 화룡畵龍이 되어 있었다. 내가 한

참 동안 어루만지며 완상撫玩(즐겨 구경함)했는데 그 색깔과 움직이는 모습이 기이하고 웅장했다. 기이한 징조가 많을 듯했기에 기록해 놓았다."

이른바 용꿈이다. 용은 황제나 왕을 비유한다. 과연 이순신은 왕이 되기를 원했을까? 이순신이 아니고는 절대로 알 수 없다. 여러분은 어떻게 생각하는가?

이순신의 죽음에 관한 네 가지 주장

마무리하면서 이순신의 죽음에 대해 논해보자. 크게 네 가지다. 자살설이 있고, 은둔설이 있고, 암살설이 있고, 전사설이 있다.

-자살설이다

자살설은 많은 사람이 주장하고 있다. 남인 중에 윤휴尹鑴라는 사람이 있다. 그의 서모庶母가 이순신의 딸이라 이순신의 삶을 깊이 연구해서 『통제사 이충무공 유사統制使李忠武公遺事』를 지었다. 이순신을 측근에서 모신 여러 부하와 집사나 하인을 만나 증언을 듣기도 했다. 그가 주장하기는 전쟁의 막바지에 이순신이 스스로 자살을 택했다는 것이다. "공은 진실로 뱀과 독사(일본과 간신 무리)가 세상을 헤치고 어지럽히는 일에 분개하였다. 그와 동시에 고래(이순신)는 작은 도랑에 오래 머물 수가 없다는 것을 아셨다. 아, 슬프다."

숙종 때 이조판서를 지낸 이민서는 『김충장공유사金忠壯公遺事』를 지으면서 이 책에 이순신의 자살을 주장했다. 김충장은 의병장 김덕령을 가리킨다.

"당시 의병장으로 활약했던 충장공 김덕령 장군이 역모에 연루되어 죽자, 홍의장군 곽재우는 군사를 해산하고 산으로 들어갔으며, 이순신은 해전이 시작되자 투구를 벗고 스스로 탄환에 맞아 죽었다."

마지막 대목이 '방전면주方戰免冑 자중환이사自中丸以死'이다. 이순신이 투구를 벗고 스스로 탄환에 맞아 죽었다는 것이다. 대부분의 의병장들이 죽임을 당하거나 죄를 뒤집어쓴 상황에서 마지막으로 남은 대상이 이순신이기에 그것을 안 이순신이 스스로 죽었다는 추측이다.

'면주免冑'라는 말은 『춘추좌씨전』 희공 33년 4월 기록에 나오는 말로 임금에 대한 충성심으로 적과 싸울 때 투구를 벗고 용감하게 싸우는 모습을 상징적으로 표현한 것이다. 진짜로 투구를 벗는 것은 아니다. 투구가 아니라 갑옷이라고 번역하는 학자도 있지만 어쨌든 투구나 갑옷을 벗어 던질 만큼 결사적으로 싸운다는 상징적 표현일 뿐이다. 또한, 당시 갑옷은 방탄조끼가 아니다. 탄환에 그대로 뚫린다. 갑옷은 화살을 막는 용도에 불과했다. 자살하기 위해서 굳이 갑옷을 벗을 필요는 없는 것이다. 어쨌든 이민서에 의해 발화된 자살설은 오랫동안 사람들 사이에 회자가 되었다.

『난중일기』에 보면 백의종군 이후에 이순신의 마음이 많이 흔들렸던 기록이 나온다. 노량해전에서 죽기까지 어떤 마음에서인지 임금을 향한 망궐례望闕禮를 한 기록이 없다. 망궐례는 조선의 관료들이 매달 한 번씩 임금을 향해 충성의식을 하는 것이다. 그동안 한 번도 빼놓지 않았던 망궐례를 하지 않았다는 것은 임금에 대한 섭섭한 마음이 있었다는 뜻이다.

또한, 자격도 안 되는 인간들이 높은 자리에 올라가 있는 것도 마음에 들지 않았다. 1597년 8월 12일 『난중일기』를 보자.

"이런 인간들이 권세 있는 사람들에게 아첨이나 해서 자신이 감당하지 못할 지위에 올라 국가의 일을 크게 그르치고 있건만, 조정에서 살피지 못하고 있으니 어떻게 할 것인가."

조정이 뭔가? 임금이 아니겠는가. 선조라는 임금은 머리 회전은 빠른 사람이다. 조금이라도 곤란한 일이 생기면 임금 안 한다고 사표를 던지면서까지 상황을 반전시킨다. 전쟁 중에 무려 15번이나 사표를 던졌다. 후궁 출신의 서자로 왕위에 올라서인지 자격지심도 많았고 누구든지 자기보다 똑똑하거나 인기가 많다고 여겨지면 시기하고 미워했다. 조금만 이상한 낌새가 보이면 가차 없이 처단했으며 이순신도 그 표적이었다. 이순신이 부산출정을 거부하자 기회를 노린 듯이 곧바로 잡아들였다. 잡아들이기 두 달 전에는 이런 말도 했다.

"그런 사람(이순신)은 가토 기요마사의 목을 베어 올지라도 용서할 수 없다."(조선실록, 1597년 1월 27일)

류성룡의 『징비록』 초고에 보면 이순신이 잡혀 오자 '임금이 죽이고자 원하여 _{上欲誅之}'라는 말이 나온다. 실제로 모진 고문으로 죽기 직전까지 갔다. 정탁의 강력한 상소문이 아니었으면 정말 죽었을 것이다. 이순신이 임금을 바라보는 마음도 옛날과 달랐고 선조가 이순신을 바라보는 시선도 그렇고, 조정 대신의 꼬락서니도 통탄할 노릇이고, 의병장을 비롯한 여러 의인의 최후도 목격하면서 이순신의 마음은 여러 가지로 심란하고 복잡했을 것이다. 그래서 자살했다고 주장한다.

─은둔설이다

그날 죽지 않고 몰래 빠져나가 숨어서 살다가 자연사했다는 주장이다. 은둔설은 이순신의 조카인 이분이 쓴 『행록』을 근거로 하고 있다. 이순신이 전사할 당시 주변에는 아들 이회와 조카 이완뿐이고 군관 송희립 등은 이 사실을 몰랐다고 기록되어 있다. 20대 초반의 나이에 실전경험도 부족한 이회와 이완이 전투를 지휘했다는 것은 납득하기 어려운 것이고, 이러한 장면의 묘사는 오직 이순신의 은둔을 감추려는 속임수라는 것이다.

은둔설을 주장하는 입장에서는 이순신의 장례를 언급한다. 이순신은 1598년 11월 19일 전사했다. 영구는 고금도로 이동했고, 12월 10일경 아산으로 옮겨졌다. 장례는 다음 해 2월 11일에 치러졌다. 그리고 15년이 지난 1614년에 묘지를 아산의 현 위치로 이장했는데 그때까지 이순신이 살았다면 70세가 된다. 그러니까 이순신은 살아서 자연수명을 누리다가 70세에 죽었다는 이야기다. 이순신 사후 80일 만에 치러진 장례 기간을 은둔의 시간 벌기로 봤고, 15년 후 이순신의 무덤을 이장한 시기가 이순신의 진짜 사망 시기라는 것이다.

–암살설이다

조정의 자시에 의해 손문욱이란 자가 이순신을 암살했다는 설이다. 손문욱은『조선왕조실록』에서 처음으로 이문욱으로 나온다.『조선왕조실록』에는 이순신이 죽자 대장선을 지휘했던 인물로 소개되어 있다. 손문욱은 일본에 포로로 끌려가 도요토미 히데요시의 양자가 되어 조선 침공의 선봉장인 고니시 유키나가의 부장으로 조선에 들어왔고, 남해군을 점령한 뒤 일본이 임명한 남해현감이 되었다고 전해진다.

손문욱은 노량해전 3개월 전인 8월경에 조선으로 망명했다. 조선의 조정은 노량해전 보름 전인 11월 초에 좌의정 이덕형이 손문욱을 진린에게 파견해 고니시 유키나가를 물리칠 것을 말했다. 만약 이 내용이 바르다면 손문욱은 진린에게 보내졌고, 노량해전 당일에 이순신이 탄 대장선에 올랐을 가능성이 크다. 손문욱에 대해서는 여전히 미스터리다. 정확한 것이 없다. 혹자는 선조가 직접 손문욱을 암살자로 삼아 이순신을 죽게 했다는 주장을 펼치기도 한다.

–전사설이다

전사설戰死說이 아니라 전사戰死다. 지금까지 살펴본 여러 설은 말 그대로 설說이다. 주장하는 사람에 따라 어떤 말도 할 수 있다. 그러나 엄밀히 보면 전사가 맞다. 그 이유는 분명하다. 당시 상황은 해전이 끝나지 않았고 한창 전쟁을 하던 상황이다. 그래서 이순신도 '지금 싸움이 급하다戰方急'고 했다. 아직 전쟁이 끝나지 않았음을 말해주고 있다. 지금 상대하고 있는 일본군은 시마즈의 수군이다. 주력부대인 고니시 유키나가의 수군은 아직 섬멸하지 않았다. 단 한 놈도 그냥 돌려보내지 않겠다고 맹세했던 이순신이었다. 그런데 미완의 전쟁 중에 자살을 택할 이순신인가? 더구나 몰래 혼자 도망가서 목숨을 부지할 이순신인가?

마지막에 한 말을 다시 보자.
"내가 죽었다는 말을 하지 말라愼勿言我死."
일본군에게 알리지 말라는 것이 아니다. 사기가 떨어지니 부하들에게 알리지 말라는 것이다.

그리고 진짜 마지막 말이 있다.
"군졸들을 놀라게 해서는 안 된다勿令驚軍."
이순신의 마음은 오직 부하들에게 있었다. 한창 열심히 싸우고 있는 부하들을 놀라게 하지 말라는 것이다. 마지막까지 부하들을 배려한 이순신이었다.

전사가 분명한 또 다른 이유가 있다. 설령 자살을 작정했다 하더라도 자살이 그리 쉬운 게 아니다. 이순신의 기함은 일본 배보다 높다. 일본

배와의 거리가 그리 멀지 않은 상황에서는 배 높이의 차이가 더 난다. 조총에서 총을 쏘면 그 각도 또한 사선이기 쉽다. 높은 곳을 향해 쏘기 때문이다. 탄환은 거의 직각으로 맞아야 제대로 뚫린다.

일부러 죽으려고 갑옷을 벗고 앞으로 나가도 정확히 심장 주변에 직각으로 맞기는 쉽지 않다. 더구나 출렁거리는 배에서 말이다. 당시 이순신과 함께 있었던 유형柳珩은 여섯 발이나 맞았어도 살아남았다. 이후 유형은 부산진첨사가 되었고, 경상우수사를 거쳐 삼도수군통제사까지 하게된다. 탄환이 머리나 심장 부위에 직각으로 정확하게 맞지 않으면 죽기도 쉽지 않다. 일부러 죽고 싶어도 안 된다. 이순신이 만약 죽으려 했다면, 하필 딱 그 시간에, 딱 그 장소에서 정확하게 죽어야 하는데 그게 어디 쉬운 일인가?

여러 주장들이 있지만 내가 내린 분명한 결론은 전사戰死이다. 이순신이 죽었다는 보고를 접한 선조는 마치 기다렸다는 듯이 이렇게 반응했다. 11월 24일의 일이다.

"오늘은 밤이 깊었으니 내일 비변사에서 알아서 처리하라."

무슨 지나가던 동네 개가 죽은 듯이 취급했다.

신망국활身亡國活, 몸을 죽여 나라를 살린 이순신. 그가 마지막 거친 숨을 몰아쉬며 기어이 보고 싶었던 나라는 어떤 나라였을까.

이순신이 꿈꾸었던 나라

이순신이 꿈꾸었던 나라는 이런 나라가 아닐까?

배고픔이 없고 헐벗음도 없는 나라.

전쟁도 없고 언제나 평화로운 나라.

부모를 공경하고 자식과 이웃을 사랑하는 나라.

어른을 공경하고 예의범절이 있는 나라.

노후 걱정이 없고 나이가 들수록 행복한 나라.

육아 걱정 없이 기쁜 마음으로 아기를 낳는 나라.

아이들이 꿈을 꾸고 그 꿈을 이루는 나라.

청년들이 취업 걱정 없고, 보람있게 일하는 나라.

전염병을 잘 대처하고 미리 잘 준비하는 건강한 나라.

과도한 병원비 걱정 없고, 아프면 잘 치료받는 나라.

무엇을 먹든 안심하고, 건강한 음식을 즐기는 나라.

큰 부담 없이 계획대로 살 집을 구할 수 있는 나라.

교육비 걱정 없고, 좋은 교육을 받는 나라.

과도한 세금이 없고, 공정한 조세제도가 있는 나라.

차별이 없고 모두가 공정한 세상을 산다고 믿는 나라.

다문화 가정이 행복하고 자기 나라처럼 편안한 나라.

소외당하는 사람이 없고, 골고루 복지 혜택을 받는 나라.

공짜에 길들이지 않고 노력의 대가를 중시하는 나라.

밤이나 새벽에 다녀도 여성이나 어린이가 안전한 나라.

난폭운전이나 음주운전이 없는 안전한 교통의 나라.

사이비 종교가 사라지고 건전한 종교가 자리 잡는 나라.

한 달에 한 권은 책을 읽는 독서의 나라.

문화유산을 발전시키고 건전한 문화창달의 나라.

미래의 산업혁명을 주도하며 세계를 이끄는 과학의 나라.

우주산업으로 새로운 먹거리를 잘 만드는 나라.

자연환경을 보존하고 지구를 생각하는 나라.

좋은 공기, 좋은 물을 날마다 향유하는 나라.

과일이 잘 열리고 농수산물이 풍족한 나라.

재해가 없고 산업현장이 안전한 나라.

생명을 중히 여기고 생명을 아끼는 나라.

극단 선택이 사라지고 새 희망을 품는 나라.

각자의 삶을 인정하고 서로 돕고 배려하는 나라.

천박한 탐욕이 사라지고 가치와 의미가 가득한 나라.

사람들의 입에서 저절로 행복하다는 말이 나오는 나라.

인재를 아끼고 인재가 능력을 펼칠 수 있는 나라.

청렴하고 능력 있는 사람이 나랏일을 하는 나라.

자주국방으로 주변국이 넘보지 못하는 강한 나라.

자유민주주의로 한반도가 하나 되는 더 좋은 나라.

세종처럼 국민을 사랑하는 대통령이 있는 나라.

이순신처럼 충직한 각료가 가득한 나라.

대한민국에 태어난 것을 정말 행운이라 믿는 나라.

어쩌면 이순신이 마지막까지 심혈을 기울여 조성한 수국 水國이 그가 꿈꾸는 이런 작은 왕국이었을지 모르겠다. 한산도 아니 한반도 수국의 꿈이다. 1594년 2월 16일의 일기에는 이런 글이 나온다.

"나라를 위하는 아픔이 더욱 심하다."

원문으로 보면 이렇다. 위국지통유심 爲國之痛愈甚, 얼마나 나라를 사랑했으면 그 아픔이 날마다 더욱 심할까. 내 일생에 단 한 번이라도 이런 아픔이 내 안에 있을까? 러시아의 우크라이나 침공을 보면서 나라의 소중함을 절실히 깨닫게 된다. 나라를 잃으면 다 잃는 것이다. 이 땅에 사는 모든 사람은 마땅히 더 안전하고 더 좋은 나라를 위해 함께 꿈을 꿔야 한다.

나는 꿈이 없는 세상을 보며 꿈을 심어야겠다는 생각으로 2013년에 꿈을 이루는 도구인 '꿈알'을 창안하였다. 그동안 보육원과 군대에, 그리고 레바논과 아프리카 등 여러 나라에 꿈알을 기부하며 꿈을 심고 있다. 꿈이 없으면 미래가 없다. 인류가 꿈을 잃으면 끝이다. 위대한 꿈이 위대한 세상을 만든다. 꿈이 있는가? 생각만 해도 가슴이 벌렁거리는 꿈 말이다. 나만을 위한 꿈인가? 아니면 나를 넘어서는 꿈인가? 나를 넘어서는 꿈이라면 이순신의 꿈이라 할 수 있다. 이순신처럼 꿈을 꾸라.

더 좋은 세상을 기다리며, 다시 꿈을 꾼다

이제 마무리하겠다. 마치 엄청난 숙제를 마친 듯해서 홀가분하다. 다시 말하지만, 이 책은 전문학자를 위한 책이 아니다. 우리 대한민국 국민이라면 누구나 가벼운 마음으로 읽을 수 있도록 최대한 수위 조절을 해가며 글을 썼다. 어떤 독자는 이런 질문을 할지 모르겠다. 왜 세종 뒤에 대왕이라는 호칭도, 이순신 뒤에 장군이라는 호칭이 없는가 하고. 의도적으로 그렇게 어떤 호칭도 붙이지 않았다. 왜냐하면, 정말 위대한 인물은 그 이름 자체로서 충분하기 때문이다. 링컨은 링컨이고 간디는 간디이다. 당시 시류에 따라 사람들이 붙인 수식어는 어떤 면에서 보면 그 위대함을 깎아내린다고 봤다. 그래서 세종은 그냥 세종이고 이순신은 그냥 이순신이다.

여기서 잠시 이순신에 대해 생각해 볼 것이 있다. 우리는 이순신이라

하면 충무공忠武公을 저절로 떠올린다. 충무공이 무엇인가? 충무공은 나라에 큰 공을 세운 사람에게 임금이 내린 시호諡號였다. 고려 때부터 이 시호는 시작되었는데 조선 때는 개국공신을 비롯한 28가지 공신이 있었다. 그 가운데 무신武臣에게 내리는 시호가 충무忠武였다. 그런데 충무공이라는 시호는 이순신 말고도 11명이나 더 있었다. 고려 때 3명, 조선 때 9명이다. 무려 12명이다. 우리가 잘 아는 남이南怡나 김시민金時敏도 충무공이다. 이순신은 조선에서 네 번째로 충무공이라는 시호를 받았다. 그것도 선조 때 받은 것이 아니고 이순신 사후 45년이 지난 1643년 인조 때에 받았다. 그러니 충무공이라 할 때 이순신만을 부르는 것이 아니다. 이순신은 그 흔한 12명의 충무공 중 한 명인 것이다. 그래서 이순신을 부를 때 충무공이라는 시호를 사용하지 않았다. 그리고 충무라는 시호는 본래 조선의 것이 아니다. 중국에서 나왔다. 삼국지에 나오는 제갈량諸葛亮도 충무공이었다. 송나라 명장 악비岳飛도 충무공이었다. 그러니 내가 굳이 이순신을 일러 충무공이라 하고 싶었겠는가. 그리고 이순신 뒤에 '장군將軍'도 같은 맥락에서 붙이지 않았다. 사람들이 붙인 계급이 뭐가 그리 중요한가. 이순신은 이순신으로 충분하다.

위기가 오면 '이순신'이 외쳤던 '필사즉생必死卽生'의 정신으로 이겨나가면 좋겠다. 살려고만 하니까 어려운 것이지 죽기를 각오한다면 헤쳐나가지 못할 일이 어디 있겠는가. 죽는 것이 곧 사는 것이다.

마지막으로 다시 세종을 돌아보자.

『세종실록』 21권, 세종 5년, 1423년 7월 3일의 기록을 유심히 살펴볼 필요가 있다. 백성을 대하는 세종의 마음이 그대로 드러나는 기록이다. 세종은 '민유방본民惟邦本', 즉 '백성은 나라의 근본'이라 말했다. 그리고 이어 '본고방녕本固邦寧', 즉 '근본이 튼튼해야 나라가 평안하다'고 말했다.

"백성은 나라의 근본이니民惟邦本, 근본이 튼튼해야만 나라가 평안하다 本固邦寧. 내가 덕이 부족한 사람으로서 외람되이 백성의 임금이 되었으니, 오직 이 백성을 기르고 보살피는 방법만이 마음속에 간절하여, 백성에게 친근한 관원을 신중히 선택하고 물러가게 하거나 추천하는 법을 거듭 단속하였는데도, 오히려 듣고 보는 바가 미치지 못함이 있을까 염려된다."

이 기록을 보면 세종이 얼마나 겸손한 사람인지 알 수 있다. '도주생민叨主生民', 즉 스스로 '외람되이 백성의 임금이 되었다'고 표현하고 있다. 그리고 '혜양무수지방惠養撫綏之方', 즉 '백성을 기르고 보살피는 방법'만이 간절하다고 말하고 있다.

여기서 주목할 것은 특별히 '근민지관近民之官', 즉 '친근한 관원'을 언급하고 있다는 것이다. 오늘날로 말하면 정부 요직이나 공무원을 말하고 있다. 백성과 늘 가까이하는 관원은 무엇보다 친절해야 한다는 것이다. 백성을 사랑하는 세종의 세심한 마음을 읽을 수 있다. 또한, 이날 기록의 뒷부분을 보면 세종의 깊은 속내가 그대로 드러나 있다.

"또한, 원통하고 억울한 처지를 면하게 하여免於冤抑, 시골 마을에서 근심하고 탄식하는 소리가 영구히 끊어져서使田里永絶愁嘆之聲 각기 즐겁게 생업에 종사하게 할 것이다各遂生生之樂."

무엇보다 백성이 억울한 일을 당해서는 안 된다는 것이다. 근심하고 탄식하는 소리가 영구히 끊어지기를 바랐다. 그리하여 각자가 즐겁게 생업에 종사하기를 바랐다. 이것이 세종의 마음 비心碑에 깊이 새겨진 '각수생생지락各邃生生之樂'이다. 이것이야말로 세종이 그토록 꿈꾸던 세상이 아니겠는가. 아무리 생각해도 우리 대한민국에 세종과 이순신이 있었다는 것이 너무 다행스럽다. 하늘의 축복이다.

뜬금없이 이런 생각을 해본다. 만약에 세종과 이순신이 만난다면 어떨까? 어쩌면 메타버스Metaverse를 통해 만날 수 있을지 모르겠다. 그렇게 둘이 만난다면 무슨 일이 생길까? 분명히 가장 평화로운 방법으로 남북을 하나로 통일시킬 것이다. 분명히 독도가 그렇듯이 대마도를 대한민국 영토로 복구시킬 것이다. 분명히 예술과 문화와 과학을 선도하며 세계를 더 아름다운 모습으로 바꿀 것이다. 분명히 대한민국 국민은 '각수생생지락各邃生生之樂', 즉 각기 즐겁게 생업에 종사하며 대한민국 국민인 것을 정말 자랑스럽게 말할 것이다.

더 좋은 세상을 기다리며, 다시 꿈을 꾼다.
세종처럼, 이순신처럼.